U0658377

GAOXIAO BENKE ZHUANYE PINGGU
SHIJIAN ZHINAN: SHANGHAI DE
TANSUO YU JINGYAN

高校本科专业评估实践指南：上海的探索与经验

上海市教育评估院　组织编写

孙莱祥　宋彩萍　董雪静　等　著

高等教育出版社·北京

内容提要

本书以我国本科专业评估先进地区上海的评估实践为案例，系统梳理、提炼了上海在高校本科专业评估工作中的制度设计、指标体系、工作流程、持续改进、经验反思等问题，并附有欧美高校本科专业认证情况介绍、本科专业评估相关文件和表格等资料，对全国其他地区也颇具启发性，适合正在或即将开展本科专业评估、专业建设与评估研究工作的高校、社会评估机构和研究所相关人员阅读。

图书在版编目（ＣＩＰ）数据

高校本科专业评估实践指南：上海的探索与经验／孙莱祥等著；上海市教育评估院组织编写. —北京：高等教育出版社,2019.5
（教育评估文库）
ISBN 978-7-04-051856-6

Ⅰ.①高… Ⅱ.①孙…②上… Ⅲ.①高等学校-专业设置-研究-上海 Ⅳ.①G649.28

中国版本图书馆 CIP 数据核字（2019）第 075723 号

策划编辑 李海风　　责任编辑 李海风　　封面设计 李树龙　　版式设计 杜微言
责任校对 李大鹏　　责任印制 韩　刚

出版发行	高等教育出版社	网　　址	http://www.hep.edu.cn
社　　址	北京市西城区德外大街 4 号		http://www.hep.com.cn
邮政编码	100120	网上订购	http://www.hepmall.com.cn
印　　刷	北京印刷集团有限责任公司		http://www.hepmall.com
开　　本	787mm×1092mm　1/16		http://www.hepmall.cn
印　　张	25.25		
字　　数	280 千字	版　　次	2019 年 5 月第 1 版
购书热线	010-58581118	印　　次	2019 年 7 月第 2 次印刷
咨询电话	400-810-0598	定　　价	65.00 元

建立科学的教育评估理论

——《教育评估文库》总序

在人类发展的历史长河中,教育出现之际,教育评估也伴之而生。其评估不外乎是由家庭、社会、政府或是由受教者、育人者、专家学者所为,或是对学生、教师、设施、课程等的微观性评估,或是对教育过程、教育内容、教育效果、教育策略等的宏观性评估。其范围之广与教育步步相应,就评估本身而言,又涉及评估标准、评估人员、评估方法、评估技术、评估结果、对评估自身的估计等诸多内容,并涉及了许多学科和技术。但评估不外乎是运用各种合理的手段对教育的各方面进行评估,以发现优良之举,找出不足之处,继而以公布排名、分级或评估分析报告的形式让公众知晓,以供选学之用;让教育方得知,以改进教学;让政府了解,以供决策之依据。

教育的重要性决定了人们对教育评估的关注度。目前,世界上许多国家都有专门的评估机构,国际上还成立了国际高等教育质量保障组织联盟(INQAAHE),亚太地区也成立了亚太地区教育质量保障组织联盟(APQN),每年召开会议研讨教育评估的情况。

教育管理结构科学化决定了世界上大部分国家和地区教育管理和服务的"1+3"形式,即政府教育主管部门加上教育科学研究、教育评估和教育考核。我国许多省市自20世纪90年代中期开始就形成了这样的科学框架,并发挥了很好的作用。

教育本身的开放性和当今国际交流的发展要求每个国家和地区的教育要参与到相应的国际活动中去,并提出有水平的建议,共同提高教育水平。教育评估也是如此。

上海市教育评估院成立于2000年,其前身是成立于1996年的上海市高等教育评估事务所。现在，上海市教育评估院已发展为拥有基础教育评估所、职成教评估所、高等教育评估所、医学教育评估所和综合教育事务评估所五大评估所的从事各级各类教育评估的专门机构。为适应教育评估的发展与提升，上海市教育评估院除了参与评估、参与国内外交流外，还希望在教育评估的理论和应用研究上建立更系统的内涵，于是决定出版《教育评估文库》。

《教育评估文库》是教育评估理论和应用研究成果的汇集，它既包括了教育评估的基础内容，如《中国教育评估史》等一系列著作，也包括了涉及教育评估应用技术的汇编，如"教育评估标准""教育评估规程"等，还包括了教育评估的专业理论，如"跨境教育认证"等，并涉及了对评估本身进行评价的《教育评估的可靠性研究》等著作，当然也可包含对境外著作的翻译。总之，它涉及了教育评估的基础理论、专业基础、专业科学、应用技术等多个方面。我们期望有更多的研究成果，不断丰富文库。

《教育评估文库》将是众多学者的知识贡献，我们非常热忱地欢迎各方学人参与文库建设，共同铸就教育评估的辉煌。

教育犹如奔腾不息的江河，前浪不止，后浪又涌；教育又如连绵的山脉，一峰才登，又见一峰。作为一名教育人，为此事业而奉献，无限欣慰；为此而建树，无上光荣。人们将永远感谢为教育而为的人，当然也包括为教育评估而为的人。

以此为序，愿教育评估成功！

张伟江

2009 年 3 月

前　言

习近平总书记在 2016 年召开的全国高校思想政治工作会议上指出,实现中华民族伟大复兴,教育的地位和作用不可忽视。我们对高等教育的需要比以往任何时候都更加迫切,对科学知识和卓越人才的渴求比以往任何时候都更加强烈。同时他指出,只有培养出一流人才的高校,才能够成为世界一流大学。我们在本书中尽量体现"高校立身之本在于立德树人"这一指导思想。

很明确,人才培养是高等学校的根本任务,而专业是高校培养人才的基本单位,专业建设是高校建设的核心内容,专业质量是人才培养整体质量的重要组成部分,是大学整体质量的基础。为贯彻落实《国家中长期教育改革和发展规划纲要(2010—2020 年)》和《上海市中长期教育改革和发展规划纲要(2010—2020 年)》精神,根据教育部《关于普通高等学校本科教学评估工作的意见》(教高〔2011〕9 号)要求,上海市教育委员会于 2012 年 9 月制定并颁布《关于开展高校本科专业评估工作的通知》(教高〔2011〕9 号),对实施专业评估工作作出具体部署。《高校本科专业评估实践指南:上海的探索与经验》一书就是为了配合上海各高校开展专业评估实践而专门编写的。

在本书编写过程中,国务院教育督导委员会办公室于 2016 年 2 月发布《关于组织开展普通高等学校本科专业评估试点工作的通知》(国教督办函〔2016〕6 号)。该通知强调,"本科专业评估工作是健全高等教育质量保障体系,提高高等教育人才培养质量的重要举措。各地开展本科专业评估工作,旨在客观了解高等学校专业建设情况和发展水平,为宏观调控高等学校本科专业布局提供客观依据,引导和促进高等学校加强专业建设,优化专业结构,办出特色和水平"。值得欣慰的是,上海市教育委员会高教处组织开展的高校本科专业评估工作完全符合这一要求,本书也充分体现了通知的相关精神。

在近些年的专业评估实践中,我们发现许多利益相关者缺乏对专业建设与专业评估工作的基本认知,如不了解什么是专业、什么是专业建设、为什么要进行专业自主评估、如何选择或制定专业评估指标体系、如何组织专业评估等,进而导致专业建设工作无所适从,专业评估工作被动应付,严重影响到专业人才培养质量。为此,编写组成员认真学习相关评估理论,精心总结上海近四年专业评估工作的实践,以此为基础,共同编写了本书,期望本书能在上海高校五年一轮的本科专业评估实践中起到指南作用。

本书稿的形成是集体力量与智慧的结晶。上海市教育评估院项目首席专家孙莱祥教授负责整个书稿的总体设计与每章节内容范围的具体指导工作。第一章"专业建设与专业评估"和第二章"上海高校专业建设状况及评估制度设计"由上海电力学院唐忠教授、上海市教育评估院高教评估所冯修猛老师撰写;第三章"上海高校专业评估指标体系设计与解读"由孙莱祥教授、上海对外经贸大学宋彩萍教授撰写;第四章"上海高校专业评估的整体开展"由上海电机学院董雪静教授、上海市教育评估院高教评估所胡莹所长共同执笔完成;第五章"专业评估的持续改进"由上海商学院杨荣昌教授、王庆辉博士撰写;第六章"上海高校专业评估的实效与启示"由孙莱祥教授、董雪静教授、上海市教育评估院高教评估所胡莹所长、方乐及林江湧老师共同撰写完成;冯修猛老师具体负责了书稿的文献资料收集与撰写过程的沟通协调工作,并根据相关院校提供的材料整理编辑完成了第七章"上海高校专业评估案例选编"。附录Ⅰ"欧美高校本科专业认证的组织与实施"第一、二节由方乐老师撰写,第三节由宋彩萍教授撰写。附录Ⅱ、Ⅲ、Ⅳ和参考文献由上海市教育评估院高教评估所汇集整理。孙莱祥教授、宋彩萍教授、董雪静教授负责全书的最终整理与统稿工作。复旦大学林荣日教授为全书的定稿提出了许多宝贵的意见。

上海高校专业评估工作得以持续全面开展,是与近几届的上海市教育委员会副主任王奇教授、印杰教授、陆靖教授、郭为禄教授等的关心、支持与指导分不开的。本书稿在撰写过程中,得到了上海市教育委员会高教处桑标处长、高教处原处长田蔚风教授(现上海理工大学副校长)、高教处原处长何敏娟教授的大力支持与指教。上海市教委高教处傅建勤副处长,上海市教育评估院领导冯晖教授、李耀刚教授,高教处原处长许宝元教授,华东师范大学陈强璋教授,上海市机械类教学指导委员会主任陈关龙教授和高教处赵丽霞、孔莹莹老师也多次参加专业评估和书稿的讨论,并提出宝贵意见和建议。在此,编写组对所有为本书稿的形成特别是第七章的相关内容提供过支持与帮助的老师和朋友表示由衷的敬意与感谢!

由于编者水平有限,加之成书时间仓促,本书难免有不妥之处,衷心希望专家、同行和读者批评指正。

孙莱祥

上海市教育评估院项目首席专家

2017 年 11 月

目　录

第一章　专业建设与专业评估

第一节　专业、学科与专业设置

一、专业

"专业"的英文名称为"Specialty"，其原意为专门研究，也称作专长、特殊的职业、技能或技巧。《辞海》将其定义为"高等学校或中等专业学校根据社会专业分工的需要所分成的学业门类"，并指出"各专业都有独立的教学计划，以体现本专业的培养目标和规格"，专业即"专门的学业"。尽管也有许多学者给出其他的定义，但专业的共性是：专业的形成主要是高等学校为社会分工培养人才的结果，是按照社会对不同领域和岗位的专门人才的需要来设置的。不同社会领域的专门人才所从事的实际工作，需要什么样的知识结构做基础，专业就组织什么样的相关学科来满足。所以，专业处在"学科体系与社会职业需求的交叉点上"。

马克思认为，社会发展动力的要素是需要、利益、物质生产、分工、科学技术、交往，专业就是社会发展动力要素互动的结果。如19世纪末和20世纪初，英国人曾十分广泛地参与了海外的采矿活动，从而导致了专业行会团体——英国矿冶学会的创立。同时，为了培养更多的金属采矿工程师和冶金专家，英国采矿工程工业自然诞生,冶金学科教育也得到发展。如我国商务英语专业的诞生,就是基于国家外经贸事业的发展,特别是我国加入 WTO 后社会急需大批复合型应用型商务英语人才的大背景,而在中国商务英语研究会的积极推动下设立的。因此,专业就是社会需求、社会利益、劳动分工和学科教育的产物。

综合而言,专业需满足以下三个要求:

（一）专业要以学科为依托

一个专业一般都融合了几个学科的知识,但总是以一个或几个主要学科知识为主干支撑。学科按树形结构分类,有一级学科、二级学科和三级学科,对应的专业知识口径也不同。专业口径的宽窄影响的是以哪一级学科为依托。如地理信息系统专业,若以一级学科为依托,涉及地球科学和计算机科学技术,若以二级学科分类为依托,就涉及地图学和计算机应用等,若再要以三级学科为依托,那就可以分出地理空间信息系统、遥感图像处理和地理信息软件等。

（二）专业要适应社会经济建设发展需要

高等教育的任务是培养具有社会责任感、创新精神和实践能力的高级专门人才,发展科学技术,促进社会主义现代化建设。社会的需求是专业存在与发展的条件和动力。因此,专业的名称与内涵不是一成不变的,一般会随着社会经济的发展进行适时的调整。

（三）专业要有明确的定位和目标

尽管专业应随着社会的发展而不断进行调整,但并不是说专业是学科和社会职业需求的简单拼合。专业的设立首先要解决的是定位和培养目标问题。专业定位的任务就是要明确本专业的服务面向和发展规模;培养目标是依据专业定位明确培养什么样的人,并以此制订人才培养方案,包括人才培养层次、人才培养类型以及为本专业人才提供的完整的知识体系。

二、专业与学科

学科建设与专业建设是高校生存和发展的基础,两者既有区别又相互关联,在实践中十分容易混淆。厘清二者之间的关系,对认识和做好学科建设与专业建设非常重要。

（一）学科的概念

在英语里,"学科"被称为"discipline"或"subject",但通常译为"科目"。Discipline 的意思主要指教学和训练,是对某种心智和个性的培养,或者是按照某种规则进行生活,与我们现在一般所指的学科有所不同。《辞海》(1980 年版)对"学科"的解释有:① 学术的分类;② 教学的科目;③ 学术的组织。高等教育领域的学科意指专门化的知识体系,划分知识或学问的门类。这与克拉克(B.R. Clark)的观点很类似。他认为,学科是专门化的知识领域。结合 Discipline 的词义来看,学科的划分主要是为适应教学的目的而对知识进行的一种划分。

通常学科有两种含义:第一种就是单纯的学术分类,指一定的科学领域或一门科学的专门分支,如自然科学、物理学、社会科学、哲学等;第二种就是高校教学、科研等的功能单位,是高校人才培养、教师教学、科研业务隶属范围的相对界定。

学科作为一个专门的研究领域,要具备特定的研究对象、相对独立的理论体系、具有自身特色的研究方法三个要素。研究的对象或研究的领域,即独特的、不可替代的研究对象;理论体系,即特有

3

的概念、原理、命题、规律等所构成的严密的逻辑化的知识系统;方法论,即学科知识的产生方式。

(二) 学科与专业的关系

1. 学科与专业具有内在的统一性,两者相互交融、相互依存、相互促进

学科是专业的基础,专业是学科承担人才培养的载体,学科建设的水平直接关系到人才的培养质量。学科作为专业的基础,主要服务于专业知识体系的构建与发展;各学科依托专业培养社会经济需要的人才,在一定程度上也丰富与促进了学科的发展。专业是高等学校根据学科的发展、学科的分类和社会职业的分工而设置的培养专门人才的培养方案和计划的总称。专业以学科为依托,学科为专业建设提供发展的最新成果,离开了学科知识体系,专业也就丧失了其存在的依据。

一个学科可以支撑多个专业,一个专业也可能需要多个学科的依托。也就是说以一门学科为基础,可以组成若干专业,在不同学科之间也可以组成跨学科专业。如中国语言文学一级学科可以支撑汉语言文学、汉语国际教育、新闻学、广告学等专业;而教育技术学专业,则至少要依托教育学、信息科学与工程等两大学科。

2. 课程是学科与专业的联系中介

近代以来,科学快速发展,为了便于教学,人们不得不将所积累的知识进行分类,由此就产生了学科的概念。当知识的总量大大超过了个人的智力和寿命所能承受的极限,人们不得不把知识分割成一个个狭窄的模块对学生进行教学,即知识的条理化。因此,我们认为,专业学习就是将知识模块条理化即课程体系组织的教学和训

练活动。如图 1.1 所示:一方面,学科知识是构成课程的元素,学科为课程源源不断地提供建构材料,课程是按教育学规律对学科知识的传播、改造和拓展,学科也通过课程的驱动汲取养料,进一步加强学科的研究方向。另一方面,专业可以理解为课程的组合形式,即课程是构成专业的要素,课程支撑着专业,并根据专业知识结构需要编制课程。

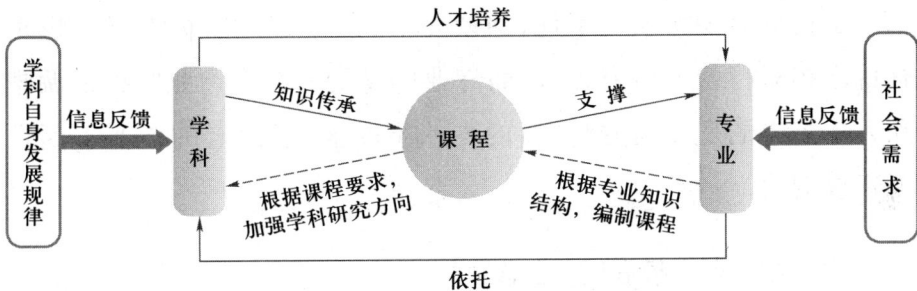

图 1.1 学科与专业的联系图

（三）学科与专业的区别

1. 划分依据不同

学科是指知识的分类与发展,学科的划分遵循知识体系自身的发展逻辑,形成树状分支结构;而专业则是社会劳动分工专门化的体现,不同领域专门人才所从事的实际工作需要什么样的知识结构,专业就组织什么样的相关学科知识来满足。

2. 构成要素不同

学科的构成要素是学者、研究领域、理论体系、方法论等;专业的构成要素是教师、学生、培养目标、课程体系、教学场所等。

3. 建设目标不同

学科的核心任务是知识的发现、发展与创新,学科的基本特征是学术性,学科以本学科研究的成果为目标。专业则以为社会培养各级各类专门人才为己任,适应社会对不同层次人才的需求。

4. 组织结构不同

学科的组织结构可以相对弹性,甚至有虚拟的组织;但专业则相对刚性,而且层次分明、清晰。

5. 发展变化程度不同

学科具有相对的稳定性,即便是一些交叉学科、边缘学科也都有自己相对稳定的研究领域;而专业则是随着社会产业结构的调整和人才需求的变化而变化,新的专业不断涌现,而老的专业不断被更新或淘汰。

三、我国高校的专业设置[①]

（一）计划经济体制下我国高校的专业设置

1. 1949—1956 年:院系调整与集权设置专业

新中国成立后,我国提出了过渡时期社会主义建设的总路线。将实现社会主义工业化作为当时的战略目标,将苏联模式作为国家全面学习的战略选择。为了适应计划经济建设的需求,高校开始对院系进行调整,其指导方针为:重点培养工业建设干部和师资,整顿和加强综合性大学,发展专门学院和专科学校。新中国高校的专业设置与调整就是在这样的历史背景下展开的。第一次专业设置的调整同步于院系调整而展开。1953 年,全国高校总开设专业 215种,其中工科专业达到 107 种,占比近 50%[②],充分体现了国家培养

① 冯成志.高校本科专业设置优化研究［M］.广州:广东高等教育出版社,2015.
② 中国教育年鉴编辑部.中国教育年鉴(1949—1981)［M］.北京:中国大百科全书出版社,1984.

专业化人才的指导思想,即高校专业更加细分,专业的数量与种类也大大增加,其中工科类的专业数量增加最多。

1954 年 11 月,教育部参考苏联高等院校专业目录编制了《高等院校专业目录分类设置(草案)》。1955 年 7 月,教育部开展了第二次高校院系调整,编制了《1955—1957 年高等工业学校院系、专业调整、新建学校及迁校方案(草案)》。这次的院系调整进一步形成了重工轻文、重重(工业)轻轻(工业)的专业格局,对我国高校专业设置和专业结构产生了深远的影响。到 1957 年,全国高校共开设专业 323 种,其中工科类专业 183 种,占到专业总数的近 60%。第二次院系调整带来了专业结构的深刻变革,使政法、文科、财经类的专业比重大大降低。法文商科专业的学生在 1957 年仅占学生总量的 9.6%。经过 20 世纪 50 年代高校两次大的院系及专业设置的调整,我国确立了高度集权化的高等教育体制,使专业设置、专业结构较好地适应了计划经济的需要,实现了教育模式从新中国成立前主要培养精英人才的"通才模式"向新中国成立之后主要培养专业型人才的"专才模式"的转变。

2. 1957—1965 年:分权与集权并重设置专业

由上可见,高校专业设置权高度集中,高校基本没有自主的空间。1956—1960 年,国家开展了"教育大革命",落实"中央统一领导,中央与地方两级管理"的教育管理体制。对于高校的专业设置,国家还颁布了相关的条例,如 1961 年的《中华人民共和国教育部直属高等学校暂行工作条例(草案)》,明确指出高校专业设置应该根据国家需要、科学发展、学校条件来决定,专业设置应科学化、合理化。同时,该文件还指出对专业的划分不宜过窄,专业设置也不宜过多。各个学校应着重发展部分重点专业,专业的设置、变动与撤销必须向教育部报批①。

1963年,国务院正式批准并颁布了《高等学校通用专业目录》及《高等学校绝密和机密专业目录》,这是新中国成立以来首个由国家统一制定的高校专业目录。在该目录中,共设置了432种专业,其中工科类专业164种,占到专业总数的37.96%。根据此目录,我国高校对专业再次做了相应调整。根据1965年的调整数据显示,我国高校开设的专业总数已达到601种。

3. 1966—1976年:"文化大革命"期间的专业设置

国务院于1971年再次对全国高校进行调整,将原有的417所高校,撤销108所,剩下309所,并对43所高校进行合并。国家开始以"中央统一计划,块块为主"的体制进行高等教育管理。这种管理体制,使得当时以集权作为基础的专业体系及大学制度趋于崩溃,高校连续4年停止招生,而专业设置和专业目录也混乱不堪,大批专业被停办,人文社科类的专业所剩无几,理科专业被更改为工科类专业。该阶段进行高等院校的专业设置的原则就是为政治需要服务,高等院校毫无专业设置自主权可言。在此期间,高等教育遭受了严重打击,专业设置政策也与高等教育发展规律背道而驰。

(二)改革开放以来我国高校的专业设置

1. 1977—1987年:高校专业设置政策的重构和拨乱反正时期

1980年起,我国高校专业进行了初步调整,首先是财经、政法、轻纺、食品等专业的招生比重逐步增加,并适当增加了文科的招生比重。到1980年年底,我国高校已增至675所,而高校设置的专业

---

① 汪效村,等.论高校学科专业设置的理念与机制[M].北京:科学出版社,2008.

种类也已达到 1036 种,其中理、工科的专业占总数的 66%。到 1982 年,我国高校开设的专业数多达 1343 种。在此期间,国家着力重构、发展高等教育,但高校专业的设置与调整、管理和规范存在一定的缺失,致使高校专业的数量激增,专业发展出现乱、窄、缺等现象[①]。

1982 年,五届全国人大五次会议对高校专业设置乱象提出了指导性意见,明确要求对高等院校的专业设置进行调整,改变过去由于过细的专业划分导致学生知识面狭窄的状况。1982 年开始,我国高校的专业目录修订工作重新启动并持续多年。截至 1987 年,修订后的专业目录将专业总数压缩到 644 种,其中的重大变化是:减少了工科专业,大幅增加了文科专业,医科类专业在该次调整中增长近 3 倍。

2. 1988—1997 年:高校专业结构的调整与改造时期

1989 年,原国家教委颁布了《普通高等学校本科专业设置暂行规定》。到 1992 年,我国本科高校专业总数又调整至 812 种[②],专业结构更为完善与合理,部分设置不科学或者是专业面狭窄的专业被调整,同时补充了许多社会经济发展急需的新兴专业。

1993 年原国家教委印发了《普通高等学校本科专业目录》。1993 年的专业目录与 1987 年的专业目录相比,前者的最大特点就是把学科划分为 10 个门类,把所有专业设限于其中,在一定程度上起到控制专业总数的作用。专业数量的设置既顾及了社会发展的需要,又兼顾了学科建设的需要。同时,国家还颁布了《普通高等

---

①　吴克明.高校专业设置滞后的多元分析[J].河北师范大学学报:教育科学版,2005(3).

②　中国教育年鉴编辑部.中国教育年鉴(1993)[M].北京:人民教育出版社,1994.

学校本科专业设置规定》,明确了本科专业设置审批权限下放的制度。

3. 1998—2011 年:专业设置中高校与政府权力的变化

20 世纪末期,我国高等教育管理体制改革取得了新的突破,有 9 个部委在国务院机构改革中被撤并。这 9 个部委原主管的 91 所高校采取了中央与地方政府共管共建的形式,其中由地方管理的高校有 81 所。之后,中央又进行了两次对部委院校的大规模调整,意味着中国计划经济体制之下的高等教育管理条块分割的模式被彻底打破,从而确立了"中央和地方两级管理,以地方统筹管理为主"的全新高等教育管理体制,为我国高等院校专业的设置与调整创造了良好的制度环境。1997 年,我国开始了为期一年多的第三次本科专业目录的修订工作,并于 1998 年 7 月公布。这次专业目录修订,可以说是新中国成立以来调整幅度最大的一次,修订后专业形态呈现出了宽、少、柔的特征,专业基础得以拓宽,专业种数得以减少,专业方向可以进行柔性设计。其基本内容包括 11 个学科门类、71 个二级门类及 249 种专业。

1998 年 8 月,我国正式颁布了《高等教育法》。全国本科高校于 1999 年又进行了一次较为普遍的专业结构调整工作。在高校自主权逐步落实的过程中,由政府主导的专业设置政策面临着越来越多的困难与挑战。从 2007 年的统计数据可以看出,全国高校共开设本科专业 641 种,如经济学学科门类专业 18 种、教育学学科门类专业 45 种、历史学学科门类专业 8 种、哲学学科门类专业 5 种、法学学科门类专业 38 种、医学学科门类专业 50 种、农学学科门类专业 35 种、文学学科门类专业 97 种、理学学科门类专业 82 种、管理学学科门类专业 5 种、工学学科门类专业 206 种等。高校实践表明,我国当时的本科专业目录虽作为进行专业设置的指导性文件,却已经落后于形势的发展,逐渐失去了它原有的指导作用,迫切需要修订、颁布新的本科高校专业目录。

4. 2012 年起:高校专业设置在继承中发展,自主权进一步落实

2012 年,教育部颁布实施《普通高等学校本科专业目录(2012年)》和《普通高等学校本科专业设置管理规定》。这是我国改革开放后的第四次修订专业目录。这次修订的专业目录依然根据学科门类、专业类和专业三个层次进行划分。学科门类从原来的 11 个增至 12 个,新增加了艺术学学科门类,与研究生学科目录的学科门类逐一相互对应,12 个学科门类分别是哲学、经济学、法学、教育学、文学、历史学、理学、工学、农学、医学、管理学、艺术学。专业类从修订前的 73 个增加到 92 个;专业数从修订前的 635 种缩减到506 种。

这次修订最大的变化是建构了新的目录体系,即专业设置体系分为基本专业和特设专业两大部分。基本专业是具有比较成熟的学科基础、相对稳定的社会需求、较多的布点数量和较好继承性的专业。特设专业是适应近年来人才培养的特殊需求,或根据不同高校办学特色开设的专业,突出开放性、发展性和动态性。

回顾新中国成立以来高等学校本科专业设置的历程,可以说是在发展中渐渐形成了一种较为有序的专业设置机制,专业设置走向规范化与科学化,并与社会的实际需求紧密结合,取得了很大的成效。但与此同时,虽然专业设置权力的配置从集权转变为分权,再从分权转变为集权,最终又转变为分权,历经了多次变化,却仍未走出"一放便乱,一收便死"的状况。专业划分的标准由行业部门转变为学科,再转变为社会需求,仍未摆脱学科本位与社会本位之间

的争论。

第二节　专业建设

专业建设是高校在一定的办学思想指导下,围绕专业,在培养目标、师资队伍、课程体系、教学条件、教学改革与培养质量等方面开展的各项工作。

一、专业建设的基本原则

专业建设是高校最基本的工作,更是人才培养工作的基础。高等院校只有发挥自身特色、找准定位、优化结构、合理布局、科学规划专业建设,才能发挥好专业建设对人才培养的作用,确保人才培养质量的提升。所以,在专业建设中必须把握好"准确定位,合理布局、科学发展"的基本原则。

（一）准确定位

不同类型的高校应根据国家和经济社会发展对人才的不同需求,以及各高校的自身条件,在履行高校职能中找准自己的办学定位、发展目标和服务方向,确定自己的人才培养目标,体现自己的特色。因此,在专业建设中要找准切入点,体现和发挥自己的特色和优势,确保专业建设与经济发展、社会需要有效对接,解决好学校与社会的接口问题。不同层次的学校承担着与其自身学校整体水平及在全国高校中所处的地位相一致的人才培养任务,即为国家经济建设和社会发展培养不同层次的人才。因此,各高校要给自己以明确的定位,准确界定自己的人才培养目标,突出自己的优势和特色,并通过专业建设充分展现出来,使得培养出来的人才在不同层面上适应经济建设和社会发展的需要。专业建设应从国家、社会发展的大背景中寻求科学合理的定位，制定明确的目标。

（二）合理布局

学校必须根据自身条件和特色，结合社会发展需要，合理布局学科专业。在合理布局时要坚持以下六条原则：一是质量第一原则。专业建设既要看整体水平和条件，更要看专业对人才培养质量的促进与保障作用，因此在专业建设中要坚持标准，确保质量。二是有效适应原则，即按需择优的原则。教育必须适应社会发展的需要，这是教育的基本规律。根据全球经济的发展趋势和我国社会发展速度以及可持续发展对人才的需求，紧紧把握专业建设内涵与人才培养质量，面向经济建设主战场，有效调整专业布局，完善专业结构和专业方向。三是协调发展原则。协调发展是专业适应性的内在要求，专业建设要适应社会发展与不同分工的需要，就必须坚持协调发展原则。只有不断优化专业结构、调整和改造老专业、增设新专业，才能适应社会变化和发展的需要。四是重点投入原则。必须对一些专业进行重点建设，确保对重点与特色专业建设的倾斜，实现重点与特色专业对其他专业的示范与带动作用。五是强化特色原则。特色是专业建设的根本所在，高校的专业都是根据国家专业目录或国家有关政策引导下设置的，但是不同学校的同名专业一般都具有不同的特色与背景。专业特色不仅是一所学校办学特色的所在，也是一所学校人才培养质量的所在，更是一所学校的生命所在。六是生态优化原则。学科与专业之间、专业与专业之间相互依存，相互联系。建设一个专业，需要形成良好、有效的专业建设环境。因此，要建立专业建设的生态系统，保证各专业共生、共栖的环境，形成合理的、多样化的、交叉融合的专业结构；一个专业做大做强做出特色与优势的同时,要保证专业的生态结构,使之不断优化,力争形成多学科并存、文理渗透、理工结合的专业格局,使专业在生态优化环境中保持可持续的发展态势。

(三)科学发展

专业建设的科学发展指的是:一是树立专业建设的全面发展观。专业建设是以一定规模为基础的,没有了规模也就无从谈发展,所以要树立"以规模求生存,以质量求发展"的全面发展观。围绕已有的优势学科和特色专业,寻找学科、专业间的交汇、融合与支撑,根据社会需求适当增设新的专业,不断改造老专业、拓宽专业口径与专业的适应面,促进各专业间互相支撑与共同增长。二是树立专业建设的协调发展观。坚持专业的协调发展,包含坚持专业与社会需求的协调发展、坚持专业各项功能的协调发展、坚持专业规模与内涵的协调发展。三是树立专业建设的可持续发展观。质量是教育永恒的主题,专业建设的主题仍是紧紧抓住"质量"这条主线来谋求各自的发展,因此,要采取积极措施,加强教学条件建设,改善办学条件,使专业发展与学校的进步齐头并进;同时要加强师资队伍建设,使教师队伍的数量、质量和结构与专业规模发展相匹配,按全面发展、协调发展、可持续发展的原则做好学校专业发展规划。

二、专业建设的基本内容

专业是高校最核心的组成元素,专业建设也就是高校的基础和核心的工作。专业建设是一个系统工程,关系到学科建设、社会发展与分工、办学条件、教师发展、学生学习、规模与需求、质量与特色、管理与改革,以及评价等要素,很难有一个统一的标准规范和模式,但可以概括出的专业建设最基本内容有:专业设置与人才培养定位、培养方案与课程体系、师资队伍与学科水平、基地建设与办学条件、教学改革与教材建设、保障体系与质量评价等。

（一）专业设置与人才培养定位

专业设置与人才培养定位在专业建设中居于首要地位。专业设置科学与否，直接影响着高校培养的人才能否满足服务对象的需求和学生能否顺利就业。因此，专业设置首先要主动与国民经济、区域产业经济的发展相对接，在了解产业结构、新兴战略产业、支柱产业等产业群发展规划的基础上，及时预测未来的新职业、新岗位对人才的需求，及时捕捉到未来专业发展信息。其次，要根据学校的办学特色、发展规划、资源条件，遴选符合学校发展的专业类型，开展市场调研，进行科学的规划与论证，确定专业人才培养规格定位、面向社会和行业的层次定位，并确定专业规模和专业特色。

（二）培养方案与课程体系

培养方案与课程体系是开展专业人才培养的执行文件，是落实人才培养定位的行动纲领。由于人才培养相对于社会需求又具有一定的滞后性，人才培养难以一一对应细化的社会分工。但万变不离其宗，人才需求的变更总是依托一定的专业进行演变的，所依托的专业基础知识具有一定的稳定性。因此构建宽基础的课程体系是培养方案的重要组成部分和核心内容。由此，可以简化出专业培养方案与课程体系的模型，即"宽基础课程体系"+"岗位需要和专业特色课程模块"。

怎么构建宽基础的课程体系呢？人才培养的根本任务就是要培养合格的社会主义的建设者。因此，宽基础课程主要培养学生的思想政治与文化素质、专业的通用知识和技能以及自主学习的能力。

15

怎样体现岗位需要和专业特色？为此,应在宽基础的课程体系基础上设置岗位需要和专业特色课程模块,该课程模块可以由若干小模块组成,主要是针对岗位需要的知识、技术和能力而专门设置的课程,同时,也包含不同人才培养定位的特色课程,并且可以考虑设置符合学生兴趣和个性发展的课程模块。

（三）师资队伍与学科水平

教师是教学活动的主体,人才培养质量的提高、各项教学活动和改革都依靠教师来落实,教师的敬业精神、教育思想、学术水平和治学风气等,直接关系到专业建设的水平和人才培养的质量。

同时,专业建设是以学科为基础的。因此,教师的学科建设和科学研究能力也就成为专业建设的重要内涵。教师通过科学研究,将科研成果融入人才培养和专业建设中,才能培养出符合社会发展和科技进步的合格人才,也才能保证专业建设跟上时代发展的步伐。

（四）基地建设与办学条件

人才培养不仅仅只是课堂教育,还需要不同类型的培养基地,如培养理想信念的教育基地、培养检验知识的实验基地、培养创新能力的创新基地、培养动手能力的实践基地、培养岗位技能的实习基地等,这些基地既有校内基地,又有校外基地,都是专业人才培养必不可少的条件。同时,专业建设还需要各种专业自身必备的办学条件,如实验室、教学经费、图书资料、信息网络等。

（五）教学改革与教材建设

教改是一个永恒的主题。这里的教改指专业的教学改革,包括教学内容、教学方法、教学手段、培养模式等方面的改革。教育的目的就是培养人。美国哈佛大学 2006 年核心课程改革方案就是四大目标：一是培养全球性的公民；二是发展学生适应变化的能力；三是使学生理解生活的道德面向；四是让学生意识到他们既是文化传统的产品，又是创造这一传统的参与者。纵观这四大目标，无不是以人为本，学生始终是教育改革的核心。而我国对本科教学质量和思政与专业、课程相融合的强调，也是专业建设的重要内容。

培养学生最直接的载体是课程，课程的核心就是教材。因此，教学内容、教学方法、教学手段、培养模式等方面的所有改革，都将体现在教材改革与教材建设上，这样才能最终把改革的成果落实到学生培养中。因此，重视教学改革，并将教改成果融进教材，这是专业建设不可忽视的内容。

（六）保障体系与质量评价

专业建设和人才培养的过程是一个需要及时发现问题并反馈结果、调整方案方法的闭环过程，需要建立质量评价和反馈体系，这是保证专业建设有效性的必要保障。

总之，专业建设是一个系统工程，涉及的内容十分复杂。总体来说，专业设置与定位是专业建设的基准，培养计划与课程体系是专业建设的灵魂，师资队伍与学科水平是专业建设的核心，基地建设与办学条件是专业建设的基础，教学改革与教材建设是专业建设的关键，保障体系与质量评价是专业建设的卫士与检验标准。

三、专业建设过程

专业建设是一项复杂的系统工程，专业建设工作千头万绪，但专业建设工作还是有序可循的，专业建设的一般过程如下所示。

（一）组织好专业建设的调研

一是对于人才市场需求的调研。高等学校培养的人才是为社会服务的,最终要走向社会,其是否合格,质量如何,要接受社会和用人单位的检验。因此,专业建设必须要以社会对专业人才的现实需求和潜在需求为依据,随着社会需求的状况和变化确定自己的专业方向、特色和定位。必须对和该专业有关的社会背景、产业背景、职业岗位背景及其发展趋势进行广泛深入的调查研究,这些是专业建设中首要考虑的因素,决定着专业的生命力。

二是对高校同类专业的调查。进行专业建设还要对其他相同层次的高校的相同专业建设情况进行调研,调查内容包括专业的办学历史、办学规模、师资力量、教学设施设备、专业定位、专业特色、培养方案、社会声誉等。调查目的是一方面可以学习到一些先进的办学理念和方法,另一方面,了解和把握其他高校的专业建设特色,可以为本校该专业在特色选择上提供借鉴。通常,专业建设在特色选择上,要和其他高校相同专业的特色保持一定的差异性,采取"人无我有,人有我优,人优我精"的差异化策略,实行错位发展。

三是对本校专业办学历史与资源的调查。要对开设专业的校内校外可用教学资源的现状进行调研,摸清开设专业的教学资源和现状,找出历史优势和劣势所在,以便在专业建设中扬长避短,结合外部环境和机会,选择最适合的发展方向。专业内部调研内容包括:自身的专业办学历史、专业目前办学规模、专业师资力量现状、专业教学设施设备情况、现有专业特色和专业定位、培养方案、校外实践基地等校外教学资源状况、专业目前的社会声誉等。

（二）分析好专业内外部环境

专业特色是专业的灵魂,特色的选择,必须要建立在对专业外部环境和内部教学资源条件充分调查和深入分析的基础上。专业的外部环境因素和内部资源条件,制约着专业的发展水平,专业建设必须要建立在充分分析判断内外部环境条件的基础上,即分析评价本专业建设中的优势和劣势因素,分析评价外界环境中对专业建设的有利因素和不利因素。

一般说,专业建设的优势和劣势主要体现在以下几个方面:办学历史、资金和教学设备条件、师资力量、学术水平、教学水平、校企合作、图书馆资料、学校声誉、专业影响、学校所在地理位置等。

对专业建设造成机会或威胁的外部环境因素主要有以下几个方面:社会和用人单位对人才的需求现状和变化趋势,国家经济、社会、技术环境的变化,人口数量及结构的变化,政府产业政策的调整,教育主管部门的政策,其他高校的发展状况,高等教育对外开放程度,其他有关重大事件,等等。

其实,很多高校的某些专业在长期办学中,已经积淀下来了一些优势专业方向,初步形成了一定的特色,要分析这种特色是否还符合人才市场的需求和自身的资源能力条件,是需要保留该特色还是需要对原有特色作出调整或重新选择特色。

(三)制订好专业发展规划

发展目标是指专业建设在建设期内应当实现的基本指标。专业建设首先应该符合学校学科专业的整体发展规划和布局,符合社会人才需求的现状和变化趋势,应与本校的办学方向、层次、规模、能力和特色相适应。要在充分调查研究的基础上,制订或调整专业发展规划,以此为基础,明确专业建设规划和总体目标。专业建设规划是指导专业建设活动的总体计划和安排,内容包括明确专业建设的总体目标、建设程序、时间进度、资金投入等。

(四)配置好专业建设资源

一是选好专业建设负责人。专业建设负责人相当于项目经理,一般由资深教授或系主任承担。二是做好专业建设规划,以此为基础分步实施。三是争取各种资源,为专业建设的良性、快速发展争取条件。在学校内部,有教务处条线的专业建设资源、专业建设经费资源;人事处条线的专业建设师资引进、培训资源;资产处条线的专业建设设备资源;招生处条线的生源资源。在学校外部,有上级各主管部门的高水平专业专项建设项目资源;对应行业的校外基地建设、师资培训等资源;兄弟院校的流动教师、专业建设信息与交流资源;学生家长、往届毕业生的社会资源,等等。这些都是进行专业建设的资源。

（五）把控好专业教学与建设质量

专业教学与建设的质量监控十分必要,这就如同工厂必须设立质检部门一样。专业教学与建设质量监控其实是一个体系,包括以下六个环节:一是目标确定,二是各个教学环节的质量标准建立,三是信息与收集,四是评估（建立学校评估机制）,五是信息的反馈,六是调控。以上六个环节的有机结合构成一个闭环。专业教学与建设质量监控有三个层次:第一层次是以校长为代表的行政监控体系,第二层次是以教学督导为代表的专家监控体系,第三层次是由学生与社会组成的外部监控体系。

四、专业建设与管理

（一）专业建设规范

专业建设规范指的是依据国家或上级主管部门法律法规条文所开展的专业建设工作。

1. 专业设置

（1）高校设置专业的基本条件

《普通高等学校本科专业设置管理规定》（教高〔2012〕9号）要求：专业设置和调整实行备案或审批制度。备案或审批工作每年集中进行一次。高校设置专业须具备下列基本条件：符合学校办学定位和发展规划；有相关学科专业为依托；有稳定的社会人才需求；有科学、规范的专业人才培养方案；有完成专业人才培养方案所必需的专任教师队伍及教学辅助人员；具备开办专业所必需的经费、教学用房、图书资料、仪器设备、实习基地等办学条件，有保障专业可持续发展的相关制度。

（2）高校设置国家专业目录内的专业

高校根据国家颁布的专业目录设置专业（国家控制布点专业除外）时，经以下程序报教育部备案：

① 高校经校内专业设置评议专家组织审议通过后，于每年7月31日前通过专门网站提交专业设置申请材料，内容包括学校基本情况、人才培养方案、教师基本情况、办学条件等。

② 高校专业设置申请材料在专门网站公示，公示期为一个月。

③ 公示期满后，高校将公示期间所提意见的研究处理情况及专业设置申请材料报高校主管部门，教育部直属高校直接报教育部。

④ 高校主管部门对高校提供的专业备案材料、公示期间所提意见、高校研究处理情况等进行形式审核。审核汇总后，于当年9月30日前公布备案结果。

⑤ 教育部于当年11月30日前公布备案结果。

⑥ 高校设置国家控制布点专业，应按以上5条有关程序和要求将申报材料报送教育部，经教育部学科发展与专业设置专家委员会评审，于当年11月30日前公布备案结果。

（3）高校设置新专业

高校设置尚未列入国家专业目录的新专业时,经下列程序报教育部审批:

① 高校经校内专业设置评议专家组织审议通过后,于每年7月31日前通过专门网站提交专业设置申请材料,内容包括:学校基本情况、人才培养方案、教师基本情况、办学条件等,以及该专业与所属专业类中其他专业的区分情况和专业基本要求。

② 高校专业设置申请材料在专门网站公示,公示期为一个月。

③ 在公示期间,教育部委托相关教学指导委员会对新专业的科学性、可行性以及专业名称规范性提出意见,并提交到教育部。

④ 公示期满后,高校将公示期间所提意见的研究处理情况及专业设置申请材料报高校主管部门,教育部直属高校直接报教育部。

⑤ 高校主管部门召开专业设置评议专家组织会议,进行审议。高校主管部门根据审议情况确定拟同意设置的专业并进行汇总,于当年9月30日前以文件形式(含专业设置申请材料)报教育部。

⑥ 教育部委托教育部学科发展与专业设置专家委员会对需审批的专业进行评审,于当年11月30日前公布审批结果。

⑦ 批准设置的新专业如符合国家特设专业定位,则可列为特设专业。

2. 专业调整

《普通高等学校本科专业设置管理规定》(教高〔2012〕9号)对专业调整作出如下规定:

（1）高校调整专业名称时,如调整为国家颁布的专业目录中的专业(除国家控制布点专业外),按备案程序办理;如调整为国家控制布点专业或新专业,按审批程序办理。被调整的专业按撤销专业处理。撤销专业需由高校主管部门报教育部备案。

（2）高校调整专业的学位授予门类或修业年限,按审批程序办理。

（3）高校调整专业须在妥善安排拟调整专业在校学生培养工作前提下进行。

（4）高校现设专业连续五年不招生的,原则上按撤销专业处理。

3. 专业建设

专业建设是以社会经济发展及产业结构调整的需要为导向,以人才培养模式和课程建设为核心,以提高本科教学质量为目标的教学基本建设。专业建设涉及多方面的内容,包括制订专业培养目标和规格、确定专业设置、制订专业教学计划、教材建设及教学改革等。专业建设需要面向市场,根据社会经济建设发展,适时调整专业结构,加强专业内涵建设。所以,专业建设是一项永无止境的工作,大致有如下一些建设过程:新专业建设、一般专业建设、重点与特色专业建设、专业综合改革等。

（1）新专业建设

新专业设置后,其建设目标是达到本科人才培养的毕业要求和学士学位要求。

新专业建设的重点是调研、论证建设该专业的必要性,编制人才培养计划,核心是解决专业人才培养所必需的基本条件,包括学科支撑、师资力量、实验场地等条件。

（2）一般专业建设

新专业设置后,便进入常态化一般专业建设过程,需要根据社会、经济建设需要及时修正专业定位与规模，修订人才培养计划，完善办学基本条件，规范健全各类规章制度等。

（3）重点与特色专业建设

一般专业建设若干年后，积累了丰厚的教学资源和办学底蕴，在学科基础、师资力量、办学条件、规范管理、社会影响等方面都具备很好的实力，并初步形成了自身专业特色。这时的专业建设将上升到更高水平的建设，需要进一步对接学科，依托高水平学科支撑；进一步对接社会需求，产生良好的社会声誉，不断地增强实力、凸现特色。

4. 专业综合改革

根据《教育部财政部关于"十二五"期间实施"高等学校本科教学质量与教学改革工程"的意见》（教高〔2011〕6号），为引导高校主动适应国家战略和地方经济社会发展需求，优化专业结构，加强专业内涵建设，创新人才培养模式，大力提升人才培养水平，"十二五"期间启动实施"专业综合改革试点"项目。

实施"专业综合改革试点"项目，旨在充分发挥高校的积极性主动性创造性，结合办学定位、学科特色和服务面向等，明确专业培养目标和建设重点，优化人才培养方案。按照准确定位、注重内涵、突出优势、强化特色的原则，通过自主设计建设方案，推进培养模式、教学团队、课程教材、教学方式、教学管理等专业发展重要环节的综合改革，促进人才培养水平的整体提升，形成一批教育观念先进、改革成效显著、特色更加鲜明的专业点，引领示范本校其他专业或同类型高校相关专业的改革建设。

5. 专业监督检查与评估

《普通高等学校本科专业设置管理规定》（教高〔2012〕9号）对

专业监督检查与评估作出如下规定：

① 高校应建立和完善专业建设保障机制,开展专业自评工作。鼓励高校引入专门机构或社会中介机构对学校专业办学水平和质量进行评估。

② 高校应高度重视新设专业的建设,保证新设专业的办学条件,在没有毕业生之前,对新设专业进行年度检查、发布专业建设质量年度报告,接受社会监督。

③ 高校主管部门综合应用规划、信息服务、政策指导和资源配置等措施,促进所属高校加强专业内涵建设。

④ 在新设专业首届学生进入毕业学年时,高校主管部门应组织实施专业评估。评估结论作为新设专业继续招生、暂停招生的依据。

⑤ 教育部负责协调国务院有关部门定期发布国家经济社会发展和科技进步对人才的需求以及毕业生就业状况等信息,加强高校专业设置的宏观管理。

⑥ 高校设置的专业在教育教学过程中出现办学条件严重不足、教学质量低下、就业率过低等情况,高校主管部门须责令有关高校限期整改、暂停招生。

⑦ 未经备案或审批同意设置的专业,不得进行招生宣传和招生。对违反本规定擅自设置专业或经查实申请材料弄虚作假的高校,教育部或高校主管部门予以公开通报批评,所设专业视为无效;情节严重的,三年内不得增设专业。

（二）专业建设管理与指导

专业建设这一系统复杂而浩大,需要有分层严谨的管理和指导。现有的管理和指导基本情况如下：

1. 专业建设管理

专业建设工作主要是落实在各学校,其管理通常是:

① 专业建设通常由学校进行宏观指导、规划和统筹,以学院(系)为主,实行学院(系)领导下的专业建设负责人制。

② 专业建设负责人原则上应具有教授专业技术职称,具有较高的学术水平和教学水平,由校或院(系)负责遴选和管理。

③ 专业建设负责人的职责是负责制定专业发展规划,专业教育计划的修订和落实,建设任务的分解与落实,经费预算,经费支出审批,专业建设的检查及日常管理等。

④ 学校对专业建设给予经费支持和动态管理,加强与重点学科相匹配的特色与优势专业建设。

2. 专业建设指导

专业建设指导主要由专业教学指导委员会承担,目前已有各级专业教学指导委员会:

(1) 教育部高等学校教学指导委员会

为加强对高等学校人才培养工作的宏观指导与管理,推动高等学校的教学改革和教学建设,进一步提高人才培养质量,教育部聘请有关专家组成高等学校教学指导委员会。高等学校教学指导委员会是在教育部领导下,对高等学校教学工作进行研究、咨询、指导、评估、服务的专家组织。

高等学校教学指导委员会包括高等学校各学科、专业教学指导委员会和有关专项工作教学指导委员会。根据实际工作需要,部分教学指导委员会下设分委员会。

(2) 省市级教学指导委员会

各省市参照教育部高等学校教学指导委员会模式,成立省市级教学指导委员会。

（3）行业专业教学指导委员会

由于专业与行业分工和岗位设置密切关联，为了使专业建设更能有效对接行业需求和行业特色，部分行业参照教育部高等学校教学指导委员会模式，成立行业教学指导委员会。

（4）校级专业教学指导委员会

一般有校院二级专业教学指导委员会，各学院级专业教学指导委员会在学校教学指导委员会指导下开展专业建设方面的工作。

学校教学指导委员会由行业、企业、政府有关部门、社会有关方面、高校、科研单位、咨询服务机构的有关专家和学院的有关专家组成，也可按学科或专业大类设置专业教学委员会，成员若干人。

校级教学指导委员会对专业建设的指导包括：审议相关学科专业的总体发展规划；审议学校办学过程中的专业设置、调整方案，审议各专业人才培养方案和培养计划；对学校专业建设（师资队伍、课程、教材、实验室和教学手段建设）和教学改革的整体情况进行监督和评议，为学校专业建设和发展提供咨询和建议；论证专业建设方案；参与学校品牌、特色专业的遴选、评审和验收工作；做好老专业改造和新专业建设的咨询、指导工作；监控专业教学质量和人才培养质量等。

第三节　专业评估与专业认证

一、"五位一体"的本科教学评估制度

2011 年，教育部颁布《关于普通高等学校本科教学评估工作的

意见》(教高〔2011〕9 号),共 12 条(以下把此意见称为"新方案"),明确了未来一段时期本科教学评估工作的总体设计和制度框架。这一新方案对本科教学评估工作作出了整体规划,提出以学校自我评估为基础,以院校评估、专业认证及评估、国际评估和教学基本状态数据常态监测为主要内容,政府、学校、专门机构和社会多元评价相结合,与中国特色现代高等教育体系相适应的教学评估制度,研究者将其简称为"五位一体"本科教学评估制度(见图 1.2),其内涵主要包括以下几个方面:

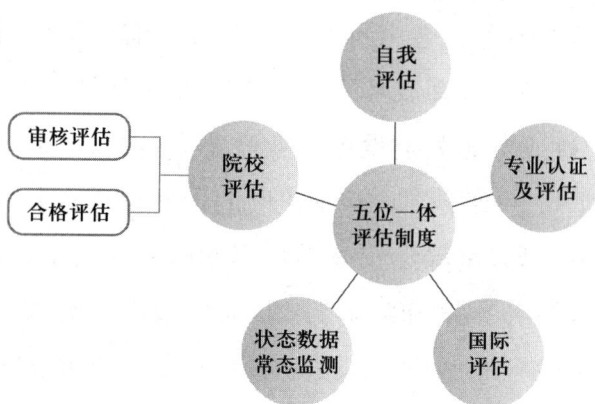

图 1.2 "五位一体"评估制度示意图

(一)强调高校自我评估,强化高校的主体和质量意识

新方案突出学校是保证本科教学质量的主体。所以,它要求高校建立有效的校内教学质量监测和调控机制,建立本科教学自我评估制度,在此基础上形成本科教学年度质量报告,并使质量报告发布制度化、常态化。

(二)建立教学基本状态数据库,实行高校教学质量的常态监控

通过建立高校、国家基础状态数据库,形成常态监控机制,并在

一定范围内公布一些核心数据,加强对状态数据的分析,充分发挥状态数据库在学校自查、政府监控、社会监督中的重要作用。

（三）分类开展院校评估,引导高校合理定位、特色发展

院校评估分合格评估和审核评估两类。合格评估是对新建本科院校是否达到教育部规定的办学基本标准的达标评估;审核评估核心是对学校人才培养目标与培养效果的实现状况进行评价。合格评估通过的学校,5 年后进入审核评估。院校评估是政府委托评估机构组织进行的。

（四）开展专业认证及评估,增强人才培养与社会需求的适应性

一方面鼓励专门机构和行业用人部门对高校的专业进行评估,促进学校培养与职业准入资格制度的衔接;另一方面,积极推进与国际标准实质等效的专业认证,提高专业的办学水平和国际竞争力。

（五）鼓励开展国际评估,提高我国的高等教育国际化水平

鼓励有条件的高校聘请国际高水平专家对本校学科专业进行国际评估,同时探索与国际高水平教育评估机构合作,积极开展评估工作的国际交流,提高评估工作水平。清华大学、上海交通大学等一批学校已经开展这项工作。

新方案的另一特点是建立健全评估的组织体系和工作机制,努力促进管办评分离,这也是一项中央和省级政府两级分工明确、各负其责的本科教学评估工作制度。

教育部负责制定教学质量基本标准、合格评估和审核评估方案,设计和建设国家级教学基本状态数据库;省级教育行政部门负责制定本地区所属高等学校本科教学评估规划,指导和推动本地区

所属高校各类评估,推动学校落实评估整改工作。

正如教育部副部长林蕙青所指出的那样,这一新方案还体现了四个"多"的特征:一是多样的评估标准,如合格评估指标和审核评估指标;二是多种的评价形式,如学校自评、院校评估、专业认证、国际评估;三是多元的评估主体,如政府、评估机构、学校、社会各界;四是多渠道的评估结果发布方式,如状态数据、学校年度质量报告、专家评估报告等。

根据新方案要求,本科教学评估工作设计的制度建设主要包括以下 5 个方面:一是强调评估主体是高等学校自身的校内自我评估制度;二是侧重评估方式常态化的教学质量常态监控制度;三是关注评估管理规范化和"管评办分离"的评估组织制度;四是追求评估资源多元化的分类评估制度;五是建立专业智库指导评估建设的专家遴选制度。

当前,高等教育的主要任务就是提高人才培养质量,发展目标是建立具有中国特色现代高等教育体系。如创建世界一流大学、建立国家质量标准、调整专业目录、加强专业建设、探索职业教育体系和人才培养模式的改革等,都是围绕着这个总目标开展的。所以无论是本科教育,还是研究生教育、高职高专教育等范畴的评估工作都是现代高等教育体系的一部分,其最终目标是构建起具有中国特色的高等教育评估体系。从这个意义上来说,新方案注重顶层设计和制度体系建设,其科学规范的本科教学评估体系对实现有中国特色的高等教育评估体系具有奠基性作用。①

---

① 孙莱祥,蒋莱.下一轮教学评估工作新思路解读[J].上海教育评估研究,2012 (2).

二、专业评估及其功能

专业评估是评估主体在专业教学范畴内,依据自身的需要和要求,按拟定的实施方案和价值判断标准、评估指标体系,对被评专业的人才培养计划和人才培养质量以及必备保障条件,如教师队伍的数量和质量、专业教学条件、人才培养过程实施及教学管理等方面进行评价,使其与社会经济发展对人才培养规格和质量要求相适应的评估活动。专业评估既是对高校各种专业的教育质量的评判,也是高校办学水平评估的重要组成部分。

专业评估是由教育行政部门规定实行的,也是"五位一体"新方案中的一种评估形式。1990 年国家教委发布的《普通高等学校教育评估暂行规定》中明确规定:高等教育评估工作由各级政府及其教育行政部门组织实施。专业评估作为高等教育管理活动的组成部分,是政府直接管理和调节高等教育活动的一种手段,是教育主管部门对高等学校实行监督的一种形式,受到政府的直接领导,政府的行政指令成为专业评估的主要推动力量。我国目前开展的专业评估活动,是政府的行政行为。专业评估的目的是为了考核学校专业教学水平,是否符合预定的办学目标。重点考察学校专业教学条件和培养过程,属于教育界本身对其人才培养的一种自我质量保证或评价。专业评估应坚持以评促改、以评促建、以评促管、评建结合、重在建设的原则,同时还应把握科学性以及可操作性原则。

专业评估主要有如下几个功能:

(一)导向功能

专业评估的内容与评估标准为高等学校的专业建设与专业发展提供了方向,有什么样的评估内容,高等学校就会注重哪个方面的工作;有什么样的评估标准,就会引导高等学校朝什么样的方向努力。

（二）诊断功能

通过专业评估,既可以清楚地认识到高等学校专业办学中的特色和优势,又可以看到问题和劣势,并找出问题的原因,及时加以解决。

（三）激励功能

高等学校可以根据评估结果对自己的工作进行自查自纠,对好的成绩会发扬光大,使之更为完善;对差的结果会寻找原因,进一步改善办学条件,促使整改,因而评估能达到促进学校专业的改革和建设,提高办学水平、教育质量和办学效益的目的。

（四）调节功能

对评估结果进行分析,可以发现专业教学目标中的不合理因素,并对其加以调节和改进,使之更为合理,还可以对高等学校专业的定位目标进行实事求是的调整,确立符合实际情况的定位。

2016年2月,国务院教育督导委员会办公室发文《关于组织开展普通高等学校本科专业评估试点工作的通知》(国教督办函〔2016〕6号),明确指出"本科专业评估工作是健全高等教育质量保障体系,提高高等教育人才培养质量的重要举措。各地开展本科专业评估工作,旨在客观了解高等学校专业建设情况和发展水平,为宏观调控高等学校本科专业布局提供客观依据,引导和促进高等学校加强专业建设,优化专业结构,办出特色和水平","各省按照国务院教育督导委员会办公室的统一要求和工作安排,结合本地实际,自主确定试点范围和工作方案,组织开展本省试点工作"。

国务院教育督导委员会办公室又于2016年3月在辽宁省大连

市召开高校本科专业评估经验交流会,重点介绍辽宁省开展高校本科专业评估的经验。各省教育厅有关领导参加会议并交流了各自开展专业评估的做法和成效。

三、专业认证

(一)什么是专业认证

专业认证是国际通行、行业主导、利益相关者参与的对专业教育进行的外部评价。通过专业评估,检查该专业的培养过程是否达到了预设的教育目标和毕业要求,以及课程如何保证目标的实现,是否适合学生毕业后进入该领域从事专业工作的要求与期望。专业认证可以为毕业生进入专门职业界工作提供质量保证,以保证行业从业人员达到相应教育要求。认证属于评估范畴,如果通过国际专业认证,还可以达到国际化的专业标准互认。

专业认证是一种自发的行为,是获得专业教育实力的证明,是学校或专业的一种自愿行为。学校或专业自愿参加非政府性质的协会,并通过协会自觉进行自我规范活动,目的是取得在专业界的权威地位。具备专业认证资质,专业可以向社会和用人单位提供信心保证,也是保证和提高专业教育质量符合专业协会和行业协会要求的有效途径。

(二)专业认证基本理念

综述国内外专业认证标准及其认证程序,专业认证的基本理念主要有:一是目标导向。目标导向是指被认证学校的目标是参与认证的逻辑起点,目标规约并深刻影响着学校的行为准则、资源配置、活动方式以及一切教育教学活动。反过来讲,学校的教育教学活动是否围绕目标进行,是否能达成目标,构成专业认证的系列评价标准。二是以学生为中心。专业认证以增强学生的就业能力与创业能力、以学生的满意度作为重要的评价指标,一切围绕学生成长成才为行动导向。三是持续改进质量。专业认证除标准内涵就特别重视质量保障体系的构建与实施外,还建立了专业质量的定期性回访式评估制度,以确保专业教育教学质量的持续改进。

（三）专业认证基本特征

专业认证具有三个基本特征:第一,专业认证是提供一种为同行所认可的资质认定的证明。专业认证对专业的教育质量进行评价,引导并促进高校学科专业的教学改革、建设与管理,促使专业不断提高教育质量,也同时向公众提供专业教育质量的权威判断。在实行专业认证的国家和地区,没有获得认证资格的专业,往往被认为缺乏质量保证。第二,专业认证遵循一定程序并具有一定的法律效力。认证过程一般有如下程序:高校提出希望加入该认证机构的申请;认证机构的代表对提出申请的高校进行预备访问;高校依据认证机构的标准进行自我评估并形成书面自评报告;认证机构会同校外专家在对高校自评报告及相关资料进行检查的基础上,组成考察团对该高校进行实地考察,写出考察报告;被评高校校长提出考察报告的申述意见;认证机构的教育机构裁定委员会对高校的自评报告、考察团的考察报告、高校校长的申述意见进行审查,并在此基础上形成相应决定;高校根据认证机构意见限期作出整改措施;认证机构重新审查。但就运作机制来说,专业认证在不同国家也存在一些差异。第三,专业认证是高校专业质量的重要保障。专业认证可以对专业教育加以规范和指导,保证专业教育的质量。因为在市场条件下,高校作为独立法人直接面向社会,高校的资源和生源来自社会各界和公众对学校的信心,为了增强自身的竞争力,必须保证教育质量。专业认证是由高等学校内在的生存和发展需求所推动,由市场的力量推动学校或专业自愿参加,促进学校进行专业教育自我管理。

（四）专业认证基本状况

我国大规模开展专业评估和认证工作始于 1992 年,是由建设部组织对建筑、土木类 6 个专业进行专业评估。2006 年起,在教育部主持下,中国科协及各相关学会、协会共同参与,先后开展对工程教育 10 个专业类进行专业认证。截止到 2015 年年底,累计有 570 个专业参加认证,涉及高校 124 所,其中"985"高校 30 所,"211"高校 64 所。2016 年,有超过 200 个专业点参加认证(见图 1.3)。自工程教育认证试点以来,我国已初步建立了工程教育认证的组织体系,初步形成了与国际实质等效的工程教育认证标准。与此同时,也形成了一支工程教育认证队伍和一系列规范认证管理工作的文件。

(所)

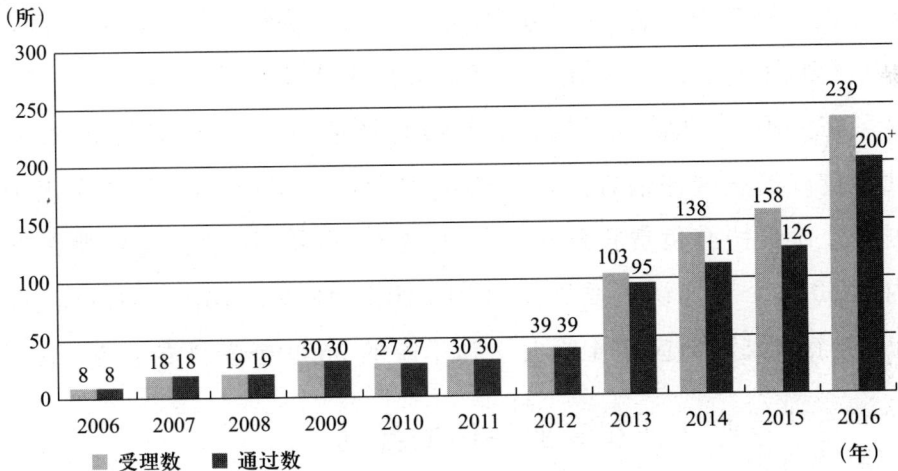

图 1.3 我国工程教育专业认证情况

2008 年,教育部和卫生部共同颁布了医学教育临床医学专业的认证标准,由此开启了医学教育的国内认证。

我国许多高校都在探索参与国际专业认证,但国际专业认证有很多不同的互认体系,如以《华盛顿协议》为代表的工程教育互认体系,以德国和法国为代表的欧洲大陆工程教育互认体系。德国工程、信息科学、自然科学专业认证机构(ASIIN)认证推行的欧洲认证工程项目 EUR-ACE 就是一种欧洲大陆体系的工程教育认证。2013 年,华东理工大学化学工程与技术专业接受了美国工程与技术认证委员会(ABET)的认证,成为我国第一家通过 ABET 国际认证的专业。上海理工大学目前已有 7 个专业通过了 ASIIN 认证。

2016 年 6 月 2 日在吉隆坡会议上,中国科学技术协会顺利成为《华盛顿协议》正式成员,而且是全票通过。这是我国高等教育具有里程碑意义的大事,标志着我国自己开展的工程教育专业认证,其工程教育质量已得到《华盛顿协议》所有签约国认可。

在工程技术专业认证方面,还有《悉尼协议》(一般为三年学历)、《都柏林协议》(一般为二年学历),都提供学历互认。

在美国,专业认证已成为高等教育评估中最主要、最活跃、最受社会赞许的一种评估方式。作为美国专业认证委员会的总代表美国专业认证协会负责管理包括工程技术、建筑、医学、商科、舞蹈在内的 60 多个专业认证委员会,其中 ABET 截至 2016 年 3 月已认证了 29 个国家和地区 714 所大学和学院的 3569 个学科专业点。

四、专业认证和专业评估的异同

目前,国内学界对专业认证和专业评估的界限经常处于比较模糊的认知状态之中,辨析专业评估与专业认证的异同,可以为推进与深化专业评估与专业认证提供认识基础。

相同之处有以下三点：

① 目的和效果相同。专业评估与专业认证是中国高等教育质量保障体系的重要组成部分，都是高等教育质量保证的有力手段。

② 专业评估与专业认证都有一整套具有一定公信力的标准体系、实施程序和具体做法。

③ 专业评估与专业认证都具有一定权威性的组织机构按照一定的标准、程序组织进行。

相异之处有以下三点：

① 概念和内涵不同。专业认证是对专业进行一种资质和资格审查，通过或不通过则证明其具备或不具备某种资质和资格，结果是单一的；专业评估是对专业办学质量的好坏优劣进行一种评价，结果可以有优、良、中、差等多种结果。

② 组织机构有所不同。专业认证是专业认证机构组织和实施的，拥有专业性很强的学术团队或专家团队；专业评估更多可能具有行政色彩或体现国家意志，是受国家行政部门的委托或指派组织实施。

③ 专业认证范畴小于专业评估，即专业认证实质上也是一种专业评估。

第二章　上海高校专业建设状况及评估制度设计

第一节　一流本科教育发展模式创新

2015 年 10 月,国务院颁发《统筹推进世界一流大学和一流学科建设总体方案》(国发〔2015〕64 号),明确了"双一流"建设的总体要求。大学在"双一流"建设中应该承担什么样的责任,特别是本科教育在"双一流"建设中应居于什么位置,这是中国大学都十分关注的一个问题。从各国世界一流大学的建设经验来看,这些学校最主要的共同点就是拥有最好的本科教育,都非常重视本科教学,把本科教育放在极其重要的位置。

2016 年 5 月,林蕙青副部长在厦门召开的"一流大学本科教育高峰论坛"上指出,一流的本科教育是一流大学的重要基础和基本特征。建设一流本科教学,提高教学质量,是加快推进世界一流大学和一流学科建设的迫切需要,是适应新形势,更好地服务国家经济和社会发展的迫切需要,是解决高校自身发展突出问题、实现更高质量高等教育的迫切需要。会议围绕"一流本科教育的改革及创新"这一主题开展了广泛而深入的探讨。教育部高教司张大良司长也在本次会议的总结发言中提出,我们判定高校是否办出一流本科教育,有 5 个最基本最核心的观察点:一是学校是否具有一流的师资队伍;二是学校是否有政策制度保障一流的师资配备到本科教育;三是学校是否把一流本科优势和一流科研优势转化为教育优势;四是学校的一流科研成果是否及时转化为教育内容;五是学校是否培养出一大批优秀创新创业人才。

新形势下国家战略和区域经济社会发展,对上海高等教育提出了新的重大要求,作为我国改革开放的前沿城市、国家新一轮"两校一市"教育综合改革唯一的试点城市,上海高等教育应全面贯彻落实党中央的决策部署,全面提升高校思想政治工作水平,牢牢把握办好中国大学的根本方向,坚持社会主义办学方向,牢牢把握中国特色社会主义大学的根本任务,高度重视立德树人、培养人才。

上海也早在 2014 年,在《上海市教育综合改革方案(2014—2020 年)》就提出了"一流本科教育"的要求,即"强化高校特色优质发展"和"创新一流本科教育发展模式"。主要内容包含以下三方面。

一、推动高校本科教育教学改革

当前,本科教育教学改革的关键是改革传统的教学模式。这里强调的是课堂教学方式和学习成绩考核方式。实际上是把原来以"教师、教材、课程"的三中心转变成"以学生为中心"。目前,高校很多课程的授课方式仍然停留在单一的知识传授上。有的课程即使有"讨论式"(用"提问式"可能更确切),一问一答,但学生的回答大多缺乏自己的观点。有的课程总考核成绩也能做到平时成绩占到 30%、期末考试占到 70%,但平时成绩如何给定却缺乏标准,随意性很大,有的教师把平时成绩作为调节期末考核成绩的一种手段。所以,要把"以学生为中心"的教学理念落到实处,真要在教学模式的改革上下一番功夫。

随着互联网技术的发展,课堂教学的模式发生了很大的变化。学生获取知识的途径不再是单一的课堂教育,大数据时代已经带来了慕课、翻转课堂等教育创新,也极大地提高了学生的学习积极性,学生从被动学习变成主动学习,这也促进教师要花更大的精力改变课堂教学的方式。

应用型本科专业教学模式的转变更为重要,特别是如何提高学生的动手能力、实践能力和应用能力。通过实验可以培养学生的动手能力,通过项目训练可以培养学生的应用能力,但实践能力的培养一定要让学生到行业去实践,这样可以让学生体验到实际部门使用的最新技术。要做到这点,校企就需要开展实质性的共建合作,校企共同进行人才培养,实现有效对接。

为学生提供丰富的选择也可以倒逼我们的教育教学改革。如南京大学"三三制"教学改革,其做法就是通过给学生提供多种选择权,包括选择课程、选择专业、选择个人发展途径等,有效地推进了其本科教育教学改革。南京大学的本科教育目标是办中国最好的本科教育,其"最好"的体现就是学校为学生创造多种机会和选择。如果学校能为学生提供在成长过程中需要的各种机会和元素,就可以满足学生的多样化需求或激发学生学习与发展的各种潜能。南京大学把"为学生提供丰富的选择"视为教学质量的重要衡量标准,首先就是教育教学改革理念的一个创新,该校没有把教学质量仅仅视同为有几位教学名师、几门精品课程、几本国家规划教材、几项教学成果奖等。一项改革的成功不能仅是培养出几个优秀学生,而是能覆盖到全体学生,这才是教学改革的真正成功,也才能真正体现"以学生为中心"的理念。

二、参照国际标准建设本科专业

参照国际标准建设本科专业的基本内容包括：支持高校以国际同类一流专业为参照，建设一批教学内容和方式达到国际水平的本科专业，并与国际同类高水平大学实现学分互认；支持高校参加国际专业教育认证，参照国际质量标准加强专业建设。

时任上海市教育委员会副主任陆靖教授提出，"各校至少有1~2个专业这样做，并成为全校专业建设的标杆"。他特别强调了要找同样类型的学校去参照。

我国的工程教育认证已经加入了《华盛顿协议》，可以这样讲，我国工程类专业通过参加我国自己的工程教育认证，就等于是参加了国际工程专业认证，这与国际工程专业认证实质等效。

三、开展本科专业自评，研制本科专业教学评估指标体系

一流本科教育发展模式，还强调要引导高校建立五年一轮的内部本科专业自我评估制度，形成常规性校内本科教学质量评估、持续改进的保障机制以及健全年度本科教学质量检验制度和报告发布制度。

这部分内容后面章节还要详细叙述，这里不再展开。

上海目前正在深化推进教育综合改革，在高等教育领域，加强学科建设和提升本科生教学质量是综改的"一体两翼"。同时上海"十三五"期间提出了"打造一流的本科教育"新发展目标，将建设一流本科教育纳入"双一流"建设方案，不断提升教学水平和创新能力。

建设世界一流大学,必须树立"人才培养为本,本科教育是根"的理念,重视本科教育,重视本科教学。本科教育是大学的根与灵魂,上海力图把这些理念和要求体现在实际的专业评估中。

第二节　上海高校专业建设状况

一、上海高校专业设置

1. 上海高校专业设置原则

上海市教育委员会《关于印发〈上海市普通高等学校本科专业设置管理实施细则〉的通知》(沪教委高〔2013〕39号)附件中规定:高校设置专业,应主动适应国家和上海经济社会发展需要,适应知识创新、科技进步以及学科发展需要,更好地满足人民群众接受高质量高等教育的需求;应遵循高等教育规律和人才成长规律,适应学生全面可持续发展的需要;应符合学校办学定位和办学条件要求,促进学校办出特色,提高人才培养质量。为与教育部《普通高等学校本科专业设置管理规定》精神保持一致,上海高校设置专业须具备下列基本条件,即要符合学校办学定位和发展规划,要有相关学科专业为依托,要有稳定的社会人才需求,有科学、规范的专业人才培养方案,有完成专业人才培养方案所必需的专任教师队伍及教学辅助人员,具备开办专业所必需的经费、教学用房、图书资料、仪器设备、实习基地等办学条件,有保障专业可持续发展的相关制度。

为进一步调整和优化上海高校学科专业结构,鼓励和控制专业的原则如下:

(1)鼓励设置的专业

① 符合学校发展定位、彰显学校办学特色的专业；

② 能够支撑上海经济社会发展和服务上海战略性新兴产业的相关专业，包括尚未列入国家专业目录的新专业；

③ 填补上海市空白的专业；

④ 经过调整或改造的传统专业。

（2）控制设置的专业

① 毕业生签约率和就业率过低、招生调剂录取率过高的专业；

② 重复设置较多的专业；

③ 与本校已设专业的师资队伍严重重复、课程设置严重相似的专业；

④ 预警专业（见表2.2）。

非特殊情况，原则上不向教育部推荐增设此类专业。

2. 上海高校专业设置现状

上海 35 所普通高等学校共有本科专业（含专业方向）点 1786 个①，其中市属高校 1148 个，部属高校 638 个。各学科本科专业分布情况如表 2.1。

表 2.1　上海高校本科专业分布情况表

专业门类	本科专业数（个）	市属高校专业数（个）	部属高校专业数（个）
哲学	8	2	6
经济学	130	85	45
法学	88	62	26
教育学	32	21	11
历史学	6	2	4

① 参见 2013 年上海高校本科专业数据库（复旦大学教务处周向峰整理）。

专业门类	本科专业数（个）	市属高校专业数（个）	部属高校专业数（个）
文学	375	266	109
艺术学	96	72	24
理学	200	83	117
工学	510	316	194
农学	11	10	1
医学	33	16	17
管理学	297	213	84

二、上海高校专业建设

2008 年 5 月,上海启动高等教育内涵建设五大工程(又称"085 工程"),明确了五大类建设工程项目。2010 年,《上海高等教育内涵建设"085 工程"实施方案(讨论稿)》把五大工程修改为:综合建设工程、学科专业结构优化调整工程、创新人才培养和师资队伍建设工程、知识创新与知识服务平台建设工程、国际交流推动工程。为配合"085 工程"建设,2010 年 3 月,上海市教育委员会又提出了高等教育内涵建设体系和政府行政部门的工作重点应包括六个环节,其中有两个环节涉及学科专业问题,即"学校进行学科专业布局调整"(第二环节)和"学校实施学科专业建设评估"(第四环节)。见图 2.1。

根据 2010 年《上海市中长期教育改革和发展规划纲要(2010—2020 年)》的发展目标,上海高等教育将逐步建立高校主动调整学科专业结构的引导机制,按照扶需、扶特、扶强的原则,到

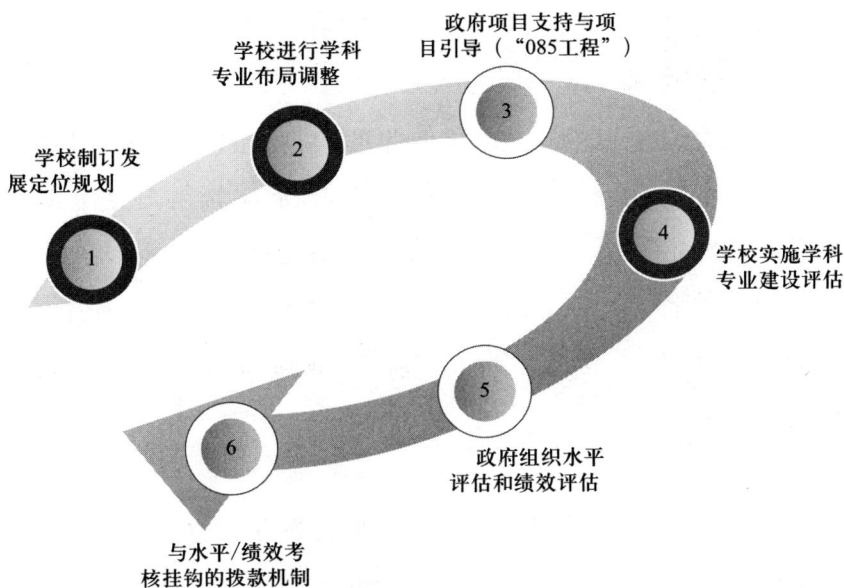

图 2.1　上海市高等教育内涵建设体系

2020 年重点建设 20 个学科,努力冲击国际一流水平;重点建设 200 个学科,使之逐步成为国际先进、国内一流的学科;重点建设 100 个学位点、60 个产学研人才培养基地、300 个本科专业,重点建设 10 个实验教学中心及若干个示范实习基地。

在上海市地方普通本科高校经历超常规、跨越式发展,正处于由外延扩张发展转向依托质量、结构、效益为主的内涵发展的关键时期,高校学科专业的定位规划、学科专业的优化与调整、学科专业的重点与特色发展等问题显得越来越重要,所以要加强以高校发展规划定位和学科专业结构优化、布局调整为抓手的高等教育内涵建设研究,以进一步提升上海高校创新型特色型的内涵发展的水平。

1. 上海高校本科专业发展的优势分析

在"085 工程"的推动下,上海市教育委员会提出了"需""特"

"强"专业建设项目。

（1）"需"专业

从一般意义上讲，存在的就是合理的，就是需要的。但从上海高校专业内涵建设的角度看，"需"专业的条件就是对接上海市和国家发展战略的需要。主要依据是政府关于社会经济发展需求人才类型的有关政策判断。凡是利于学校专业布局调整、学科发展或科学研究需要，但不符合上海市和国家战略需要的专业均不列入"需"专业行列。

（2）"特"专业

一般而言，判断是否为"特色"专业的关键点就是"我有你无"。教育部《关于加强"质量工程"本科特色专业建设的指导性意见》中指出，特色专业是指充分体现学校办学定位，在教育目标、师资队伍、课程体系、教学条件和培养质量等方面，具有较高的办学水平和鲜明的办学特色，获得社会认同并具有较高社会声誉的专业。人才培养方案的制定与优化是特色专业建设的核心内容，也是特色专业建设的重点和难点。所以，有特色的专业首先就是上海社会经济发展需要的专业；二是在上海高校范围内占有优势的专业；三是特色和优势可以体现在人才培养方面、服务社会方面特色平台搭建方面和知识创新等方面。

因此，特色专业应该包括两层含义：一是专业设置上的我有你无；二是在某些关键性的专业内涵建设上的我有你无。

（3）"强"专业

"强"与"特"专业是有交叉的，"强"包含"特"（如复旦大学的数学专业），但"特"不一定是"强"（如上海工程技术大学的轨道交通专业）。专业上的扶强很明显，就是国际一流、国内一流或上海

46

市一流的专业,就是"你有我优"。"强"是借助权威的评价体系并在评价中比较出来的。

2. 上海高校专业发展的主要问题

高校学科专业内涵建设是促进高等教育发展和提高高等教育水平的基础性工作,各高校应该根据政府的要求和统筹规划,了解本校学科专业建设水平和现状,诊断本校学科专业建设中存在的各种问题,并瞄准国际或国内学科专业发展方向和前沿领域,积极调整本校学科专业结构和布局,提高水平,全面提升高等教育服务国家和上海社会经济发展的能力。

但是,在上海高校专业建设中还存在一些共性或突出问题。

(1) 专业建设缺乏人才需求调研和建设规划,有一定盲目性

大部分专业都是在新专业设置时做过市场调研,但在办学过程中长期不做人才需求的调研,导致出现人才培养结构性矛盾、毕业生供需失衡、专业建设无规划、专业发展无计划、专业重复建设、"就业难"等现象①。

近年来,上海市教育委员会根据相对于上海的平均水平,公布过预警专业(见表2.2)。所谓预警专业主要显示为"两高两低",即重复设置率高、转专业比例高、第一志愿录取率低、就业率低。预警专业公布后,社会反响很大。

---

① 教育部公布了2015年就业率较低的15类本科专业名单(亮红牌专业),即食品卫生与营养学、生物科学、旅游管理、社会体育指导与管理、市场营销、动画、知识产权、广播电视编导、表演、艺术设计学、播音与主持艺术、音乐表演、电子商务、贸易经济、公共事业管理。

表 2.2　上海高校本科预警专业名单(2012—2016 年)①

序号	2012 年	2013 年	2014 年	2016 年
1	社会工作	日语	信息管理与信息系统	英语
2	社会体育	信息管理与信息系统	市场营销	国际经济与贸易
3	广告学	工商管理	电子信息工程	法学
4	艺术设计	艺术设计	信息与计算科学	工商管理
5	表演	市场营销	应用物理学	物流管理
6	动画	物流管理	社会工作	新闻学
7	播音与主持艺术	行政管理	社会学	旅游管理
8	广播电视编导	公共事业管理		信息管理与信息系统
9	信息与计算科学	电子信息工程		市场营销
10	材料化学	环境工程		行政管理
11	电子信息工程	信息与计算科学		
12	网络工程	广告学		
13	信息显示与光电技术	电子商务		
14	食品质量与安全	社会工作		
15	国际商务	交通运输		

————————

① 2015 年上海市教育委员会未公布预警专业名单。

序号	2012 年	2013 年	2014 年	2016 年
16	公共事业管理			
17	劳动与社会保障			
18	会展经济与管理			

教育部亮出"红牌"的专业和上海市教育委员会公布的"预警专业",都反映出一个问题:原来很热的专业也会出现就业难,其原因可能是多方面的。但最直接的原因还是人才培养滞后于产业结构的调整和市场对人才需求的变化。如电子商务专业,随着网络购物的流行,电子商务人才需求量大增,但目前培养的人才还是以操作型人才为主。再如在 2016 年上海高校本科 10 类预警专业中,管理学类占了一半。

（2）基本上没有建立专业负责人制度

专业负责人不属某级行政职务,所以责权不清。担任专业负责人的要求也没有规定,有的是学科带头人、教授担任,有的是讲师担任。上海现有 1786 个专业中,有 145 个专业的负责人是中级职称,占专业总数的 8%。

因为专业负责人既没有财权,又没有人权,对专业建设普遍缺乏长远思考,多数专业负责人仅是完成日常的排课、师资安排等具体事务性工作。

（3）专业建设缺乏标准和要求

尽管在教育部高等教育司编写的《普通高等学校本科专业目录和专业介绍（2012 年）》中对每一个专业都有培养目标和课程设

置的具体要求,包括实践教学的学分、学时数的要求,每个专业也都有教学计划,但真要建设好一个专业,光靠这些显然是不够的。专业建设是高校本科教学的基础工作,在人才培养的各个环节上,应该提出明确的标准和要求,这恰恰也是专业评估的评价标准。

（4）缺少专业特色

学校要办出特色,专业建设也应该在学校的办学特色下逐步形成和学校特色相匹配的专业特色。目前的专业建设中只有学科特色,而无专业特色。如何将学科特色转化成专业特色或形成其他方面的专业特色,可能是大多数专业要解决的问题。

第三节 上海高校本科专业评估的总体设计

一、本科专业评估工作的顶层设计

2003—2008 年,全国开展了首轮本科教学工作水平评估,涉及全国 589 所本科高校,规模之大也是我国教育评估史上第一次。它对高校扩招背景下保证教学质量起了极大作用。但面临的问题是下一轮评估如何做？教育部组织了课题组研究这一问题。经过多方论证,课题组适时地从制度层面回答了这个问题。就是在第一章第三节中提到的"五位一体"的评估制度。它全面规划了近阶段为提高本科教学质量、在我国高校应开展的几项评估活动,除院校层面的审核评估和合格评估外,还应开展专业认证及评估和国际评估。在国际上各国开展的评估活动中,确实也把专业评估作为重要的抓手,因为专业是高校办学的最基本单位,人才培养的质量很大程度上取决于专业的教学质量。所以在组织高校接受教育部院校层面评估的同时,在上海高校中开展专业评估是极其必要的。

如何开展专业评估呢?这就需要作出顶层设计,即实际上要回答以下问题:一是上海高校1786个本科专业点(2013年统计数据)建设的状况如何?二是专业建设的质量标准如何建立?专业评估的指标体系如何设计?三是专业评估如何实施?四是专业评估结论如何给出?对专业建设起什么作用?归纳到一点,顶层设计就是要解决专业评估为什么、评什么、怎么评的问题。

早在2010年,上海市教育委员会领导就提出了开展专业评估的设想,还专门成立了"上海高校学科专业内涵建设自主评估方案研究"课题组,从理论上进行探讨和研究。这些准备成为全面开展专业评估的前期工作,也为大规模开展专业评估提供了必要的理论依据。

2012年9月上海市教育委员会《关于开展高校本科专业评估工作的通知》(沪教委高〔2012〕72号)颁布,标志着本科专业评估这项工作的正式启动。

1. 专业评估的目的

专业是高校办学的基本单位,专业评估是高等教育教学评估的重要环节,是高校人才培养质量的基本保证。开展专业评估将有利于深化教学改革,完善内涵建设绩效考核制度,提高专业建设水平,促进高校在本科专业上办出特色。

专业评估的目的包括:促进专业合理定位,引导专业办出特色;推进专业结构调整与优化;建立本科专业教学状态数据库,实现教学质量常态化监控;提升高校主动服务经济社会发展需要的能力。

2. 专业评估工作指导思想

以评估"二十字方针"为指导，即"以评促改，以评促建，以评促管，评建结合，重在建设"为指导，强化专业内涵建设，突出学校主体，注重长效机制，提高本科教学水平和人才培养质量。

3. 专业评估类型设计

本科专业评估分为"达标评估"和"选优评估"两类。

（1）达标评估

达标评估是专业建设的合格要求。根据教育部有关文件和本科教学工作水平评估的有关标准，制定了较多的定量指标，但重点是考核被评专业的人才培养目标定位、质量标准的建立和专业建设的成效等，尤其注重师资队伍建设及教师对教学工作的投入等方面的指标。通过达标评估的专业列为"达标专业"。

（2）选优评估

选优评估重点考核被评专业的质量及其质量保障、专业特色、教学效果和国际化程度等。当然，优秀专业要有较强的学科支持，科研成果能反哺教学。通过选优评估的专业可授予"优秀专业"称号。

4. 评估方式设计

第一，达标评估原则上以各高校开展自主评估的方式进行，每五年开展一次，即由各校作为评估工作主体，评估方案、评估指标、评估流程、评估组织等均由学校自主决定和实施。评估方案、评估指标须报上海市教育委员会备案，由专家组形成专业评估报告和结论，报上海市专业评估专家委员会审定。

第二，新专业、预警专业和教育教学中问题较大的专业等由上海市教育委员会统一组织达标评估。

第三,选优评估是由上海市教育委员会组织开展的专业评估,其结论将由上海市教育委员会择期公布,有效期5年。

第四,上海市教育委员会将逐步建立评价高校专业质量的量化指标,即以某所高校的优秀专业数占该校全部专业数的比例作为该校内涵建设绩效和专业结构调整成效的重要指标,即绩效=优秀专业数/全校专业数。

显然,学校不是专业设置得越多越好,而是要鼓励优秀专业建设得越多越好,成为全校专业建设的标杆。

5. 评估范围

达标评估的范围包括所有本科专业。完成并通过达标评估的专业可按要求申请参加选优评估。其中,被列入上海高校内涵建设工程("085工程")的重点建设专业、省部级以上教学质量工程项目的本科特色专业、综合改革试点专业等无须参加达标评估,可直接申请参加选优评估。

申请参加选优评估的专业须同时满足如下条件:

① 至少有五届本科毕业生,毕业生就业率持续高于全市平均就业率;

② 具有稳定和优质的生源,专业调剂录取比例低;

③ 定期向社会公布本专业年度质量报告。

6. 本科专业评估的推进

2013年6月,上海市教育委员会发布《关于做好上海高校本科专业达标评估工作的通知》(沪教委高〔2013〕31号),对组织做好本科专业达标评估作出安排。

(1)上海专业达标评估的主要内容

上海本科专业达标评估的引导性指标主要有培养目标和培养

方案、教师队伍、基本教学条件及利用、专业教学、教学管理、教学效果等方面,重点考核专业的教师队伍、专业教学和教学效果。其中,"教师队伍"重点考核教师的数量与结构、教师对本科教学工作的重视程度;"专业教学"重点考核课程教学、实践教学、教学改革、毕业论文(设计);"教学效果"重点考核学风、人才培养目标的达成度、就业与社会评价。专业评估"突出学校主体"的指导思想决定了以上评估指标内涵仅仅是引导性指标,各高校可根据自己的办学特色和实际需要进行自主设计。

(2)上海专业达标评估的结论

上海本科专业达标评估结果分为"达标"和"不达标"两种,评估结论分通过、暂缓通过、不通过三种。为了体现学校主体和自主评估的精神,各高校可以根据实际情况自主决定达标与不达标的具体标准。

本科评估结论为"达标"的专业,有效期为 5 年,有效期内可按该通知要求申请参加专业选优评估。对于"暂缓通过"和"不达标"的专业,建议设一年整改期。在整改期内,须根据评估报告中提出的意见和建议进行整改,并于一年后申请重新评估,通过重新评估的专业为"达标专业",未通过的专业则列为"不达标专业"。

二、本科专业评估工作的制度设计

2015 年 4 月,上海市教育委员会发布《关于推进本市高校本科专业评估工作的若干意见》(沪教委高〔2015〕18 号),积极落实上海教育综合改革精神,在总结本市组织开展高校本科专业评估试点工作的基础上,就进一步做好本市普通高校本科专业评估工作提出如下意见。

1. 建立常态化的"五年一轮"的评估制度

建立常态化的专业评估制度,不仅是高校本科教学质量保障体系的重要组成部分,也是促进专业建设向更高水平发展的需要。《关于推进本市高校本科专业评估工作的若干意见》(沪教委高〔2015〕18 号)指出,各高校要充分重视和发挥专业评估在保障和提升教学质量中的重要作用,积极建立起 5 年一轮的本科专业评估制度,即从 2015 年起到 2019 年,5 年内要对本校所有本科专业分期分批进行一轮评估。

2. 学校自主开展专业评估

《关于推进本市高校本科专业评估工作的若干意见》(沪教委高〔2015〕18 号)重申,各高校是本科专业评估组织规划的主体,各高校要自主设计评估方案,具体包括评估对象和时间、指标体系、方式方法、过程组织、专家遴选等内容,并指出,开展学校专业自主评估,具体可参照专业达标评估的方式方法,指标体系可参考上海市教育评估院研制的上海高校本科专业达标评估指标体系(见附录Ⅱ),结合学校实际情况调整选用。

3. 鼓励学校开展多种形式的专业评估

在专业自主评估的组织实施中,上海市教育委员会鼓励学校自主委托具备条件的教育评估机构实施第三方评估,鼓励有条件的学校聘请相应学科专业领域中的国际高水平专家学者开展评估,鼓励学校在工程、医学等专业领域申请参加与国际标准实质等效的专业认证。

4. 建立"诊断—反馈—整改"的评估机制

各高校要在专业自主评估实施中,要求评估专家按评估指标逐条提出写实性诊断意见(包括现状分析、存在问题和发展建议等)。学校要高度重视评估专家的意见,建立起有效的反馈机制,并提出相应的整改措施。

5. 建立评估信息公告制度

上海市教育委员会每年选取若干个量大面广的专业,统一将被评专业材料向社会公开,公开的信息包括被评专业的自评报告、基本教学状态数据、评估专家签名的诊断意见等,以接受教师、学生和社会各界的广泛监督。

6. 开展专业选优评估试点

上海市教育委员会将在各校开展专业自主评估的基础上继续开展专业选优评估试点。选优评估将按照专业或专业类由上海市教育委员会统一组织实施。

7. "五年一轮"的评估制度的工作要求

上海市教育委员会建立"五年一轮"的专业评估制度,对各高校如何组织开展专业评估工作提出了具体的意见和要求。

(1)编制专业自主评估工作规划与流程

各高校要高度重视本科专业评估工作,研究制定本校专业自主评估工作规划,建立"五年一轮"的常态化专业评估制度。

高校由各专业根据自身建设发展情况,填写《专业评估申请表》(见附录Ⅲ),明确评估类型(达标/优秀/认证)和申请接收评估的时间。高校专业评估应以专业自愿参加为前提。

各高校在汇总各专业评估申请的基础上,协调和明确本校专业评估计划的具体时间表,并编制《本科专业自主评估工作计划时间表》。

(2)制定专业达标评估实施方案

各高校参加专业选优评估或专业认证,按相关评估规程组织开展评估。

各高校作为评估工作主体,学校自主决定和实施专业达标评估,可在参考上海市教育评估院制定的上海高校本科专业达标评估指标体系的基础上,制定本校的专业达标评估实施方案,包括评估流程、评估指标、评估专家、组织实施、保障措施等。学校也可委托如上海市教育评估院等第三方中介评估机构负责实施。

（3）上海各高校专业评估工作的报备

各高校在上海市教育委员会确定的时间内,将学校专业评估规划和专业评估具体时间表,以公文形式报上海市教育委员会备案。

各高校于每年 12 月前将本校年度专业评估工作计划、评估方案、评估指标和评估结论等材料,以公文形式报上海市教育委员会备案。

第三章 上海高校专业评估指标体系设计与解读

第一节 专业评估指标体系设计的基本思路

一、专业评估指标体系的设计目标

专业评估指标体系是专业评估工作的灵魂,影响并引导被评估者的专业建设方向。专业评估指标体系的设计目标一般要明确体现专业评估工作组织者或实施者的专业建设理念和价值取向,指标内涵必须清晰。专业评估指标体系的设计目标主要包括以下内容。

1. 反映专业建设的基本要素

长期以来,由于专业设置和专业发展的需要,在专业建设领域形成了一些约定俗成的东西,也就是谈到专业建设时永远都绕不开的元素。无论专业建设领域出现了什么样的新生事物,这些元素却永远存在于专业的建立、建设、发展、评估与改进等工作中,而且影响并引导专业建设方向,制约并影响着专业建设教学资源的有效利用及经费的使用。我们把这些元素称之为专业建设的基本要素。

具体而言,专业建设的基本要素主要包括五个方面:

一是顶层设计。顶层设计体现专业建设思路,顶层设计的科学性与合理性如何决定着专业是否可以设置、专业发展是否有较好的前景等。设置一个新专业，我们首先要以习近平总书记在全国高校思想政治工作会议上发表的重要讲话中所说的"培养什么样的人、如何培养人、为谁培养人这个根本问题"为指导，思考为什么要办这样一个专业，社会市场对该专业的需求前景怎样。因此，顶层设计其实就是对专业办学一些基本问题的梳理、明确与设计。顶层设计主要包括明确高校对国家社会的责任，社会需求调查分析，专业定位与建设目标、人才培养目标、培养方案的制定等。

二是教学资源。教学资源是既是设置专业的前提，也是保障实现人才培养目标的基本条件。专业定位与人才培养目标确立后，需要对支持人才培养培养目标实现的教学资源进行基本的分析与判断，以管控人才培养方案落实过程中的风险，确保人才培养方案保质保量落实。教学资源主要包括师资条件、实验室条件、实习基地、图书资料（含电子图书资料）、网络教学资源、教学经费等，教学资源的丰富度深刻影响着人才培养质量。

三是专业教学。专业教学是保证专业活动规范开展的前提，也是专业人才培养的核心载体，全面影响并决定专业人才培养的规范性、发展性程度。因此，任何一个专业在建立之初都要重视对专业教学的设计，在建设过程中也要适时根据需要对专业教学进行总结、分析与创新。专业教学主要包括教学大纲等基本文件、教材选用原则、实验内容及实验开出率依据、实习环节设计（实习指导教师、实习报告、实习总结）、考核考试、教学改革设计（教学改革立项、教学成果、质量工程、教学研究论文等）、毕业设计等。

四是教学管理。教学管理是保证专业教学规律进行和提高质量的基础。通过教学管理制度的设计，一方面保证专业教学活动的规范性、稳定性，同时也激励专业向更高层次迈进，以保持专业教学活动的创新性与发展性。教学管理主要包括教学管理人员结构与职责、教学管理制度与文件、学生课外指导(学习指导、职业生涯指导、就业指导、创新创业教育)、教学质量保障(日常规律性的教学评价、检查、督导、反馈、改进机制)、专业年度质量报告公布与改进机制等。

五是培养效果。教学效果又称教学绩效,是反映专业人才培养质量的必要环节,也是专业进行反思与改进的重要环节,国际上许多专业评估标准都非常注重教学效果的评价内容。实践证明,很多优秀专业都非常重视对人才培养效果进行总结与反思,建立有与校友、社会密切互动的人才培养对话与改进机制。教学效果主要包括基本理论与基本技能的掌握、专业之外的其他学习表现(如上海市高校本科教指委认可的考证)、创新精神与实践能力的培养、就业率、学生满意度、社会评价等。

2. 成为质量保障体系的重要组成部分

《国家中长期教育改革和发展规划纲要(2010—2020 年)》指出,"高等教育承担着培养高级专门人才、发展科学技术文化、促进社会主义现代化建设的重大任务。提高质量是高等教育发展的核心任务,是建设高等教育强国的基本要求",要"健全教学质量保障体系,改进高校教学评估"。《上海市中长期教育改革和发展规划纲要(2010—2020 年)》指出,要"制定教育质量标准,建立健全科学、多元的教育评价体系,形成政府、学校、家长、社会各方面参与的教育质量评价机制"。因此,建立健全质量保障体系并推动其有效运行,是高等学校人才培养过程中应有且重要的环节。

从专业人才培养的视角看,高校质量保障体系可以分为大循环系统和小循环系统两类。学校评估可以看作质量保障体系的大循环系统。如教育部从 2003 年开始实施的本科教学工作水平评估指标体系主要围绕保证本科教学工作的中心地位而设立,其中有很多核心内容都是围绕人才培养所设计的。如一级指标中的"办学指导思想",要求回答是否体现出本科教学工作的中心地位;一级指标体系中的"师资队伍",要求回答生师比及高级职称为本科生上课,特别是为本科生上基础课的情况;一级指标中的"专业建设与教学改革",要求回答为本科生投入的四项基本经费等情况。小循环系统中的专业评估是专业建设过程中的自循环评估。在完成了最初的新专业评估之后,高校会定期接受或主动对自身的建设状况进行评估,如接受上级主管部门委托的新专业评估及达标评估。一些高校有规范的专业评估制度,并根据学校特色与需要,设计了自己的专业评估指标体系,如同济大学建立的基于通用模块和特色模块的专业评估指标体系等,已经成为学校质量保障体系最基础、最重要的组成部分。

从审核评估的视角看,专业评估指标体系当然也是质量保障体系的重要组成部分。教育部《普通高等学校本科教学审核评估方案》中强调,重点在于审核培养目标与培养方案的符合度和达成度、教学资源的保障度质量保障体系运行的有效度。这些内容本身就是专业建设的重要内容,高校专业评估指标体系的设计也一定要高度关注这些内容。上海市高等学校审核评估方案更是将专业评估明确为"审核评估的基础",规定参与审核评估的高等学校,一定要先建立五年一轮的专业评估制度并加以实施后才有资格申请,并在此基础上形成自评报告。因此,专业评估在主观和客观上都顺理成章地成为质量保障体系的重要组成部分。

3. 建立专业建设的标准

综上所述,专业评估是高等教育教学评估的中心环节,是人才培养质量的基本保障,更是学校核心竞争力的基础,因此,有必要从专业标准的高度认识专业评估指标体系的设计与实践意义。

据相关研究表明,专业标准理念,即专业建设标准的建立、培育、完善、发展和执行,是多数发达国家和地区提高高等教育质量的工作重心。一些发达国家教育服务贸易顺差背后的一个主要原因就是其拥有健康的、高质量的教育,而这种健康的、高质量教育背后的一个重要原因就是其拥有系统完善的质量保障体系。作为质量保障体系的组成部分,本科专业标准在这些国家具有重要的社会地位,履行着神圣的社会职责,为其教育服务贸易顺差起着基础性作用。因此,质量标准是质量保证的基础,没有质量标准谈质量,只能是空谈或奢谈。因此,建立在标准基础上的高等教育质量研究才能做到有的放矢,才更有价值,专业标准的建立与培育等在中国高等教育质量整体提升过程中居于基础性地位。

具体而言,达标评估重在建立专业建设的合格标准,选优评估重在建立专业建设的引领性标准。专业达标标准包括毕业要求(或与此相当的质量标准)和各教学环节的教学要求(或与此相当的质量标准)两个层面。学校应根据培养目标制定毕业要求,再根据毕业要求制定各教学环节的教学要求,由此形成学校本科培养的标准体系。各高校要在培养目标、毕业要求以及各个教学环节的教学要求之间建立起对应关系,并使全体学生和任课教师都清楚这种对应关系。专业优秀标准是在专业达标标准的基础上,根据学校所在区域发展定位以及学校发展目标而建立起来的选择性标准。

4. 体现评估工作"二十字方针"

评估工作"二十字方针"指"以评促改,以评促建,以评促管,评建结合,重在建设"。教育部当时提出这一方针的主要目的是通过教学水平评估,进一步加强国家对高等学校教学工作的宏观管理与指导,促进各级教育主管部门以及领导重视和支持高等学校的教学工作,促进学校自觉地按照教育规律不断明确办学指导思想、改善办学条件、加强教学基本建设、强化教学管理、深化教学改革、全面提高教学质量和效益。因此,"二十字方针"全面深刻地指导并影响着上一轮本科教学工作水平评估工作,并实实在在成为本科教学水平评估工作的指导思想。

同时,专业评估指标体系的设计体现"二十字方针"也具有重要意义。以"以评促管"来讲,2002 年出台的《普通高等学校本科教学工作水平评估方案(试行)》中只有十六字,即"以评促改,以评促建,评建结合,重在建设"。后来在评估实践中发现,评估可以在很大程度上促进教学管理干部认识教学工作并提高教学工作管理能力与水平,所以在后来的评估方案中加入了"以评促管"的内容。通过专业评估,建立诊断—反馈—整改的长效机制,从而促进专业建设,也是专业评估指标体系设计时必须要考虑的问题。

5. 引导专业特色发展

在市场经济条件下,高校要想更好地生存和发展,必须找准自己的"位子"。这个"位子"就是专业特色,也是专业的核心竞争力。专业特色的建立一方面建立在对同类专业的分析比较基础上,另一方面建立在市场对人才需求的基础上。前者主要为"人无我有,人有我优,人优我特"服务,后者主要为适时调整人才培养方案服务。专业特色的形成就是把以上理想转化为现实的过程。

　　专业特色可以分为整体特色和部分特色。整体层面的特色是指本科专业从设立到专业建设的内涵,都处于独一无二、无人能及的地位。如复旦大学的新闻学专业,置身于有很强的基础文科和基础理科背景的复旦大学,即复旦大学文理科基础为新闻学专业人才培养积淀了深厚的土壤,培养出来的新闻学专门人才兼具学与术的特色。这是文理科基础不够雄厚的其他院校的新闻学专业不可相比的。这是由学校特色自然生成的专业特色。再如上海对外经贸大学法学专业毕业生,则绝大多数从事了与经贸相关的工作或在经贸行业从事相关法律事务工作,因为全校所有学生都需要必修经贸学科最基础的经济学、国际贸易学、管理学等相关课程。有些特色专业就是以某些方面的特色或优势取胜,并为学校赢得显著的社会声誉。如上海电力学院的电力类专业,就是通过"建设美丽家乡,投身电力基层工作"的校园主题教育、"三深入"(深入企业、深入西部、深入一线)校外实践活动、与西部电力企业合作订单培养等方式,打造校企协同育人平台,使培养的人才最终回归到基层就业,有效提高了毕业生基层就业工作成效。因此,专业特色对专业建设而言,只是整体与部分、多与少的区别,没有有与无的区别,专业特色是专业建设中必须要思考的问题。指标体系的设计要重视体现专业特色,并根据需要给予较大的权重。

二、专业评估指标体系设计的基本原则

1. 主体性原则

高等学校是教学质量的主体,专业是人才培养的基本单位,专

业教学质量直接关系到学校的教育教学质量和社会声誉。外部质量保证是外因,外因只有通过内因才能发挥作用,专业评估应该成为学校的自发、自觉行动。所以很多高校多采用自主评估的方式对专业质量进行常规性监控。实践证明,凡是具有强烈主体意识的高校或专业,其专业建设成效均十分明显。

专业评估指标体系设计的主体性原则具体体现在选择的主体性和设计的主体性两个方面。选择的主体性是指高等学校或专业可以选用现成的指标体系对本校专业进行评估,这种选择可能是部分选择,也可能是整体选择。如某校于 2014 年对全校所有专业进行的自主评估,就完全选用了上海市教育评估院主持设计的上海高校本科专业达标评估指标体系,有的高校则选用了核心部分,另外增加了自己的设计。设计的主体性是指专业评估指标体系采取完全自主研发的方式。如同济大学、华东师范大学、复旦大学等高校的专业评估指标体系就是如此。

2. 诊断性原则

专业评估通过学校自评、专家考察,对照指标体系的标准,诊断专业建设中存在的问题,发现专业建设中的特色与优势,反馈相关意见,形成评估报告。专业评估的重点不在于得分多少,在于诊断问题,从而为专业建设指明改进方向与发展动力。

诊断性原则在专业评估指标体系中的主要体现:一些指标的评估结论重描述不重得分,评估结论只给出等级而不重具体分值,如给出 A、B、C、D 等级或合格、暂缓通过、不通过等;二是总评估结论也是重描述轻得分,除书面结论外,评估专家均要通过口头方式对所分管部分向有关负责人进行翔实的反馈。有些高校还要求评估专家把口头反馈意见进行再整理,以期对专业建设起到更有针对性的指导。

3. 实证性原则

实证性评估指的是用事实和数据进行的同行评审。通过数据表明专业建设成效是很多评估指标体系采用的方法。但专业建设成效并非全部可以用数据体现,此时,指标体系设计通常用事实进行表达。即为了得到某种判断,必须要有充分的事实依据。这些事实依据可以是定量的,也可以是定性的。

实证性原则在上海高校本科专业达标评估指标体系中的主要体现:一是要求以事实佐证专业建设的成效。如关于教师的"教学工作",主要查看教师的师德修养和敬业精神以及主要教学环节的执行情况,后者均通过教学管理制度加以落实,而前者的师德修养和敬业精神则很难通过制度强行推出,其达标标准有"履行岗位职责,遵守学术道德,教书育人,为人师表,热心与学生交流,指导学生学业成长"等,并要求举出 3 个专业教师的例证。这些事实是在教学实践中长期积累、通过师生口口相传获得的,尽管没有数据支撑,但对专业文化传统的形成与积淀特别重要。二是数据佐证专业建设的成效。如《上海高校本科专业达标评估简况表》,作为达标评估指标体系系统中的一部分,就是直接通过具体数据说话,构成专家评判专业建设成效的重要依据。

第二节　上海高校本科专业达标评估指标体系

一、上海高校本科专业达标评估指标体系的制定依据

我们是在认真研究国家和上海的相关文件基础上,开始研制达

标评估指标体系的。达标评估指标体系的确定依据主要有:教育部《关于印发〈普通本科学校设置暂行规定〉的通知》(教发〔2006〕18号)、上海市教育委员会《关于开展 2011 年度普通高校本科新专业检查的通知》(沪教委高〔2011〕19 号)、教育部《关于普通高等学校本科合格评估的指导意见》(教高〔2011〕2 号)、教育部《关于普通高等学校本科教学评估工作的意见》(教高〔2011〕9 号)、教育部《关于提高本科教学质量的若干意见》(教高〔2012〕4 号)、上海市教育委员会《关于开展本科专业评估工作的通知》(沪教委高〔2012〕72 号)、上海市教育委员会《关于做好上海高校本科专业达标评估的通知》(沪教委高〔2013〕31 号)、上海市教育委员会《关于开展 2013 年普通高等学校本科专业基础办学数据统计工作的通知》(沪教委高〔2013〕56 号)、上海市教育委员会《关于推进本市高校本科专业评估工作的若干意见》(沪教委高〔2015〕18 号)等。

依据以上文件精神,上海市本科专业达标评估指标体系主要确立六个一级指标,即专业定位与培养目标、教师队伍、教学资源、专业教学、教学管理、教学效果。

二、上海高校本科专业达标评估指标体系及其解读

(一)上海本科专业达标评估指标体系

上海高校本科专业达标评估指标体系的研制始于 2012 年,历经多次讨论、修改与试评估,形成上海高校本科专业达标评估指标体系的第一版,并作为上海市教育委员会《关于做好上海高校本科专业达标评估工作的通知》(沪教委高〔2013〕31 号)的附件。经多所高校专业评估实践后,2015 年 4 月第一版方案作了修订,形成现在的第二版方案,作为上海市教育委员会《关于推进本市高校本科专业评估工作

的若干意见》(沪教委高〔2015〕18号)的附件,见表3.1。

表3.1 上海高校本科专业达标评估指标体系

一级指标	二级指标	内涵(观察点)
1. 培养目标与培养方案(16分)	1.1 专业定位与人才培养目标(6分)	1. 专业定位和服务面向 2. 人才培养目标 3. 专业建设目标及成效
	1.2 培养方案(5分)	1. 修订专业培养方案的主要依据 2. 专业培养方案
	1.3 课程体系(5分)	1. 课程体系结构和学分学时分配 2. 课程开设情况
2. 教师队伍(18分)	2.1 数量与结构(6分)	1. 专任教师总体情况 2. 兼职教师情况 3. 专业课和专业基础课主讲教师情况
	2.2 教学工作(5分)	1. 师德修养和敬业精神 2. 主要教学环节的执行情况
	2.3 科研情况(3分)	1. 教师参与科研 2. 成果支持教学
	2.4 培养培训(4分)	1.专业师资建设 2. 教师职业发展
3. 基本教学条件及利用(12分)	3.1 实验室与实习基地(5分)	1. 实验室建设及实验管理人员配置 2. 实习基地建设及利用
	3.2 图书资料(4分)	1. 专业图书资料的配置 2. 图书馆、阅览室提供的服务
	3.3 教学经费(3分)	专业日常教学经费及专项建设经费

68

一级指标	二级指标	内涵（观察点）
4. 专业教学（24分）	4.1 课程教学（6分）	1. 教学大纲等基本教学文件 2. 专业教材的选用情况 3. 考试考核
	4.2 实践教学（6分）	1. 实验开设与实验内容 2. 实验教学大纲等基本教学文件 3. 实习开展情况
	4.3 教学改革（6分）	1. 开展教学研究情况 2. 教改与质量工程建设 3. 其他教学资源及利用
	4.4 毕业设计（论文）（6分）	1. 毕业设计（论文）选题 2. 毕业设计（论文）指导 3. 毕业设计（论文）质量
5. 教学管理（12分）	5.1 组织机构及规章制度（4分）	1. 院系教学管理人员的职责及履职情况 2. 教学管理规章制度及专业教学文件的知晓程度与执行状况
	5.2 学生服务（4分）	对学生的专业学习指导、职业生涯指导、就业指导、创业教育指导
	5.3 质量监控（4分）	1. 教学质量的检查、评价、反馈、改进机制 2. 专业质量报告制度
6. 教学效果（18分）	6.1 学风（6分）	1. 学生遵守校纪校规、出勤与迟到情况 2. 早（晚）自学风气 3. 专业学习之外的其他学习情况

一级指标	二级指标	内涵（观察点）
6. 教学效果（18分）	6.2 人才培养目标实现情况（6分）	1. 学生思想道德素养 2. 学生的基本理论与基本技能 3. 学生的创新精神与实践能力
	6.3 就业与社会评价（6分）	1. 当年毕业生就业率 2. 学生评价 3. 社会评价

（二）上海高校本科专业达标评估指标体系解读

1. 专业定位与人才培养目标

专业定位，是以学院办学定位为参照，结合社会需要、学院发展规划，为确定专业发展方向、目标、任务等而进行的一系列前瞻性战略构想和规划活动，其核心是确立专业所培养人才的服务面向以及专业属性和专业方位。专业定位的服务面向就是要明确本专业人才的服务行业、服务岗位和服务地域等；专业属性是确立专业的人才培养类型，如学术研究型、应用研究型、应用技术型、应用技能型、复合型、交叉型等人才培养类型；专业定位是专业建立或发展过程中与同类院校同类专业或不同类院校同类专业进行比较，根据学校和学院办学定位而确立的发展目标与战略。因此，专业定位主要回答为谁培养人才、培养什么人才和怎样培养人才等基本问题。专业定位是否清晰，直接影响到人才培养目标。人才培养目标指的是依据专业定位所制订的人才培养方案体系，有两个确立依据的视角：一是不同类型高校同专业视角的人才培养目标，二是同类高校同专业视角的人才培养目标，前者决定专业人才培养的类型，后者决定专业人才培养的特色。人才培养目标通过教学方案来具体体现与达成。

（1）专业定位与人才培养目标的确立

开展专业社会需求调研是申办专业和发展专业的基础。专业社会需求调研主要包括行业、岗位群、地域等服务面向对该类人才需求的培养现状调研，用人单位对专业人才的知识能力素质的要求。同时，申办和发展专业也必须考虑学校的办学定位以及专业办学所依托的学科资源和教学资源。

如华东政法大学的知识产权专业，就体现了专业定位清晰、符合社会实际需求和学校办学定位等特点，为该专业人才培养目标的确立奠定了良好的基础。2003 年，该专业创办人注意到知识产权制度在激励创新、推动经济发展和社会进步中的支撑作用日益凸显，知识产权人才在建设创新型国家中将会起到越来越重要的作用，上海乃至全国知识产权相关领域即将需求大量专门人才，同时，又结合其所在学校有较强的法学学科优势的客观现实，在全国率先成功申办知识产权专业。由于起步早，人才市场急需，专业依托环境好，人才培养目标清晰，很快积聚和建设了一支专业背景深厚的师资队伍，使该专业在短短的十年时间里，就发展成为该校的特色学科专业之一，并成为本校上海市重点学科的重要组成部分，同时进入该校卓越人才培养实验班建设行列，五年内增列成为硕博点，成为全国第一个集本科、硕士、博士培养于一体的单位。该专业培养的学生除就业情况优势明显外，还获得了多项人才培养质量奖，社会声誉卓著。但某校英语专业设立在一个行业背景特别明显的高校，专业定位也较准确，但人才培养目标不是特别清晰，人才培养方案中很少涉及与行业背景相关的学术英语教育教学内容，历届毕业生绝大多数就业在非本校确立的服务面向的行业领域。因此，该校英语专业面临的境地就比较尴尬,学生的英语语言应用能力与专业英语应用能力都很一般,专业缺乏特色,缺乏比较优势。

（2）培养方案与课程体系的制订

指标体系强调在专业定位和人才培养目标明确的前提下,应该确立人才培养方案和专业质量标准,以保证教学过程中始终有可衡量的尺度,同时也可衡量专业办学是否达标。可以说,专业质量标准主要通过人才培养方案体现,其中包括的四大关系、合理程度以及实现程度代表着一个专业的具体质量。

第一大关系:教育部教学指导委员会专业规范与学校特色、专业特色的关系。这一关系的处理旨在使专业培养在保证规范的基础上,更加凸显本校本专业的特色。如上海一新升本科高校的某专业,所有的主干课程都一字不漏照抄教育部高等教育司编写的《普通高等学校本科专业目录和专业介绍（2012 年）》,课程教学大纲也完全照抄其他一所完全与自己不同类型高校专业的内容,完全体现不出本校本专业的任何特色。专家组在近期评估中发现,该专业撰写的自评报告中出现了许多不恰当的说法,甚至出现了"国家教委"这个早已经更名了的机构。因此,在一个连举办专业基本常识都缺乏的情景下,很难要求专业申办人妥善处理专业规范与专业特色之间的关系。掌握教育部教学指导委员会专业规范,妥善处理学校特色与专业特色之间的关系,把握相关政策文件精神等构建与建设专业特色的基础。

第二大关系:通识教育和专业教育的关系。《中华人民共和国高等教育法》第五条规定,"高等教育的任务是培养具有创新精神和实践能力的高级专门人才"。高级专门人才的内涵一方面要求有专业化的知识能力,同时要有较宽广的视野和较高的素质。本科

72

人才是高等教育最基础的人才,因此要妥善处理好通识教育和专业教育的关系。在现实中发现,很多学校或专业都把通识课程等同于通识教育,或者说把通识教育课程化,这些都是比较狭隘的观念和不太合适的做法。通识教育首先是一种理念或模式,通识教育的根本目的是提高学生的人文素质和科学素养,以利于学生创新精神的培养。各校各专业应该结合人才培养特点以及自身条件,创新通识教育模式。

第三大关系:理论教学体系和实践教学体系的关系。正如教育部原部长周济所说:知识来源于实践,能力来自实践,素质更需要在实践中养成;各种实践教学环节对于培养学生的实践能力和创新能力尤其重要;实践对于大学生成长至为关键。要在专业课的组织与安排上,加强对实践教学的整体规划与安排,并按照教育部规定的要求,顶层设计实践教学环节及学分,并保证实践教学的最低要求,即"列入教学计划的各实践教学环节累计学分(学时),人文社会科学类专业一般不应少于总学分(学时)的 15%,理工农医类专业一般不应少于总学分(学时)的 25%"①。上海本科专业达标评估指标体系则提出了"人文类专业实践教学占总学分(学时)不低于 20%、理工农医类专业实践教学占总学分(学时)不低于 25%",即人文社科类专业实践总学分(学时)高于国家标准的要求,切实保证实践教学学时落实到位,保证学生实践能力的培养质量。

第四大关系:必修课与选修课的关系。处理必修课与选修课关系的核心是解决高等学校教学工作统一性和多样性的关系。统一性直接体现国家需要和社会需求,具体到专门人才培养规格,就是

---

① 教育部《关于进一步深化本科教学改革全面提高教学质量的若干意见》(教高〔2007〕2 号)。

要制定基本质量标准；多样性是尊重社会需求（经济社会的发展对人才的需求是多样的）和尊重个人需求的统一。因此，在系统开设必修课的同时，为学生个性发挥提供更丰富的选择、创造更好的条件是一流本科教育的应有追求。实践中发现，很多专业的人才培养方案罗列了几十门甚至上百门的选修课，但多是形同虚设。因此，上海市达标评估指标体系强调，选修课的开出率不少于90%（评估中是按照四年一个周期进行统计的）。在评估实践中发现，不少学校规定，选课人数少于20人时，该选修课程停开。这种规定是一种典型的以管理者为中心而非以学生为中心的做法，在逐步重视学生个性化培养的今天，需要对此规定作出修改。高校应该通过广泛开拓各种教学资源，满足学生个性发展的需要。

2. 教师队伍

教师是专业教学中的主导因素，深化教学改革的关键在教师，保证教学质量的关键也在教师，办好一个专业，对教师应当有基本的数量、质量和培养上的要求，指标体系中重点强调了以下几个方面。

（1）专业教师的数量与结构

根据教育部《高等学校本科专业设置规定》（教高〔1999〕7号）的要求，专业"年招生规模一般不少于60人（特殊专业如艺术类专业执行具体规定）"。因此，一个专业四届学生至少应该为240人。依据教育部《普通高等学校基本办学条件指标（试行）》要求，生师比[①]的

---

① 生师比＝折合在校生数/教师总数（教师总数＝专任教师数+聘请校外教师数×0.5）；折合在校生数＝普通本、专科（高职）生数+硕士生数×1.5+博士生数×2+留学生数×3+预科生数+进修生数+成人脱产班学生数+夜大（业余）学生数×0.3+函授生数×0.1，摘自"《普通高等学校本科教学工作水平评估方案（试行）》四、普通高等学校本科教学工作水平评估方案有关说明"。

合格标准为：综合、师范、民族、工、农、林、文、财经、政法等院校18∶1，医学院校16∶1，体育与艺术院校11∶1。按照一般院校生师比18∶1计算，即1个专业至少需要13.3个教师。一般情况下，培养方案中的课程计划所列的课程有1/3为公共课程，由公共课教师承担，故减去1/3后至少需要专业课教师8.9人。另外，按标准和实际情况，每个专业的兼职教师不能超过1/4，故本校专任专业教师数量最少为7人。若招生人数超过60人/年，则专业教师数也应该作相应增加。如文学类一本科专业，年招生65人左右，四届学生共252人，但专任教师仅有4人，每人均承担了繁重的教学任务；兼职教师5人，均没有实质性的教学任务，只是挂挂名或偶尔为学生做讲座。因此，该专业评估时，专家组针对师资队伍数量一项提出了"立即整改"的反馈意见。

依据教育部《普通高等学校基本办学条件指标（试行）》要求，上海高校本科专业达标评估指标体系要求："具有高级职务教师占专任教师①的比例"要达到30%，"专任教师中具有硕士学位、博士学位的比例"要大于等于50%，因此一个专业专任教师中的高级职务教师应该不低于3人，硕士及以上教师数要达到5人；教育部《普通本科学校设置暂行规定》要求"每个专业至少配备具有正高级专业技术职务的专任教师1人"，"主讲教师资格"的优秀标准是符合岗位资格②的教师是大于等于95%。除此之外，上海指标体系还提出，专业教师中至少有1人具有行业经历，专业负责人必须由教授担任，原因是可以站在较高的视野上带领专业发展。但专业负责人

---

① 专任老师是指具有教师资格、专门从事教学工作的人员。

② 符合岗位资格是指主讲教师具有讲师及以上职务或具有硕士及以上学位，通过岗前培训并取得合格证。

不是行政岗位,某种程度上影响了专业负责人作用的发挥,需要在体制机制上进行改革,确保专业负责人作用的发挥。如华东理工大学对专业负责人要发文任命,专业负责人都为教授。同时,指标体系还规定"专业课和专业基础课的主讲教师应90%以上具有讲师职称或硕士学位,副高及以上职称的专任教师均担任专业基础课或专业课的教学任务"等。这些超过了国家标准的规定,可以体现出上海本科专业建设注重学生实践能力培养及确保本科教学质量的理念。如上海市某高校一专业共拥有专任教师11人,其中教授3人,副教授3人,讲师5人;具有博士学位教师2人,硕士学位教师7人,硕士以上学历教师占到教师总数的81.8%;11人中为双师型教师的8人。此外,还聘请了3位业内知名人士或有丰富实践经验的行内专家为客座教授。该专业在2014年评估时,共有在校生270人。因此,该专业的师资从数量与结构上都比较合理。

（2）教师的教学工作

上海高校本科专业达标评估指标体系关于教师的教学工作是从两个方面进行规定的:一是师德修养和敬业精神,二是主要教学环节的执行情况。前者的达标标准内涵包括"大多数教师能履行岗位职责,遵守学术道德,教书育人,为人师表,热心与学生交流,指导学生学业成长",要求提供3个履行职责的例证;后者包括"大多数教师能按照教学要求,在教学准备、课堂教学、实验教学、课外辅导、作业批改和学业评价等教学环节中,认真完成教学任务,能基本保证教学质量,其教学水平达到任职的要求"。

实际评估中,学生作业等教学环节材料一般通过本专业教学管理制度和日常教学检查完成,管理水平高的专业也一般会定期形成检查报告并提出整改措施,在专业自评报告中也通常会用相关语言进行描述。鉴于进校时间的限制，专家一般不可能对教学环节文件进行系统检查，最多只是抽查一些材料，因此，专业自身形成的定期检查报告及提出的整改措施就成为专家重点检查的内容。关于提供 3 个履行职责的例证存在以下问题。一是一些专业在自评报告中不提供相关例证，这种情况可能有两种情形：专业办学时间短，没有典型例证可以提供；撰写自评报告时，没有按照达标维度回答问题。二是提供的例证不典型，提供的典型太过于空泛。根据专业建设的实践经验，一个专业如果能提供出 3 个教师履行岗位的典型做法，可以从一个侧面证明专业的教师教学水平，更可以证明一个专业的厚重感，是专业文化的重要体现。如某校一专业在自评报告中的例证内容如下：4 名教师先后入选本校学院第一批和第二批骨干人才工程，6 名教师在市级及以上比赛中获奖，7 名教师在学院组织的教学竞赛中多次获奖，等等。另一所高校一专业提供一教师的例证如下：某某教师，十几年如一日，长期稳定与学生进行对话沟通（每周均有固定的答疑解惑时间），及时回答或解答学生提出的学生与生活问题，近五年来已经形成 5 万余字的与学生沟通内容的记录，已经成为学生成人过程中的良师益友；某某教师长期辅导学生暑期社会调查报告已经成为该专业的一道亮丽风景线，每年暑期前，该教师就学生的调研报告，一定会从必要性、可行性与学生进行多次的沟通交流，整个假期也与学生保持密切的互动关系，并把自己的学术圈资源与企业界资源介绍给学生，让学生直接与这些成功人士接触，同时为学生提供调研过程中的必要帮助。由于这位教师在辅导过程中倾注了大量的心血与时间，学生的暑期调研报告获得了很好的成绩，甚至一些由于种种原因没有完成调研报告的学生也对老师的辅导过程心存感激，甚至对教师职业产生了由衷的敬仰。

学生通过暑期调研报告的历练,切实得到学术素养与实践能力的培养。可以看出,前者提供的案例主要基于教师获奖,后者提供的案例是基于学生成长;前者是专业数据的简单整理,后者是专业建设的文化积淀。两种案例撰写方法孰优孰劣,一看便知。

（3）教师的科研工作

上海高校本科专业达标评估指标体系明确提出"教师参与科研支撑教学",并通过以下三个方面规定其内涵标准,即专业学科方向基本清晰,近3年至少有60%的教师参与专业相关的科学研究并正式发表科研论文,有专业教师主持校级以上科研课题或横向课题。本指标体系引起过许多质疑,特别是新建本科院校,由于尚未形成学科方向,所以曾提出过"本科专业达标评估考核教师的科研情况是否合适"的质疑。

事实上,关于应该不应该对大学教师有科研要求,或者科研是否可以促进教学甚至科研是否会直接影响教学等观点的讨论一直是不绝于耳的。朱九思先生曾经讲过的"科研要走在教学的前面",是对高等学校三大社会职能的深刻诠释,因为"高等教育的任务是培养具有创新精神和实践能力的高级专门人才,发展科学技术文化,促进社会主义现代化建设"。一个从来不做研究的人或一个对科学研究不感兴趣的人,不可能让其培养出有创新精神和实践能力的人才。因此,高等学校对教师的科研要求应该是基本要求之一,并非"教学是生存的需要,科研是发展的需要"。从专业建设或人才培养的角度讲,首先"科研"内涵强调的是学科方向要比较清晰,要形成对专业人才培养的有力支撑。评估中确实发现一些专业教师发表的研究论文,与本专业人才培养的学科方向毫不相干。实地考察才了解到,该教师在本校没有相关学科专业发展平台,仅是在本专业代代课,研究兴趣与能力依然在其博士研究方向上,因此其研究也很难形成对本专业人才培养的支撑作用。其次,强调支撑教学的科研,即把科研成果转化为教材、教学内容等,专业教师善于将最新的科研成果应用于教学,使学生接触到最前沿的学科知识。第三,科研评价体系也要做相应的改革创新,这里的科研应该包括学术科研、应用科研、教学科研等,要根据人才培养的类型和需要,引导教师合理定位科研方向,要杜绝千篇一律唯 SCI 的科研价值取向。

（4）教师的培养与提高问题

上海高校本科专业达标评估指标体系,在教师的培养与提高上,一是强调要有师资队伍建设规划,以保证专业教师发展纳入学校发展规划中,保证专业教师的职业发展,特别是青年教师的培养。现在许多高校已经设立了教师教学发展中心,旨在提高教师的教学水平和教学能力。二是强调有参加海外研修或参加实践锻炼的专业教师,有提高教师教学水平和能力的措施。

评估实践中发现:一些专业根本没有师资队伍建设规划,有些专业有规划但仅仅是停留在文稿层面上,教师的培训培养处于一种无序的状态,专业负责人受经费等条件限制,也无法明确专业教师的培养与提高途径;有些高级别会议,通常仅有专业负责人参加,一些教师甚至三年内均未参加过任何高级别的学术会议,了解学科前沿动态只能通过文献检索获得,没有机会与国内外同行专业人士沟通交流;一些青年教师刚到校报到,立刻被安排一学期承担二至三门本科生专业课教学任务;一些实务型很强的课程,任课教师却从来没有此方面的实践经验,传授给学生的也只能是纸上谈兵;某个专业办了多年,实质上只有 3 个专业教师,专业负责人一直没有教授来担任,等等。这些都在深层次上影响着教师的职业发展,进而影响到专业人才培养质量。

3. 基本教学条件及利用

经过上海市"085工程"、地方高校配套计划以及中央财政对教育专项支持等建设,上海各高校的办学条件得到了极大改善,硬件设施总体上改善明显。指标体系强调了以下几个方面。

（1）专业实验室和实习基地建设

专业实验室对于专业实践能力的培养至关重要,固定场地、必要设备、实验经费及专职实验管理人员配备是专业实验室的前提条件,指标体系强调这些条件是评价专业实验室能否满足专业培养计划规定的必然需求。同时,本科专业达标评估还要求,每个专业有不少于2个较为稳定的校外实习基地,与基地签订有正式的实习协议,并保持每学期至少有一批学生在基地实习。

在评估实践中常常发现:一些专业不重视专业实验室建设或避重就轻,以公共实验室或其他专业实验室随意充抵,实验室没有配备专职的实验人员;有些专业实验室的实验任务没有制度化,专家检查时临时拼凑一些材料应付检查,没有常规性的实验痕迹;源于实验数据的学生毕业论文或毕业设计为数甚少。在某校一工科专业,专家查看了实习基地利用情况及实地考察实验室后,得出的结论为"实验室能满足教学需求,开设的实验项目符合专业培养目标的要求。具有长期、稳定的实习基地",但存在的问题与建议是"专业实验室面积偏小,部分实验仪器及装置台套数较少,建议增加投入,改善实验室硬件条件"。该项满分5分,专家打分为4.4分。可以看出,该专业的实验教学与实习基地利用情况还是相当不错的,丢掉的0.6分主要在实验室面积和实验硬件方面。对于实习基地,有些专业签订实习协议,但保持经常性的密切的联系的单位很少;有些专业,实习基地数量远远超过指标要求的 2 个,但经考察发现,其容纳实习学生数远远不能满足学生实习需求,学生的实习多是自己找实习单位,实习过程无法控制,校外实习流于形式。学生只有经常去实习基地,才可能形成一套行之有效的实习基地运行和管理模式,建立起良好的校企关系,实现校企互动的双赢。校外实习基地利用情况,主要表征的应该是其在人才培养中所起的作用,要求用具有数据特别是用鲜活的事实说话,因此对实习总结提出了更高的要求,以防止实习走过场的现象发生。

（2）图书资料

虽然互联网的普及使得纸质书籍的使用不像以前那样突出,但作为专业人才培养的基本条件,专业图书资料仍然是不可或缺的教学资源。上海市本科专业达标评估指标体系要求统计 5 门主要专业课程参考书的复本数和借阅人数,不仅可以了解教师对该专业课程参考书的熟悉程度,了解学校的图书资料和学生借阅状况,而且可以通过借阅情况反映师生专业学术互动情况和专业的学风。

专业的自评报告一般在描述此项内容时,多是一些比较生硬的数字,鉴于专家无时间到图书馆核实相关数据,所以本项内容一般成了引导性指标。如某专业自评报告这样写道:"学校及学院总图书近 300 万册,各类数据库达 10 余种。学校图书馆与本专业有关的图书达 20 多万册,外文书籍近 6000 册,纸质专业期刊有 5000 多册,电子期刊 1000 多册。"这样的描述很空洞,不具体,很难让人相信学生是否利用了这些文献。但华东师范大学政治学专业的课程参考书阅读经验却值得信任且有借鉴意义。该专业每学期针对不同年级,围绕政治学理论核心研究领域,均建议阅读5本左右中外经典名著。同时,该专业建立的读书会还通过主体性探讨模式和发散性探讨模式,以专业特点为着力点引导和影响学生的阅读,每次读书会均有至少1名专业教师为特邀嘉宾。经过多年探索,通过读书会的形式,不仅营造了良好的学风,而且让学生普遍熟知了本专业最经典的原著和最新的前沿动态,学生普遍感到读书会收获很大。东华大学旭日管理学院就有院图书资料室,专业图书丰富,期刊齐全,环境优美,成为该学院各专业学生很好的学习场所。上海师范大学天华学院也要求学生四年内读5本经典,营造了校内良好的学习氛围。

（3）教学经费问题

上海高校本科专业达标评估指标体系所指的教学经费是指专业日常教学经费及专项建设经费两个方面,规定要有专业日常教学经费标准,特别要注明实践环节的经费标准;同时还要提供专项经费进行专项建设,以保证专业建设规划顺利实施。

由于专业是由学院、系在办,目前各校的办学经费通常是核算到院系一级,且因为各校下拨给各院系时的计算方法不统一。专业日常费用是用于日常教学活动过程中的开支,包括在校内教学中的低值易耗品、讲座、活动、报告、评比等,也包括学生去实习单位实习过程中的交通、住宿补贴及企业指导人员的补贴等,其基本特征是用于学生身上在教学活动中(包括理论教学和实践教学)支出的费用,不包括教师的工资和补贴、设备的添置和维修。除了日常性经费外,还需要根据专业建设的特殊需要,按照规划要求提供专项经费。《普通高等学校本科教学工作水平评估方案(试行)》(教高司函〔2002〕152号)规定:"学费收入用于四项教学经费的比例"中优秀等级标准是≥25%，"生均四项教学经费①分别增长的情况"中优秀等级标准是"持续增长"。上海市高校本科专业达标评估的基本要求是：教务处提供各专业各年度的生均经费标准，专家考察是否逐年增长，各专业提供包括专项经费在内的各年度获得经费总量及其使用情况。

4. 专业教学

上海高校本科专业达标评估指标体系的"专业教学"重在从课程教学、实践教学、教学改革、毕业设计（论文）四个方面进行评价。

（1）课程教学

首先，课程教学需要考察从教学大纲、教案等基本教学文件到课程考试等教学文档，完整性、规范性及便捷性是对教学文档的基本要求。某校一专业2000年秋招收第一届本科生，建专业时间不长。在2014年达标评估中，课程教学文档准备材料主要是"上海市重点课程建设项目一览表""本专业校级精品课程一览表""学校（重点核心）课程建设项目一览表"及"校重点教改项目一览表"。准备以上材料的初衷是想证明该专业办学时间不长，但取得了与其他专业一样的标志性成果。但这些材料只是办专业的成绩表，与教学文档关系不大。对于一个新建专业来说，在搞清楚什么是教学文档的基础上，把教学文档以规范标准进行整理，并尽可能做到完整、便捷，可能比罗列以上成绩更为重要。在专业达标评估过程中，普遍存在有对教学文档的规范重视不够的现象。教学文档是专业发展的记录，时间长了，很难复制。上海师范大学天华学院很重视教

---

① 生均四项经费包括本专科业务费、教学差旅费、体育维持费、教学仪器设备维修费。经费来源包括事业拨款费、自筹经费、主管部门专项投入和其他投入。——见教育部《普通高等学校本科教学工作水平评估方案（试行）》。

学基本档案的建立,专门请了上海师范大学长期管理教学档案的老师来承担这项工作,教学档案及时归档,目录清楚,材料翔实。

其次,课程教学还要评估专业教材选用的合理性和适用性,以及有支持特色教材建设的措施和效果。合理性和适用性一般指与本专业培养目标相吻合的优秀教材,如选用国家级规划教材、国家级精品课教材和教育部获奖教材等。有些新设立的新兴交叉性本科专业,由于没有可供选择的合适教材,也可以由学科带头人负责自编教材,学校也应该通过专项经费给予相应支持。如华东政法大学专业教师针对特色课程自编的《知识产权许可》《数据库和信息财产》,就收到了良好的效果。但一般不提倡不设置底线标准,随意使用教材和编写教材。

第三,考试考核是课程教学的重要环节,管理严格、规范,评分公平、公正是对考试考核的基本要求。首先,考试考核的试卷质量与评分标准至关重要。一般提倡每个专业每门课程都应该建立有试题库,每次试题均主要源自试题库,以保证每届学生培养质量的稳定性与可比较性,从而为教学改革提供第一手研究素材。同时,要建立与试题库相关的评分标准。特别是主观题,如果没有评分标准,评分过程中就会有很大的随意性。达标评估过程中,对期末成绩的评定往往分成两部分,平时成绩和期末考试成绩各占30%和70%,或者40%和60%。但平时成绩的评定往往缺少标准,有很大的随意性,往往变成期末成绩评定的调剂手段。所以,考试不及格人数可达1/3,但期末评定成绩没有不及格人数,出现这种情况是不正常的。

(2)实践教学要求

上海高校本科专业达标评估指标体系中的"实践教学"包括以

84

下三方面内容：

一是实验开出率与实验内容，实验开出率要求达到教学大纲规定的90%（包括独立设置的实验课程和理论课程中包含的实验），实验内容要求指的是实验中包含有一定数量的设计性、综合性实验[①]。由于一些专业在教学计划中没有清晰标明课程性质，特别是理论课中包含的实验课时到底有多少，因此在评估时很难判断是否达到90%的要求。建议在撰写专业自评报告时，要先回答专业独立设置的实验课程有几门、有多少理论课包含有实验、学时多少、实验安排是否进入教学大纲等问题，给专家判断是否达标提供基本情况。从评估中我们发现，本科专业特别是文科类本科专业的实验教学确实存在很多困难。除体制机制层面的困难外，如缺乏专门的实验教学教师，专业对实验的认识程度也不尽如人意，撰写的自评报告中会出现"本专业实验课基本上都是课内实验""综合实验室开出率达到100%"这类非专业性说法。答非所问的背后反映出的实际是应付评估实验教学的要求。

二是要求实验教学大纲、实验指导书等基本教学文件和学生实验报告等教学文档资料齐全，基本规范。评估过程中发现，专业实验教学基本文件的规范性有待提高，专业实验与学生创新能力培养之间的关联程度不高，学生实验报告的保存是比较薄弱的环节。专家考察实验室时较多检查学生的实验报告，会发现存在实验报告不齐、内容不规范、教师没有批改等问题。

三是要求实习要有明确目标和内容，配备有实习指导教师，学

---

① 设计性实验是指给定实验目的要求和实验条件，由学生自己设计实验方案并加以实现的实验；综合性实验是指实验内容涉及本课程的综合知识或与本课程相关课程知识的实验。——参见《普通高等学校本科教学工作水平评估方案（试行）》。

生有实习报告,指导教师有实习总结。本部分自评报告存在的一个共性问题是:注重了对实习基地名单及容纳学生数量以及企业实习导师的介绍,证明本专业建立有实习基地而且能满足学生实习要求,但无论看自评报告还是在实地考察,很多都看不出实习过程的痕迹。如某个工科本科专业,讲到自己建立有 8 个校外实习基地,每个实习基地容纳少至 1~3 人,多至 5~10 人,聘请了企业兼职教授 5 人,讲到这些企业兼职教授对本专业人才培养模式的改革与教学内容的更新提出了很多有建设性意见。看到这样的自评描述,很难不让人怀疑材料的真实性。有些专业核实材料时发现,学生的实习报告支离破碎,没有深度,只是一些实习单位基本情况介绍,收获写得不痛不痒;指导教师的实习总结也多是一些基本情况的总结,无法看到通过实习深化了哪些理论知识的学习、收获了哪些实践经验、对于专业教学改革有什么具体建议等应该看到的内容。而某专业则把实习分为第三学期的认识实习(培养学生的职业规划意识)、第四学期的暑期社会实习(培养学生的组织协调能力和撰写社会调查报告能力)和第六学期或第七学期的专业实习(与毕业论文选题、写作结合),每类实习均有实习目标设计和学生成果显现。这样的实习安排,加上完整的实习内容可望建立该专业的实践教学体系。

（3）专业教学改革

上海高校本科专业达标评估指标体系的专业教学改革部分,主要强调了专业开展教学研究的情况、教学改革和质量工程建设情况以及其他教学资源及利用情况等。

专业开展教学研究情况规定:第一,应定期组织教研活动,最好是有活动主题与记录的佐证。第二,专业至少应有 80% 的教师参与教学研究(这一条很难判断,如参加教研室活动算不算参与了教学研究)。第三,要求有50%的教师近三年正式发表教研论文(刚性要求)。第四,近三年有专业教师主持校级以上教改或质量工程项目,获得校级及以上奖励。现在政府设立的质量工程项目形式很多,本项并非要求专业每位教师都须有量的规定,是以专业为单位考量的,应该是绝大多数专业能完成的任务。第五,其他专业教学资源包括信息化平台、网络课程、聘请外教、使用原版教材、开设双语课程,评估时只要有这些资源中的一项就给予满分,每个专业应该也是都可以做到的。但如果从"丰富专业教学资源"的角度细化评估,比如要求这些专业教学资源至少要有3项以上同时存在并发挥作用,恐怕很多专业会丢掉这项得分。从人才培养质量的角度讲,专业长期不懈追求教学资源的丰富,确实是一件很重要的事情。

(4)关于毕业设计(论文)

毕业设计(论文)主要从选题、指导、质量三个方面评估,而其中最为关键的是毕业设计(论文)的选题。

首先,学生毕业设计(论文)的选题既直接与本专业实验教学质量和实习质量有关,更与本专业教师的科研水平与能力直接相关。实践证明,凡是专业科研氛围好,专业教师科研水平高,学生毕业设计(论文)的选题质量普遍较高;反之亦然。如某校某个专业,评估专家在统计毕业生设计(论文)选题类型(分自选、生产实际、教师科研)的时候,发现100%的学生都选"自选",回头再核实一下专业教师的科研情况和专业实验实习情况,发现绝大部分教师都没有科研成果,高水平研究成果更谈不上,专业实验时间严重不足,专业实习也是走过场,可以想见该专业学生毕业论文的质量。其次,毕业论文的指导也会直接影响到毕业论文的质量。教师对所指导论文的熟悉程度以及指导是否规范、严格与负责任，是学生毕业论文质量至关重要的因素。达标评估指标体系规定教师所指导毕业论文不得超过 8 人的主要原因，也是为确保教师投入指导毕业论文的时间与精力。最后，关于毕业论文的质量监控，某专业试行了抽取一定比例的论文让同行知名专家进行评审，针对专家提出的问题及存在差距进行分析，提出针对性的改进措施，对提高本专业毕业论文质量起到了重要作用。上海商学院每年都要抽取部分数量论文送外校专家盲审，这种做法对提高毕业论文质量能起到较大的推动作用。

5. 教学管理

上海高校本科专业达标评估指标体系的"教学管理"二级指标包括组织机构与规章制度、学生服务和质量监控三个方面。

（1）组织机构与规章制度

组织机构主要考察院系教学管理人员[①]的职责是否明确，履职是否到位。在自评报告撰写中，反映出的一个普遍问题是比较空泛，如很多专业均这样写道："在教学管理架构上，本专业教学实行三级管理制度：第一级是学校层面的组织管理，主要以教务处为主导；第二级为学院层面的组织管理，主要以学院为主，设立分管教学的副院长和教务员；第三级为系层面的组织管理，设立系主任，具体负责教学管理工作。"这样的描述仅是交代了校院系各有哪些教学管理人员，显得比较空泛，并没有回答各自的职责与履职的情况。在评估过程中，我们建议对教学管理人员的职称情况及履职情况进

---

① 教学管理队伍包括学校分管教学的校长、教务处专职教学管理人员、系（院、部）分管教学的主任、教学秘书及教务员。——参见《普通高等学校本科教学工作水平评估方案（试行）》。

行分析。

规章制度主要考察教学文件的规范程度和知晓程度。知晓程度要考察教学管理人员、教师、学生三类人员对教学文件的知晓情况。评估时一般通过座谈会或发放调查问卷的形式进行。规章制度的执行情况也是如此,专家可以通过多种方式掌握专业规章制度执行状况的第一手资料。

（2）学生服务

学生服务主要是考核专业是否建立了针对学生的专业学习、职业规划、就业创业指导机制。

在这方面,通过上海骨干教师激励计划的实施,确实创造出许多值得借鉴的做法。如有些专业要求教师明确每周固定的坐班答疑制度安排,专门就学生的学业进行针对性辅导;有的专业建立大一新生适应期的指导机制,帮助新生尽快适应大学生活;有的专业建立大四学生求职期或考研期的咨询辅导机制;有的专业建立了本科生导师制等。

（3）质量监控

专业质量监控强调两个方面:一是专业教学要实施经常性的自主教学检查、评价与反馈,对反馈结果有及时分析和改进措施;二是要建立定期发布专业质量报告制度,如上海电机学院每年发布的《本科专业教学状态白皮书》。

评估中发现,专业教学实施的经常性检查还是能普遍做到的,但对反馈结果的分析特别是整改工作做得普遍不到位;同时,专业主动或独立发布年度质量报告的比较少,多数是作为学校一部分纳入本科教学质量总报告中进行发布。专业存在问题的反馈与整改机制也不是特别健全。

6. 教学效果

上海高校本科专业达标评估指标体系一级指标"教学效果"强调三个方面的内容。

（1）学风

学风主要通过三个方面体现：一是学生遵守校纪校规的情况，以及出勤率>90%和迟到率<10%；二是多数学生坚持早晚自习；三是参加专业学习之外的其他学习项目（辅修及第二学位、考证等）的学生人数占总数的20%以上。

关于学风的以上三方面的检查内容，100%的专业均能达到规定要求，存在的不足之处是相关材料日常积累不到位，不足以支撑相关观点。因此，本部分内容也大多呈现出比较空泛的感觉。加强教学管理的一个基本内容，就是相关管理人员要注意收集或积累相关数据，并定期及时做好文档整理工作。专家考察这一指标时，建议可采取问卷调查或观察、访谈、座谈会等多种方式进行，以真实了解学风状况的第一手资料。各校可以借助大数据这一有效的手段，切实建立真实诊断学风状况的管理手段。

（2）人才培养目标的实现情况

人才培养目标的实现情况强调以下三个方面的内容：

一是学生的思想道德素养，要求每年参加公益活动和志愿者活动的学生不少于25%。自评报告中多用"本专业学生能积极参与献血等公益活动及校庆、院庆等志愿者活动"，但少有参与活动的种类及数量分析。指标体系25%的规定意在引导学生参与社会活动的丰富性，这一方面要求学校、院系为学生创造条件，也要求学生积极主动寻求参与社会活动的机会，体现着学生受教育经历的丰富程度，也是国际知名高校普遍认同的一个评价维度。

二是学生的基本理论与基本技能,主要通过 5 门主要课程成绩是否正态分布以及补考率、重修率等方面考察。但自评报告反映出的内容也多是比较空泛的形式,需要专家现场通过查阅试卷的方式进行判断。如很多专业自评报告惯用的写作内容为:本专业学生在掌握基本理论与基本技能方面的总体情况良好,各类课程考试成绩分布正常,少数首次不合格或因病等原因缺考学生参加补考,个别学生由于各种原因需要重修。内容显得十分空泛,如果自评报告非要这样写,起码要有一份关于 5 门主要课程具体考试成绩的总结性材料,以供专家现场判断参考。

三是学生的创新精神与实践能力,主要通过参加学科竞赛、创新创业活动的学生不少于 30% 来体现。这部分内容存在的问题也是只有定性方面的描述,而缺少具体的数据支撑;有的通过样例举证,但没有正面回答是否有 30% 的学生参加,给专家判断带来很大困扰。目前学校在自评报告中反映较多的是学生参加各种学科竞赛和考证的情况,今后应加强对创业活动开展情况的考察。

(3)就业与社会评价

就业与社会评价强调当年毕业生就业率、学生评教、社会评价三个方面。

当年毕业生就业率达标标准要求>90%,几乎是 100% 的专业均能达到此要求,问题是很难查到不达标的佐证数据;学生评教优良率>80%,也没有发现低于这一标准的专业;近三年用人单位对毕业生满意度的调查情况,自评报告一般讲"基本满意",但很多专业并不能够提供出调研的支撑材料。因此,这部分内容信度比较差,同时效度也令人质疑。建议还是利用第三方评价机构的数据,可信度可能会比较高。

第三节 上海高校本科专业选优评估指标体系

一、上海高校本科专业选优评估指标体系的制定依据

上海市教育委员会《关于开展高校本科专业评估工作的通知》（沪教委高〔2012〕72号）指出，选优评估是建立在达标评估基础上的选择性评估。试点选优评估时，我们重点考核被评专业的质量及其质量保障、专业特色、教学效果和国际化程度等方面。具体来讲，上海选优评估标准确定的依据主要有以下四个方面。

（一）战略需要

《上海市中长期教育改革和发展规划纲要（2010—2020年）》提出要"加大专业和课程建设力度，重点建设100个学位点、60个产学研人才培养基地、300个本科专业"和"重点建设10个实验教学中心及若干个示范实习基地"等。同时，上海高校某些卓越人才培养试点班，缴纳的学费与其他普遍班一样，但享受的优质教育资源却远远多于其他普通专业，存在事实不公平现象，不符合教育公平理念。正如习近平总书记在全国高校思想政治工作会议上指出的那样，高等教育发展水平是一个国家发展水平和发展潜力的重要标志。实现中华民族伟大复兴，教育的地位和作用不可忽视。我们对高等教育的需要比以往任何时候都更加迫切，对科学知识和卓越人才的渴求比以往任何时候都更加强烈。因此，以高水平特色专业建设为基础，选拔一批代表上海市水平的优秀专业，并尝试实行培养成本分担机制，是上海市高校"双一流"建设的现实需要。

按照上海市本科专业点总数 1786 个[①]的基数,通过申请参加选优评估而遴选出的 300 个优秀专业(约占到本科专业总数的 17%),使其成为上海本科专业建设的领头羊,既是上海市整体本科专业结构优化的需要,也是本科专业建设本体的需要。因此,在推动 5 年一轮达标评估的基础上,继续推进选优评估工作,就要充分体现出选优评估指标体系的引领性和先进性。

(二)高标准要求

上海市教育委员会《关于开展高校本科专业评估工作的通知》(沪教委高〔2012〕72 号)规定,申请参加选优评估的专业必须同时满足四个条件:(1)完成并通过达标评估;(2)至少有五届本科毕业生,毕业生就业率持续高于全市平均就业率;(3)具有稳定和优质的生源,专业调剂录取比例低;(4)定期向社会公布本专业年度质量报告。

因此,申请参加选优评估的本科专业起点就比较高,所以在指标体系维度的选择上与内涵质量赋值上都是基于达标评估标准又高于达标评估标准,且有些标准是达标评估所没有的或评价角度也有质的区别。如"教育国际化""专业特色"等在达标评估指标体系中没有设计这些标准维度,"教学支持资源"考察的重点也由量或规模的要求转为使用绩效的评估等。从上海市教育委员会宏观管理角度讲,可以将某所高校的"优秀专业"数占该校全部专业数的比例作为该校内涵建设绩效和专业调整优化成效的重要参考指标,这一方面是政府履行宏观管理职能的需要,同时也是促进高校注重专业质量的重要举措。

(三)国际化要求

近年来,欧美国家专业认证标准及我国港台地区专业评鉴经验

---

① 本科专业点总数 1786 个为 2013 年统计数据。

给予我们诸多启示,如美国高等教育协会 60 余个专业委员会所制定的专业认证标准、加拿大近 20 个全国性专业认证协会所制定的专业认证标准以及我国港台地区的专业评鉴标准等,都特别重视专业定位是否准确的目标导向、特别重视教师"教"的能力或师生互动程度、特别重视学生学习效果或学生专业核心能力培养等。学习与借鉴这些国家和地区的经验很有必要。

上海城市发展目标是到 2020 年基本建成社会主义现代化国际大都市,提出要进一步"扩大教育对外开放",要"增强学生国际交往和竞争能力",要"大力发展留学生教育"等,这些目标的实现本身需要专业评估指标体系的设计要体现国际化元素。因此,选优评估指标体系的设计无论从框架结构上还是从内涵(观察点)上都体现出国际化内涵。如选优评估指标体系把"学生"这一标准维度设计为一级指标,并在二级指标及内涵中增加"专业毕业要求及达成度"及"学生专业核心能力的体现"等,就是借鉴了国际经验。

(四)突出关键

上海市教育委员会按照《关于开展高校本科专业评估工作的通知》(沪教委高〔2012〕72 号),申请参加选优评估的专业包括以下几类:一是被列入上海高校内涵建设工程("085 工程")的重点建设专业;二是省部级以上教学质量工程项目的本科特色专业;三是综合改革试点专业;四是通过达标评估的专业。这些专业的基本办学条件已经经过认定或评估,申请参加选优评估就没有必要对基本条件重复评估。同时,由于选优评估大多是由政府主导的评估,因此,选优评估指标体系的设计不要求面面俱到,重在抓住关键问题,引导专业在更高起点上办出特色,办出水平。

94

二、上海高校本科专业选优评估指标体系及其解读

（一）上海高校本科专业选优评估指标体系

同上海高校本科专业达标评估指标体系一样，上海高校本科专业选优评估指标体系（见表3.2）同样是孙莱祥教授所主持的上海市教育委员会委托课题《上海市高校学科专业内涵建设自主评估方案研究》的研究成果之一。上海高校本科专业选优评估指标体系的制定历经十余次的讨论、修改与试评估，现在形成的此方案修订于2016年1月。

表 3.2 　上海高校本科专业选优评估指标体系

一级指标	二级指标	主要观测点（评价标准）
1. 培养目标与培养方案	1.1 培养目标	1. 专业定位（有明确的标杆专业及其深入分析；在国内外同专业或同类专业中排名前列） 2. 培养目标（符合学校办学定位和人才培养目标定位；符合国家、社会及学生的要求与期望；专业师生对培养目标很了解——通过问卷调查）
	1.2 培养标准	毕业要求（有明确的毕业要求；近三年应届生在本专业领域的签约率不低于70%；业界和学生参与培养标准的制订与评价）
	1.3 培养方案	1. 课程设置（对培养目标达成的支持程度） 2. 实践环节（学生创新实践能力，尤其是创新创业能力的培养措施有力） 3. 专业核心能力（专业核心能力培养的措施有力）

一级指标	二级指标	主要观测点(评价标准)
2. 教师队伍	2.1 师资队伍建设情况与教师发展	1. 师资队伍结构(博士学位教师比例,高层次教师情况)
		2. 师资职业发展(参与出国进修、实践能力培训及参加专业高水平会议比例)
	2.2 教师科研情况	1. 发表学术论文情况(近三年)
		2. 主持科研项目(近三年)
		3. 获得省部级以上科研奖励情况(近三年)
	2.3 教师教研情况	1. 发表教研论文情况(近三年)
		2. 主持教研项目及各类教研获奖情况(近十年)
		3. 专业基础课(近三年高级职称专任教师承担专业基础课的比例)
		4. 学生评教优良率(近三年)
		5. 编写本专业教材情况(近三年本专业教师担任主持,第一、第二编者情况)
3. 教学支持资源及有效利用	3.1 教育资源利用和管理	专业年度经费增长情况(近三年统计数据;含生均经费和专项经费)
	3.2 实验实习条件及利用	1. 新增的教学实验仪器设备费(含软件)(近三年生均值)
		2. 实验开出率及设计性、综合性实验比例(近三年)

一级 指标	二级指标	主要观测点（评价标准）
3. 教学支持资源及有效利用	3.2 实验实习条件及利用	3. 实验室开放程度（实验室开放情况；是否有全天候开放的实验室或实验中心等） 4. 校外承担教学任务的实习实践基地数量及利用率（各基地近三年实习学生数占学生总数的比例）
	3.3 其他教学资源	1. 精品课程、重点课程数量 2. 优秀教材、原版教材使用占全部课程教材的比例
4. 学生	4.1 招生录取情况	国家统一高考录取学生第一志愿录取率（近三年）
	4.2 学生指导	具备完整的指导内容（学习指导、职业规划、就业指导、心理辅导等方面的措施有力）
	4.3 专业毕业要求与达成度	1. 专业核心能力的体现（具有专业实践能力、创新创业能力的人数占专业每届毕业生的比例） 2. 毕业论文（设计）质量（有过程管理的措施和办法；选题源自实际背景或科研的比例；包含文献综述的比例；书写规范的比例）
	4.4 考研率、就业率与就业跟踪制度	1. 考研录取率（近三年） 2. 签约率、就业率（近三年） 3. 就业跟踪制度

一级指标	二级指标	主要观测点（评价标准）
5. 教学效果	5.1 质量工程项目	入选省级以上质量工程项目情况（近两届）
	5.2 教学成果奖	获上海市级及以上教学成果奖情况（近两届）
	5.3 创新创业活动	参加创新创业活动及参加科研项目人次数与专业在校生的比例（近三年）
	5.4 学生获奖	学生获得省级以上各类竞赛奖励数量（近三年）
	5.5 学生发表及专利受理	学生发表及专利受理数量（近三年）
6. 教育国际化	6.1 国际化教育资源	1. 中外合作办学项目情况 2. 全外文项目情况
	6.2 学生国际交流	1. 学生出国学习、实习、担任志愿者情况（近三年比例） 2. 留学生数量
	6.3 教师国际交流	1. 教师出国讲学、访学或合作科研情况（例证） 2. 外籍教师参与专业教学活动、科研活动常态化
7. 教学质量管理	7.1 质量监控	专业教学质量监控机制（常态、全程）
	7.2 质量评价	1. 专业质量年度报告制度（公开、稳定） 2. 专业质量反馈与改进制度（公开、效果明显）

一级指标	二级指标	主要观测点（评价标准）
8. 专业特色与发展前景		建议从以下方面考虑： 1. 反映学科优势和对专业建设的促进作用及成效 2. 人才培养模式或教学改革方面的突出成绩，如教学方法、考试考核方法、课程建设、实践教学等改革成果 3. 和标杆专业比较后的专业发展思路

（二）上海高校本科专业选优评估指标体系解读

选优评估是一种选择性或竞争性评估，上海高校本科专业选优评估指标体系以定量为主，指标体系设计尽可能量化，以利于同类专业的排行及选择。

1. 培养目标与培养方案

"培养目标与培养方案"一级指标下包括 3 个二级指标，即培养目标、培养标准、培养方案。

（1）培养目标

培养目标强调专业定位和培养目标两个主要观测点：

一是专业定位。专业定位的评价标准要求有标杆专业及重点分析，要在国内外同专业或同类（高校）专业中排名前列，一般应该至少作前 20% 的理解，这些都是举办专业和提高专业办学特色、办学声誉的基础。如复旦大学的数学与应用数学专业，培养目标确定为"培养掌握数学科学的基本理论和方法，具备运用数学知识解决实际问题的能力，受到科学研究的初步训练，能在科技、教育和经济部门从事研究、教学工作或在生产经营及管理部门从事实际应用、开发研究和管理工作的高级专业人才",既培养研究基础数学的学术型人才,又培养具有创新意识的复合型应用型人才。该专业培养目标是在认真分析数学的广泛应用前景、学校发展目标、学科综合优势以及本专业学科优势等基础上确立的,体现出既清晰又合理的特点,课程计划也很好地支持了培养目标,对应关系非常清楚。尤其值得肯定的是,该专业确立了以北京大学数学与应用数学专业为核心的标杆专业,并进行比较详细的对比分析,从中找出差距、分析原因,提出对策建设。如该专业与北京大学的培养方案进行了比较,发现两专业的课程设置基本一致,都很重视基础训练,强化能力训练,也非常注重拓宽专业口径;但不同的是北京大学通过方向课进行分流培养,而本专业仅通过选修课来体现分流培养。同时,该专业还专门针对荣誉课程计划与哈佛大学进行比较,认为两校最大的不同是哈佛大学课时少但作业量大,如3小时授课需要8倍甚至20倍的时间来完成作业;班级规模小,且均有知名教授讲授。因此,该专业的专业教学根据自身实际,也相应地在减少了课时的同时增加了学生课后自主学习的内容。该专业在对比研究中还指出,本专业与北京大学的顶尖生源相比仍然有差距,主要原因是相当长的一个时期内忽视与中学的联系、宣传不够有力,等等,不一而足。华东师范大学政治学与行政学专业确立以北京大学、清华大学同类高校同专业为追赶目标,并进行了相关分析。这样以同类学校标杆专业为基准进行的系统细致的分析,对专业改进与成长作用非常大。

二是培养目标。培养目标重点强调"两个符合"和"两个了解"。"两个符合"指符合学校办学定位和人才培养目标定位,符合国家、社会及学生的要求与期望。如华东师范大学的办学定位是

"世界知名高水平研究型大学",人才培养目标定位是"培养德智体美全面发展的、具有爱国情怀和国际视野、责任意识和服务精神、创新志趣和实践能力的高级专门人才以及引领教育发展的卓越教师和未来教育家"。而其政治学与行政学专业的人才培养目标则在继承传统的基础上定为"结合本专业的学科性质和政治学系师资力量的优势,以培养各类合格的高层次的政治学与行政学专业专门人才为宗旨,完善全日制本科教育人才培养体系,培养具有较高的政治素质、道德素质和马克思主义素质,具备政治学、行政学、国际政治学、法学等方面的基本理论和基本知识,具有进行理论研究能力和实际行政管理工作能力,能在党政机关、企事业单位、新闻出版机构、社会团体从事行政管理工作以及在中等以上学校从事教学工作的政治学和行政学高级专门人才",与学校的办学定位和人才培养目标定位有较高的契合度。"两个了解"指教师对培养目标的了解程度,以及学生对培养目标的了解程度。在评估实践中,专家组多采用问卷调查的形式评估教师和学生对培养目标的熟知程度,以及教师如何在自己的教学方案中贯彻执行培养目标,学生在培养过程中如何感悟实现培养目标等。

（2）培养标准

培养标准主要强调以下三个方面:一是明确的毕业要求,如毕业的最低学分要求、学分构成要求、毕业论文（设计）要求等。毕业要求中特别强调学生应掌握的专业核心能力。许多高校学习国外高校的先进做法,把课程和能力用矩阵列图来表示。学生毕业要求制订后,要对学生进行必要的解读与答疑辅导。在倡导自主发展的大教育背景下,学生的自主发展能力与自制力是有差异的,实践中确实存在由于选择力与控制力问题而不能如期毕业的现象。二是近三年应届生在本专业领域的签约率不低于 70%,并要求专业有第三方评估分析报告或相关的系统的佐证材料。三是要求有业界参与培养标准的制订和学生的评价(如满意度调查),这对培养标准的完善具有重要意义。

(3)培养方案

培养方案主要强调三个方面:一是课程设置对培养目标的支持程度。如华东师范大学人才培养目标中有一个内容就是"培养学生的创新志趣",那通过什么或搭建什么平台来满足这一目标呢?其中就设计了一门课程《史记》,由历史、文学、哲学和教育学四位教授分别从不同的角度解读《史记》。这样的授课方式,可以教给学生从不同角度看待同一事物的思维方式,而且没有标准答案,对培养学生的批判思维能力很有助益,因此也利于学生"创新志趣"的培养。某校一专业人才培养目标也有创新能力培养的内容,但仔细考察其课程设置,必修课学分占据了全部学分的 80% 以上,选修课也等同于必修课,教学内容、方法与手段也没有什么创意之处,学生创新能力的培养就成了一句空话。二是突出学生专业实践能力(包括创新创业能力)的培养。《中共中央国务院在深化体制机制改革加快实施创新驱动战略的若干意见》中指出,创新是推动一个国家和民族向前发展的重要力量,也是推动整个人类社会向前发展的重要力量。面对全球新一轮科技革命与产业变革的重大机遇与挑战,面对经济发展新常态下的趋势变化和特点,必须加快实施创新驱动战略。《国务院办公厅关于深化高等学校创新创业教育改革的实施意见》中指出,深化高等学校创新创业教育改革,是国家实施创新驱动发展战略、促进经济提质增效升级的迫切需要,是推进高等教育综合改革、促进高校毕业生更高质量创业就业的重要举措。因此,选优评估指标体系在实践能力培养方面,要更加重视创新创业教育目标的设计,"使创新精神、创业意识和创新创业能力成为评价人才培养质量的重要指标"。三是注重专业核心能力的培养。首先人才培养方案中要对专业核心能力有清晰的描述,然后对支持核心能力培养的课程设置和教学支持条件要有明确的解读与有力的实施。

2. 教师队伍

"教师队伍"这个一级指标下设立了3个二级指标,即师资队伍建设情况与教师发展、教师科研情况、教师教研情况。

(1)师资队伍建设情况与教师发展

"师资队伍建设情况和教师发展"主要强调两个方面:一是师资队伍结构,二是师资职业发展。师资队伍结构特别强调获博士学位教师比例和拥有入选"千人计划""长江学者"等类别的高层次教师。专业师资队伍强调获博士学位教师比例,也在客观上强调了科研与学术对专业发展的影响。实践证明,拥有本专业正规博士学位的教师是专业科研的主力军,专业高水平科研与影响力也主要源于拥有博士学位教师,从事科学研究已经成为绝大多数博士学位教师的工作方式。复旦大学数学与应用数学专业具有博士学位的教师达到总人数的80%,其中包括中科院院士在内的各类高层次人才占到教师总数的50%以上,教师均具有良好的学科背景,学术研究活跃。因此,该专业学生在老师的带领下,三年间就有133人参加了国家理科基地课题研究,23人参加了学校项目课题研究,15人在老师的指导下发表了学术论文。学院科创分中心自成立以来,已经进行了八期的科创项目立项,每学期邀请专业教师进行立项、中期审核及结项评审工作,从这些科创项目中孵化出了"挑战杯"上海市一等奖、全国决赛三等奖等优秀成果等。师资职业发展包括参与出国进修、实践能力培训、参加专业高水平会议等。这些都是教师职业发展的重要方面,也是专业内涵建设的重要内容,对专业内涵建设具有较强的鼓励和引导作用。应用型专业的教师职业发展在实践能力方面还要求有企业行业的实践背景。

（2）教师科研情况

"教师科研情况"强调以下3个方面:发表学术论文情况、主持科研项目、获得省部级以上科研奖励情况。这三个方面与教师的学科背景有高相关关系,也是保证专业教学高水平与高质量的前提。梳理中外优秀本科专业的经验,其中有一条基本规律就是:专业教师拥有较强的研究能力、曾经有过较强的研究背景或实践背景,才能理解学术的魅力,才能带领学生走入学术的前沿,才能把握企业行业的本质,才能传递应用能力培养的真谛。如上海对外经贸大学对外汉语专业,在引进一名具有国际教育背景且为本专业博士学位背景的专业主任后,短时间内改变了专业发展的低迷状态。该专业主任利用自身的研究优势与学科优势,与国外多个大学建立了深度合作关系,为双方学生建立海外实习基地,师生教学水平在与国外院校的教学科研合作过程中得到全面提高,专业竞争力全面提高。而某校信息管理与信息系统专业主任,获得的虽然为管理学博士学位,但研究方向主要是企业管理,科研成果没有一篇论文与信息管理与信息系统相关。新专业评估期间才得知,该专业主任是被动接受这一任命的,因为该专业是新办专业,实在找不到合适的专业主任人选。所以他认为自己是过渡性质的,长期下去对自己对专业都会造成不利的影响。事实上,通过任命合适的专业主任,本专业的内涵建设成效也得到很大提高。这些事例都充分证明教师的专业

104

科研能力或专业学术素养对专业发展的深刻影响。

（3）教师教研情况

"教师教研情况"强调以下5个方面：近三年教师发表教研论文数量、近十年教师主持教研项目及各类教研获奖情况、近三年高级职称专任教师承担专业基础课的比例、近三年学生评教优良率、近三年本专业教师主持编写本专业教材情况（第一、第二编者）。学生学习成效在很大程度上取决于教师素质及教师"教"的能力，以上五项内容中，除学生评教优良率是直接体现教师"教"之能力外，其他四项教师"教"的能力的间接体现。作为教学活动的直接执行者，教师的专业素质及"教"的能力除了反映在高超的课堂教学水平上之外，还大量反映在教师对教学规律的掌握、教育教学观念的形成、教学方法与手段的适宜与先进等方面。因此，选优评估指标体系主要从量化的角度选择了以上五个方面的内容进行考量。

3. 教学支持资源及有效利用

"教学支持资源及有效利用"共设计了3个二级指标，即教育资源利用和管理、实验实习条件及利用、其他教学资源。

（1）教育资源利用和管理

"教育资源利用和管理"主要强调专业年度经费的增长情况，包括生均经费和专项经费，是通过统计近三年数据而作出评价的。评估实践中通过与专业主任沟通，发现许多专业都缺少专业规划，理由是学校层面对于专业规划或专业预算不重视，经费预算很少顾及专业层面，专业规划没有任何实质性作用，只是应付评估的佐证材料。因此，选优评估指标体系抓住"专业年度经费的增长情况"这一关键环节，就是要提高专业规划或专业预算的法律效应，借此提高专业主任及全体专业教师自主发展专业的积极

105

性与能动作用。

（2）实验实习条件及利用

"实验实习条件及利用"主要强调以下四个方面：一是近三年新增的教学实验仪器设备费（含软件）的生均值；二是近三年实验开出率及设计性、综合性实验的比例，这里面还要考察实验内容的更新率；三是实验室开放程度，包括实验室开放情况，是否有全天候开放的实验室或实验中心等；四是承担教学任务的校外实习实践基地数量及利用率，主要通过各基地近三年实习学生数占学生总数的比例来作出判断。

（3）其他教学资源

教学资源特别是优质教学资源的丰富程度往往代表着一个专业的社会声誉，影响着专业教学质量。上海本科专业选优评估指标体系的"其他教学资源"主要强调精品课程、重点课程数量以及优秀教材、原版教材使用占全部课程教材的比例。此外，优秀专业创建过程中要密切关注"互联网+"动态，注意利用和创建网络课程。

4. 学生

大众化教育阶段人才培养质量的关键要素之一就是特别关注学生"学"的能力。因此，把"学生"列为一级指标，是世界上许多著名国际认证标准的通行做法，由老"三中心"（以教师为中心、以教材为中心、以课堂为中心）向新"三中心"（以学生发展为中心、以学生学习为中心、以学习效果为中心）转变，是教育教学观念先进性的重要体现。"学生"部分共设计了 4 个二级指标：招生录取情况、学生指导、专业毕业要求与达成度，以及考研率、就业率与就业跟踪制度。

（1）招生录取情况

招生录取情况主要强调近三年国家统一高考录取学生第一志愿录取率。生源质量是影响本科教学质量的基础因素。上海市教育委员会通过对大学英语、高等数学等大学公共基础课统考成绩的历年追踪分析,发现大学英语、高等数学等统考的成绩与学校的招生分数呈较高的正相关关系,也证明了生源质量对教学质量的深刻影响。从很大程度上讲,能否吸收到相对优秀的生源,在极大程度上反映出一所学校或一个专业的办学水平;另一方面,重视生源质量的评价,可以推进高校或专业更加重视建设优质的学习环境,而这一点对人才培养质量也是至关重要的。

(2)学生指导

学生指导主要强调学校层面或专业自身层面要具备完整的指导内容,包括对学生的学习指导、职业规划、就业指导、心理辅导等方面,且措施得力。清华大学研制的 NSSE-CHINA(英文全称 National Survey of Student Engagement-China)学情调查有五个一级指标,其中之一就是强调学生指导的"生师互动"。它具体包括 7 个二级指标,即和老师讨论自己分数的频率、和老师讨论自己的职业计划和想法的频率、课外和老师讨论课堂或阅读中的问题或想法的频率、和老师一起参与课外活动的频率、学习表现得到老师及时口头或书面反馈的频率、课程学习之外参与老师的课题或项目的频率、和老师讨论人生观和理想等问题的频率。《清华大学本科教育学情调查报告(2009)》以美国顶尖研究型大学为参照,自查其本科教育的学情,认为生师互动是提升高校人才培养质量的关键:在生师互动指标上,清华无论低年级还是高年级学生,都与美国大学生有明显差异。清华大学学生与美国大学生在课堂上的学习行为差异非常大。清华大学学生自己报告从未在课程上发言或参与讨论者为33.6%,美国大学生仅为5%。近60%的美国大学生自我报告"经常"甚至"非常经常"提问或参与讨论,而这个比例在清华大学仅为12.3%。27.1%的清华大学学生自我报告说,自己的学习表现从未得到过任何老师的及时反馈,而美国同类院校有此看法的学生为7.1%;44.3%的清华学生说没有和任何一位老师讨论过自己未来的职业想法,而美国同类院校这样的学生占20%左右。麦可思公司曾对2010届大学生毕业半年后的调查研究发现,在不愿意推荐母校给亲友就读的毕业生中,有12%是因为"师生课外交流不够"。重视对学生的全面指导,特别是加强师生互动,应该是任何优秀专业的共性特征。

（3）专业毕业要求与达成度

专业毕业要求与达成度主要强调两个方面:即学生专业核心能力的达成度和毕业论文(设计)质量的达成度。专业核心能力是世界范围内比较通行的对毕业生质量的评估内容,每个专业都应该有比较明确清晰的专业核心能力的描述,如我国台湾地区的系所评鉴和美国知名专业认证标准都很强调学生核心能力的培养,而且要求在认证过程中提供从培养方案、课程体系到学习效果等方面的系统佐证材料。如上海对外经贸大学对外汉语专业,创办专业时间不长,但特别重视学生实践应用能力的培养,着力创造多种条件培养学生的创业能力和实践能力。因此,本专业毕业生以应用能力强享誉业界,毕业生深受社会的欢迎。国内评估在系统跟踪学生专业能力方面,受评估时间与方式的限制,还存在较大的差距。毕业论文(设计)质量的达成度主要从四个方面评估,即毕业论文(设计)过程管理的措施和办法是否严格合理,毕业论文(设计)选题源自实际背景或科研的比例,毕业论文(设计)包含文献综述的比例以及毕业论文（设计）书写规范的比例。

（4）考研率、就业率与就业跟踪制度

本项指标重点从社会需求角度评价专业的人才培养质量。建立相应的就业跟踪制度对专业建设与发展具有重要意义。开展这项工作有一定难度，绝大部分专业都是空白，但是对优秀专业可以要求其逐步建立就业跟踪制度或委托第三方机构开展这项工作。专业近三年考研录取率（包括出国留学）一是要关注学生考取本专业研究生（或出国留学仍然选择本专业或相关学科专业）的比例，二是要关注考取其他专业的比例，这两个比例与原专业水平都直接相关。如果考取本专业集中度高，可能会有三种原因：本专业社会需求旺盛，有好的发展前途；本专业深受学生欢迎；本专业社会声誉良好。如果考取外专业集中度高，也可能有三种原因：本专业学生有较充分的学习其他专业的时间与空间；学生不认同本专业；本专业的社会需求有问题。就业是最大的民生。高校满足社会需求的最直接的体现就是学生就业状况，其与人才培养目标的吻合度体现出人才培养质量。党的十八大报告明确指出："推动实现更高质量的就业。就业是民生之本。要贯彻劳动者自主就业、市场调节就业、政府促进就业和鼓励创业的方针，实施就业优先战略和更加积极的就业政策。引导劳动者转变就业观念，鼓励多渠道多形式就业，促进创业带动就业，做好以高校毕业生为重点的青年就业工作和农村转移劳动力、城镇困难人员、退役军人就业工作。"汪歙萍主编的《上海毕业生就业与人才培养调研报告（2011）》中关于"毕业生就业质量及升学、留学情况"一级指标包括 4 个方面，即发生直接用工关系、国内升学、出国留学、自主创业；麦可思公司《社会需求与培养质量年度报告》的相关指标主要有就业质量、国内读研、留学分析等。对考研与就业情况进行深入系统的分析，对专业建设、发展与调整具有重要参考价值。

5. 教学效果

"教学效果"设计了 5 个二级指标：质量工程项目、教学成果奖、创新创业活动、学生获奖、学生发表及专利。

（1）质量工程项目

省级以上质量工程项目主要统计近两届获准立项的项目，一方面体现出专业的实力，同时也为专业进一步发展争取到更多更好的教育资源，是每个优秀专业的显性标志。

（2）教学成果奖

教学成果是体现教育教学规律、经过多年积淀并产生广泛社会效应的优质教育教学资源。实践证明，凡是获得过省部级以上教学成果奖的专业，都是专业特色建设突出的专业。本指标主要统计近两届上海市级及以上教学成果奖。

（3）创新创业活动

本指标强调近三年参加创新创业活动及参加科研项目人次数与专业在校生的比例，主要通过专业学生参与"上海市大学生创新活动计划项目"和"国家级大学生创新创业训练计划项目"频率或获奖率来衡量。

（4）学生获奖

本指标主要统计近三年本专业学生获得省级以上各类竞赛奖励的数量，包括专业领域的获奖和其他各类获奖成果，借此评价学生的专业实践能力和综合素质。

（5）学生发表及专利受理

本指标包括学生在公开刊物上发表论文，也包括决策咨询报告被采纳或社会实践论文获得认可的情况,以及学生发明专利的受理数量,以近三年统计数据为准。

6. 教育国际化

上海要在 2020 年基本建成社会主义现代化国际大都市,上海高校的教育国际化水平也是国际大都市的重要组成部分。从某种程度上讲,专业国际化水平是高校国际化的基础,也是高校教育国际化可持续发展的根本。优秀本科专业必须也应该在教育国际化进程中承担必要责任,作出重要贡献。"教育国际化"设计了 3 个二级指标:国际化教育资源、学生国际交流、教师国际交流。

(1) 国际化教育资源

"国际化教育资源"包括中外合作办学项目及全外文项目,前者为国内学生的优质学习平台,后者为国际留学生的优质学习平台。《上海市教育改革与发展"十三五"规划》提出留学生数量要由"十二五"期末的 8.7% 提升到"十三五"期末的 15%,其中学历留学生数量要由"十二五"期末的 28% 提升到"十三五"期末的 50%,因此,必要的全外文项目(专业)的建立是实现目标的基础。

(2) 学生国际交流

"学生国际交流"指学生的双向留学。《上海市教育改革与发展"十三五"规划》指出,要着力将上海建设成为亚太地区最受欢迎的留学目的地城市之一,提升外国留学生特别是学历生的数量和比例;继续实施"高校学生海外学习实习计划"。上海优秀本科专业一要鼓励本专业学生出国学习、实习和做志愿者,二要加强吸引留学生的能力建设,在学生的双向留学工作中高于全市平均水平。

(3) 教师国际交流

"教师国际交流"包括教师出国讲学、访学或合作科研,以及外籍教师参与专业教学活动、科研活动常态化等。如某优秀专业,已经与巴黎第十大学、英国金斯顿大学、美国西乔治大学等高校签订了合作办学和合作学术交流的协议,在推动学生和教师进行国际交流合作方面取得了实质性进展。三年来,该专业已经有 14 名学生参加了海外交流项目,有 36 名学生赴海外或境外攻读硕士研究生,分别占本专业学生总数的 4.5% 和 11.6%;同时也注意引进海外优秀师资做本专业兼职教师。但作为优秀专业,该专业还有较大的努力与提升空间,如开设全外语项目,吸引海外留学生,扩大留学生特别是海外留学生的招生数,从而全面提高教育国际化水平。

7. 质量管理

"质量管理"设计有 2 个二级指标:质量监控和质量评价。

"质量监控"主要强调专业教学质量监控机制的常态化和全程化;"质量评价"主要强调专业质量年度报告制度是否公开与稳定,专业质量反馈与改进制度是否公开,效果是否明显。

某个优秀专业对质量管理是这样进行描述的:"建立了教学过程质量监控机制,各主要教学环节有明确的质量要求,并能定期进行教学质量的评价;教学管理相关文件比较完善,学校有对学院的教学工作考核,有专业质量报告;教学质量保障体系较为全面,能对学生考试成绩进行分析,但缺少解决措施;过程控制比较薄弱,对发现的问题的改进措施不够落实;日常教学档案管理基本规范齐全,学生试卷、实习报告、实验报告等齐全。"从以上描述中可以看出,该专业的质量管理规范程度比较高,但明显缺少改进措施,年度质量报告利用情况也不是特别理想,没有反映出利益相关者对教育教学质量的质疑与建设性意见,质量报告还停留在自说自话的状态。

8. 专业特色与发展前景

专业特色是指在专业办学长期实践中培育和凝练出的专业品牌与效果,是代表专业社会声誉的核心内容。专业特色正如在"专业定位"中描述的那样,是专业建立与存在的深层含义,专业在建立伊始到办学的整个过程中,始终要考虑和注意总结分析专业特色,专业特色决定着专业发展前景。建议专业从以下方面考虑总结专业特色:反映学科优势和对专业建设的促进作用及成效;人才培养模式或教学改革方面的突出成绩,如教学方法、考试考核方法、课程建设、实践教学等改革成果;和标杆专业比较后的专业发展思路。

专业办学特色不仅需要高度概括,也需要有血有肉的鲜活素材支撑。复旦大学数学与应用数学专业这样总结:重视理论与实践相结合,重视因材施教,重视培养创新精神。第一,关于重视理论与实践相结合。本专业除了发扬基础数学方向的优秀传统外,还注重加强数学基础理论和方法的训练,使学生具备严密的思维和较强的思维推理能力。同时,专业还通过院士倡导的做"问题驱动的应用数学研究",在本科生中努力营造数学建模的思想方法,鼓励并引导学生拓宽学习兴趣,尤其是对交叉学科的接触了解,并通过课程训练、讨论班、数模实验、数模竞赛等方式,培养学生解决实际问题的能力。第二,关于重视因材施教。专业依托教育部设立的拔尖人才计划,成立拔尖人才工作小组,并在教学指导委员会指导下,面向数学学科的尖子学生,设立由学院中青年骨干教师组成的联系导师,邀请国内外知名学者开设无学分选修课程和暑期短期课程,并鼓励和资助学生在导师指导下开展科研工作,对学业优秀的学生进行个别更有针对性的指导,帮助树立从事数学事业的理想,从而培养数学后备人才。第三,关于重视培养创新精神上,该专业长期以来通过数学建模活动、讨论班、创新课题、毕业论文等方式在学生中营造鼓励创新、积极研究的氛围。近年来,专业导师都会定期提出一些开放性课题,鼓励专业学生参与各类科研项目,引导学生自行查阅文献,寻找并提炼出一些有意义的问题。在导师的指导帮助下,学生经过不断尝试、修正、再尝试、改进等多个阶段的创新训练,逐步培养学生从事研究工作的实事求是、不断探索、持之以恒、永不言败的科研精神。

第四章 上海高校专业评估的整体开展

第一节 上海高校协同自主专业评估模式

上海高校本科专业评估是依据专业评估目的,对被评对象按照拟定的专业评估指标体系,采取既定的程序方法进行对照测量及全面考察,并对评估结果加以分析、利用、作出综合价值判断,用以持续改进专业办学质量和提高人才培养质量的过程。本科专业评估工作实践,上海率先起步,先行先试,学习国内外教育评价优秀成果,重点借鉴第四代评估理论,立足上海高校专业发展实际,逐渐摸索出具有地方特色的专业评估模式与评估方法。

一、第四代评估理论的提出

(一)教育评估理论的阶段划分

教育评估是根据一定的教育目标,运用一切有效可行的手段,对教育活动的效果和影响进行价值判断的过程。关于教育评估理论的发展阶段,众说纷纭,标准不一。当前较新、影响较广的划分,是 20 世纪 80 年代美国印第安纳大学的 E.古贝(Egon G. Guba)和比尔特大学的 Y.S.林肯(Yvonna S.Lioncoln)合作撰写的《第四代评估》(*Fouth Generation Evaluation*)中提出的现代教育评估发展"四代论",将教育评估的理论发展阶段分为测量时代、描述时代、判断时代和建构时代。

纵观教育评估理论发展历程,其变革的基本走向是从强调客观工具(测量时代)、目标达成度(描述时代)、标准(判断时代)的鉴定性评估转向重视协商与共识(建构时代)的发展性评估。尽管每一代评估理论都是对前一代评估理论的扬弃,但在古贝和林肯看来,前三代评估理论还存在一些不足之处:一是管理主义倾向过浓。把评估对象和其他一切与评估对象有关的人都排除在评估活动之外,评估的管理者在评估中处于优势地位,主导着评估的范围、任务、进程和评估结果,导致在评估活动中相关利益者的地位缺失、话语权缺失。二是忽视价值的多元性。将评估者的评估意见作为评估的唯一标准和结论,淡化或忽略评估其他利益相关者的价值标准和价值判断,导致希望通过评估来改进课程及教育教学的期望往往会落空。三是过分依赖科学范式。主张实证主义方法论,评估方法过于重视"数的测量",而忽视质性等其他评估方法的运用。评估结论多依赖定量分析判断,定性分析判断不足。

(二)第四代评估的理论要点

古贝和林肯从理论上、实践上提出了崭新的评估范式与评估方法。他们认为第四代评估是一种全新且成熟的评估方法,这种方法超越了纯粹的科学范畴(即仅为获得事实),涵盖人性的、政治的、社会的、文化的以及其他各种相关因素,其特征是在评估者和利益相关者之间保持"回应"和"协商",从而达成评估相关各方的共识,其理论要点如下:

1. 共同建构:评估活动的本质

前三代评估基本属于实证主义阵营,第四代评估则从建构主义出发,认为评估描述的并不是事物真正的、客观的状态,"外在于人"的"纯客观"的评估是不存在的。事实上,评估是所有参与评估活动的利益相关者对评估对象的一种主观认识,诸如教育行政部门、学校管理部门、评估专家、教师、学生、用人单位及社会团体等对评估对象都有不同的关注角度和价值观点。评估从本质上是一种通过利益相关各方的"回应"与"协商",缩短关于评估结果的意见分歧,最终而整合形成共同看法的过程,其评估结果是评估参与各方交互作用、共同"心理建构"的产物。

2. 全面参与:评估主体的原则

第四代评估摒弃前三代评估把评估对象及其他利益相关者排除在评估之外的做法,把评估主体从评估的"组织者"和"实施者",扩展到参与评估活动的"所有人"。他们提倡在评估中形成"全面参与"的意识和气氛,主张所有与评估有利益关系的人都要积极参与、充分表达自己的观点,并要求评估者在评估中充分尊重每个人的"尊严、人格与隐私",所有参与评估的人,不管是评估者,还是评估对象都是平等的、合作的关系。"全面参与"观点的最大贡献在于它把评估过程的控制特点与评估对象伦理要求成功地协调起来,大大提高了评估对象在评估活动中的主体地位,同时也尽可能地满足和实现了评估多元价值的需求。

3. 回应协商:评估实施的途径

第四代评估强调在评估活动中要促使利益关系的各方积极参与并充分表达自己的观点,并把"回应"利益相关者作为评估的出发点,将评估各方的主张作为信息收集与分析的基础。"协商"贯穿在评估全过程中,评估参与各方通过不断地对话、论辩逐步形成共同的"心理建构",即达成"共识"。"回应协商"凸显了一种民主评估精神,表达了对评估参与各方特别是弱势群体利益和权利的充分尊重,它通过收集、梳理各种不同参与方在不同环境中的建构,逐步沟通、改变、统筹不同意见上的分歧,引导达成共识。

二、协同自主专业评估模式

教育评估模式是指在一定理论指导下,由评价标准、功能、过程和方法等要素相互联系、相互制约而形成的一种教育评估范式。20世纪末,我国教育评估研究者在理论层面逐步涉足对第四代评估的介绍与研究,对第四代评估试图用一种新的"范式"来改变传统的"科学范式"的做法、对如何构建新的评估理论体系进行了深思。从实践层面,对第四代评估理论的尝试则处于刚刚起步阶段,从实践角度学习运用第四代评估理论的方式方法,对于探索构建我国高等教育专业评估模式有着积极意义。

21世纪以来,上海市地方普通本科高校逐步由外延扩张转向以质量、结构、效益等为核心的内涵式发展道路,以适应区域经济社会发展快速转型对专业内涵建设与人才培养质量提出的更新、更高要求,专业评估成为衡量专业建设水平,促进专业发展的重要手段。相对于以往自上而下、面向过去的终结性评估,第四代评估更加重视评估利益相关者的多元取向和利益诉求,有利于改变被评估对象的任务驱动和被动应付心理,有利于充分激活学校发展的内在动力,促进学校向主动积极的自主发展转型。

（一）评估意在突出自主性,重在改进

1. 专业评估的自主性

上海高校专业评估工作的开展首先强调凸显学校的自主性。如上海市教育委员会《关于开展高校本科专业评估工作的通知》(沪教委高〔2012〕72号)中指出,在专业评估工作中"突出学校主体",转变政府管理职能,强化学校发展能力。达标评估原则上以各高校开展自主评估的方式进行,即由各校作为评估工作主体,在评估方案、评估指标、评估流程、评估组织等方面均由学校自主决定和实施。评估方案、指标和结论报上海市教育委员会备案。各高校既可自行组织达标评估,也可委托具备条件的第三方教育评估机构实施。例如,上海商学院于 2013—2014 年、上海工程技术大学于 2015—2016 年分别委托上海市教育评估院对其全部专业进行了评估。

在主张专业评估发挥高校自主性的同时,上海高校专业评估还特别强调专业自身在评估过程中的自主性。专业评估以专业自主参加为前提,由各专业根据自身情况提出接受评估的时间,并在评估实施中通过填写专业基本状态数据、撰写专业自评报告、准备评估佐证材料等环节开展专业自我评估,促进专业提升自律性、自控性、自励性,推进专业内部自评估文化的建构。上海市教育委员会在各校开展专业自主评估的基础上试点开展专业选优评估,通过自主评估的专业方可申请参加选优评估。

2. 评估目的重在改进

第四代评估是一种发展性评估,评估意图不是为了证明,而是为了改进。上海市本科专业评估分为达标评估和选优评估两类,但评估的目的不仅仅是为了证明和区分等级,更共同致力于被评专业的持续改进,强调评估促进发展的功能。上海市教育委员会《关于推进本市高校本科专业评估工作的若干意见》(沪教委高〔2015〕18号)强调:在专业自主评估实施中,参评专家要按评估一级指标出具诊断性评价,其中包括专业存在的问题及发展建议等;同时,学校要高度重视评估专家的意见,建立"诊断—反馈—整改"的评估机制,并提出相应的整改措施落实持续改进。从注重结果的鉴定性评价转向面向未来的发展性评价,尽管同样关注被评专业在评估前的实际表现,但评估的目的指向被评专业在现有基础上的不断进步和未来发展,有效落实"以评促建,以评促改"。

(二)评估主体的多元性和评估各方的平等性

在专业评估工作的起步时期,伴随着前三代教育评估理论在国内的传播,专业评估大多采用了前三代的评估模式,一般由政府作为实施评估的主体,其对由被评专业构成的评估客体拥有绝对的主导权和决定权,专业自身的主体意识受到抑制,专业自身的价值需求和评估积极性被削弱了,评估常常变成管理者一元主导的格局,因此产生了忽视价值主体的多元性、评估主体的单一性以及评估主体的管理主义倾向等局限。借鉴第四代评估理论和进步观念,上海市专业评估工作在坚持"价值多元"与"全面参与"方面进行了有益探索。

1. 评估主体的多元性

对专业教育质量的评价应该反映不同的利益主体对专业教育价值的识别、选择和认同度。运用第四代评估重视对人性的尊重、强调价值多元化的评估观念,上海市专业评估实践通过制度设计明确规定多元利益主体参与评估的方式方法,逐步打破以往专业评估中政府主导话语权的"管理主义倾向",优先聘请学科造诣深厚、管理经验丰富的领域专家、教育管理专家,尝试聘请外地专家、行业专家组成专业评估专家组。此外,在整个评估过程中,教师、学生、管理者、企事业用人单位共同参与,尽可能全面地关注各方价值立场。评估主体不仅仅是评估的组织者和实施者,而是扩展为与被评专业相关的所有人。

2. 评估各方的平等性

第四代评估强调,利益相关者在评估中要建立"平等"的关系,最大限度地调动全员参与的积极性。上海市专业评估工作的组织实施中，来自各个方面的评估专家以平等、合作的关系开展评估活动。更重要的是，在评估实践中把被评专业和与专业相关的人员都纳入评估主体范畴中，并通过集中听取专业自评汇报，访谈专业及所在学院（系）负责人、主干课教师、学生等环节，更加注重听取和尊重容易被忽视的价值主体——被评估专业师生的意见和建议，保障他们在评估方案的设计、实施和结果的解释方面享有充分的权利，逐步激活广大师生的评估主体意识。建立评估管理者、评估专家和被评专业等各利益相关者的"平等"关系，是专业评估可持续发展的重要前提。

（三）评估实施增强回应与协商

第四代评估提出了"回应—协商—共识"的建构型方法论，主张在自然情境的状态下，评估者与评估利益相关者一起通过不断的讨论、协商来建构一种共同认识。评估不再是评估者处于主导地位、评估对象处于被动状态、强调"证实"事实的单向过程，而是一种融合不同利益相关者多元价值的回应协商过程，通过"探究"来建构现实。

1. 回应反馈机制

上海市专业评估从流程设计层面出发，从专业自评过程中报告的准备、撰写和完善，到会议集中评议听取专业汇报、评估专家分组讨论、评估专家经过现场考察后口头反馈评估意见，再到最后出具专业评估报告书面反馈。在整个专业评估过程中，各个环节通过一系列的回应过程，让专业自身的定位与特色、问题与不足、发展与举措等得到不断的聚焦、修正、凝练、完善，最终达成关于专业教学质量、现存问题以及改进建议等方面的共同建构。如专业评估的最后环节是专家意见反馈,评估专家在反馈中以沟通和交流的方式与专业负责人、学校及院(系)等相关人员口头反馈评议及考察意见,重点在于目前专业存在的问题和今后的改进措施及发展方向,而非评估结论性的意见。

2. 各方互动协商

上海市专业评估在实施过程中,注重营造全员参与、和谐协商的评估工作氛围,让所有参与评估的人员(不仅包括政府管理者、评估专家、学校管理部门、用人单位,还包括院系负责人、专业教师、普通学生等),在评估活动中建立起民主、平等、合作的相互关系,通过平等对话、交流互动、去伪存真、协商探讨,表达、维护和尊重每个参与评估的人的思想、观点、诉求。专家组完成实地考察后,最后进入信息筛选环节。评估专家要对采集的信息进行适当的处理,将有效的材料写入报告。如果彼此意见相左,则可通过民主讨论的方式达成共识,以保证意见的统一性、规范性和公正性,建构对专业教学质量现状及未来发展的共同认识。

(四)评估结果强调认同和应用

1. 对评估结果的认同

专业评估的结果不是事实发现意义上的对事物的实态描述,而是参与评估的人员基于对对象的认识而整合成的一种公认的一致看法,即共识,从而改变了过去那种强迫专业接受结果的处理方式。专业评估实施中,通过多渠道地搜集信息,多视角地了解专业,在各有关方面充分阐述、解释的基础上获得更加全面、真实的评估信息,通过协商与分析,逐渐形成共识。"在协商之前,首先必须掌握了各方的见解,以及他们提出的'事实''资料'的基础。协商的目的,就是通过对话,给这些'事实'和'资料'赋予新的、各方能共同接受的'意义'。"①只有评估者和被评估专业在达成共识的基础上进行的评估,被评专业才能积极主动地参与到专业评估中来,并有效防止出现防备、应付和作假等不良心态。

2. 评估结果的应用

第四代评估理论认为评估的重要意义不在于评估行为本身,而在于对评估结果的有效应用。一方面,上海市教育委员会建立专业评估信息公告制度,每年选取若干个量大面广的专业,统一公开被评专业的自评材料及评估结果,以接受教师、学生和社会各界的广泛监督。另一方面,对专业评估结果的有效应用更指向专业后续的改进行动,一次评估的结束意味着改进行动的开始。由于专业评估结果是专业评估参与各方的一起建构的共同认同,自然而然地成了专业自觉改进工作的行动基础,评估与改进交融互动、循环往复,共同致力于被评专业内涵建设水平的持续提升。

(五)评估过程循环往复,不断推进

1. 评估的周期性

第四代评估是"一个要求利益相关者与评估者互相学习、彼此为师的过程,是一个连续的、反复的且会有歧义的过程"②。专业评估活动的本质是通过对专业发展建设中各种问题的回应协商,以期获得利益相关者的共识,促进持续改进。由于问题的产生、分歧、争论和统一是一个永无止境的过程,这些问题的存在使专业评估呈现连续性特征。上海市教育委员会《关于推进本市高校本科专业评

---

① 张民选.回应、协商与共同建构——"第四代评价理论"评述[J].外国教育资料,1995(3).
② 何苗.从第四代评价视角看我国本科教学水平评估的完善[J].理工高教研究,2008(1).

估工作的若干意见》(沪教委高〔2015〕18号)指出,上海市各高校要充分重视和发挥专业评估在保障和提升教学质量中的重要作用,从制度设计上要求各本科专业建立起一年一度的专业质量报告发布制度和"五年一轮"的常态化专业评估制度,注重专业评估过程的周期性开展,促进专业建立自我诊断、自我完善、自我发展的良性循环。

2. 评估的重复性

"评估是一种连续的、反复的、永无止境的过程,评估结果只是暂时的,需要根据新情况和新信息,持续不断地反复进行评估,对现有评估结果不断进行更新。"①如此的重复和再重复是评估的典型特征。根据上海高校专业建设发展实际及专业布局优化需要,上海市本科专业评估工作通过不断重复循环的制度化评估,促进专业建立教学状态数据库,实现教学质量常态化监控,促进专业合理定位、引导专业办出特色,推进专业结构调整与优化,提升专业服务经济社会发展需要的能力。

三、多样化的评估方法的应用

随着教育评估的价值取向从主观主义、科学主义到人文主义过渡,教育评估的方法和手段也不断得到发展和创新。前三代评估"过于依赖评估技术,特别是统计方法的发展,人们把评估当成了一个纯粹的技术过程。与之相比较,第四代评估超越了一般的科学技术范畴,把评估从事实测量和判断的方法层面,上升到了关注人

---

① 文雯,等.第四代评估理论视角下的研究生项目评估[J].高等工程教育研究,2015(3).

性、环境和社会关系的哲学高度"①。结合第四代评估理论,上海市专业评估实践中也逐步摸索更加科学、合理的评估方法。

（一）量化评估与质性评估

专业评估是根据专业评估指标体系,以定量或定性的形式,对专业作出的价值判断。

1. 量化评估

量化评估主要运用数学和统计学的方法来处理和评价问题,作出定量的结论从而判断评估结果,其优点是标准化和精确化程度较高,逻辑推理较严谨,因而比较客观。量化评估运用在评估教师、学生、基础设施、教学效果等方面能够定量分析的指标上较为适用。

2. 质性评估

质性评估主要运用定性分析方法,对那些不便于量化评估的对象,作出概念、性质、程度上质的规定,从而进行分析评定。在专业评估访谈、观察、座谈、个案研究等调查中,在与参与者的会话和讨论中,获得定性的而非定量的资料。专业定位、专业特色、人才培养目标、教学质量监控、学生服务等方面较适用定性分析方法。

（二）分析评估和综合评估

1. 分析评估

分析评估是把被评估对象的整体分解为各个组成部分,对照各个标准要素指标分别加以评定的方法。分析的任务是把被评专业的多个要素暂时割裂开来,将被考察的各因素从专业复杂的统一体中暂时抽取出来,使被评专业的各种属性和本质呈现在人们面前。专家评价表中各个赋分项的评价是分析评估法的典型运用。

---

① 刘康宁.“第四代”评估对我国高等教育外部质量保障的启示[J].国家教育行政学院学报,2010(9).

2. 综合评估

综合评估是把被评估对象的各个部分、各个方面和各种因素联结起来考虑的一种评估方法。专业评估的最终结果是对被评专业作出全局性、整体性的评价，因此在具体分析各项评估指标的基础上，需要在收集、梳理被评专业各种信息的基础上加以汇总、归纳，最后形成对专业优势、专业目前存在问题和不足以及专业综合评价及发展建议等评估意见。本科专业评估专家意见的形成都运用综合评估法。

（三）静态评估和动态评估

1. 静态评估

静态评估是指采用以某个时间节点的静态指标为基准，对被评对象进行考量评估的一种方法。目前专业评估大多是在某一专业建设进程终结后对静态结果的评估，重点在于考察、评价专业的过去和现在状态，具有客观真实性。

2. 动态评估

动态评估是指以某一期间的动态数据为指标，对被评对象进行判断评价的一种方法。在专业评估中运用动态评估法，一是能更加真实地呈现专业发展的历史进程和建设水平；二是能较为突出地体现专业评估的连续性特征，体现专业不断改进与提高的进程；三是动态评估可以测量被评估专业的发展潜能，对专业的绩效评价也具有重要的参考意义。

（四）专业评估数据平台

随着信息技术、互联网技术的发展，数据的智能化管理成为必然趋势。各大高校的校园网建设，为基于网络的专业评估数据采集提供了先决条件。合理地设计、建设数据采集平台，实现评估指标体系中专业数据信息的收集、管理、校验、查询等功能,并对采集数据进行分析和汇总,是专业评估实践中的新探索。专业评估数据平台日益成为专业评估工作信息化、科学化建设的重要手段,成为促进准确诊断专业发展问题、有针对性的促进专业建设改进的有效方法和重要依据,在专业评估工作中发挥着越来越积极的作用。

（五）其他评估方法

专业评估通过分类数据和标准对专业教育质量进行全方位评估,是一项涉及面极为丰富的复杂活动,其评估内容、组织结构、实施过程受到多种因素的制约。任何一种教育评估方法都不可能是包罗万象的,对不同评估对象、评估内容需要采用不同的方式方法。为了保证专业评估的全面性、合理性、客观性、科学性,建议具体问题具体分析,采用或综合运用适当的方法开展评估。

第二节　专业评估的组织与实施

专业评估是一项涉及政府主管部门、学校管理部门、二级学院、被评专业、评估专家以及相关教师、学生、管理人员的一项系统工作,涉及人员多、工作内容丰富、工作周期较长,因此科学合理地组织协调、认真严谨地准备推进,是专业评估工作顺利开展的前提和保证。

一、专业评估的组织协调

科学、合理地设立评估机构是保障专业评估工作有序开展、提高专业评估工作实效的基础。评估机构的设立应遵循"职能优先""职权相应""职责明确"的原则,切实落实"管办评"分离,建立学校、职能部门、二级学院三级评估组织体系。

（一）学校层面的统筹安排

1. 建立专业评估保障机制

专业评估保障机制主要包括以下三方面内容：一是成立专业评估领导小组。由校级领导担任组长，成员由相关职能处室和二级学院负责人组成。领导小组负责把握专业评估工作方向，协调和配置学校各种资源，保障评估工作的顺利开展。此外，领导小组对专业评估工作中遇到的重大问题要及时作出决策。二是制定明确的专业评估方案，保证专业评估工作的严肃性、权威性，使评估工作做到公开、公正、有序、有效，对专业内涵建设和专业教学质量真正起到保障和提升作用。三是落实专业评估专项经费。主要用于专业评估准备工作费用，以及专家组评估考察所需费用，含培训费、交通费、食宿费、评审费、材料费、通信费等。四是专业整改。

2. 明确评估职能部门

学校自主专业评估具有直接服务于改进的组织职能，虽然是一个专项的管理实践活动，但由于其长期性（信息搜集的长期性）、深入性（信息沟通的全面与反复）的特质，需要由一个专门的职能部门来组织协调。目前，一些高校建立了教学评估办公室、教学质量管理办公室或教学质量监控中心等，专门从事专业评估工作；另有一些高校是由教务处、高教所、规划处等部门共同协调负责此项工作。随着专业评估组织化程度的不断提高，作为一个专门的实践领域，部分上海高校的教学评估部门已经成为高等学校的专门管理部门，并且成为与教务处同等地位的一个独立职能部门，且分管校领导不同，以充分体现管办评相互分离、相互制约的发展趋势。

128

（二）校内各部门的协作推进

1. 评估工作主管部门

评估工作主管部门主要职责为：一是指导院系专业评估业务。评估工作主管部门作为学校专业评估工作的执行机构，负责向被评院系介绍评估方法，提供评估指导方针、指标体系等材料，对被评院系给予全面指导和支持，确保专业评估的顺利进行。二是编制专业评估工作方案。负责制定学校专业评估工作详尽的工作方案和执行计划，统一规划、指挥、协调全校评估工作，确定具体工作程序与职能分工，负责组织专家聘请、评估现场、材料印刷、预备会主持等工作。三是组织专家组成员开展项目培训。评估项目组织实施方将针对专业评估的具体组织实施程序及内容、指标体系、《上海高校本科专业达标评估简况表》（以下简称《专业简况表》）和《专业自评报告》审阅工作及专家工作规范要求等，开展专家培训。四是负责专业评估日常工作的开展。及时向学校专业评估领导小组汇报评估情况，为宏观决策提供参考意见等。

2. 评估工作参与部门

评估工作参与部门的主要职责为：一是提供专业相关数据。专业评估的组织实施涉及学校若干相关职能部门，相关数据需要教务处、科研处、人事处、学生处、招生就业处、规划处、财务处、资产处、图书馆等部门的积极配合。评估工作参与部门应做好《专业简况表》中相关数据及信息的提供或审核工作。二是配合专家考察访谈。相关职能部门应配合做好专家进校实地考察的接待工作及专家访谈工作。

（三）院系的细化落实

1. 成立专业评估工作小组

二级学院和专业是评估工作的主要承担者,其对评估工作的态度、认识和付出程度直接决定了专业评估工作的成效。它应成立由被评院系的班子成员、专业负责人及专业教师、教学管理人员、学生等组成的专业评估工作小组,组织调配必要的人员和资源,以保障专业评估工作的顺利进行。

2. 细化落实专业评估任务

二级学院专业评估工作小组主要负责落实本单位专业评估具体工作,包括:制定自评计划;学习研究评估指标体系内涵;收集资料,撰写专业自评报告,经院长审核后提交学校评估管理部门;梳理、提供佐证材料;做好人员组织、专家接待及会场安排等工作。

二、专业基本状态数据的填报

（一）正确理解指标内涵

1. 数据统计的时间节点

《专业简况表》中涉及的专业基本状态数据中,积累信息统计时间为评估当年的前三年,状态信息数据统计时间为评估当年的前一年。

2. 人员及成果信息界定

《专业简况表》中的涉及人员为在统计时间内的在编人员,人员信息不能多专业重复填写;涉及成果应确保其产权归属本单位、内涵归属本专业领域,且相关成果不能在多专业重复统计。

（二）正确填报相关数据

1. 数据来源真实客观

确保《专业简况表》中相关数据来源真实可靠,能如实提供相应数据佐证材料,做到数据来源有出处,数据异议有证明,统计结果无争议,不得虚报、错报、漏报相关数据信息。

2. 数据审核严谨科学

《专业简况表》相关信息需经相关二级学院或职能部门审核,注重数据前后的一致性和数据间的平衡性,确保与学校报送给高等教育质量监测国家数据平台数据、上海市教育委员会的教学质量核心数据等教学常态监测中相关专业数据信息的一致性。

3. 采集数据的格式规范

《专业简况表》填写要求数据项完整,不得更改、增减相关数据项。需保持表格原格式不变,不得自行调整表格结构、样式。用 A4规格纸双面打印,中缝装订。封面之上不另加其他封面,封面须加盖单位公章。

三、专业评估材料的准备

专业评估材料是对高校专业教学工作的平面展示,应按照"材料齐全,内容翔实,数字准确,样式规范"的要求,为专业评估专家组提供系统、完整的评估材料,实事求是地展示专业建设成果。专业评估材料主要包括以下三个方面。

(一)教学档案

教学档案是专业在日常教学活动中形成的材料,是专业日常教学工作的见证。例如最新专业培养方案,最新一级在校生主干专业课程教学大纲、课程教学方案、试卷及试卷分析,最新一届毕业设计(论文)情况表、毕业论文答辩及成绩汇总等。

专业教学档案材料在评估时无须做特定的整理,应保持其原始性、完整性及系统性。

（二）佐证材料

佐证材料是指为专业自评报告提供支撑作用的材料,目的是为专业自评所说、所做提供的相应证明。佐证材料要求客观、真实。大致包括:佐证材料清单,专业建设发展规划,人才培养方案修订及依据,院领导、专业负责人、专业教师关于专业定位、专业教学改革的研究成果,专业教师的科研成果,专业主干课程建设情况,专业实习实训基地建设情况,学生实验实习报告,专业学生学习效果及参加各类竞赛活动情况,等等。

佐证材料没有固定统一的要求,各专业可根据自评报告自行整理所备佐证材料。专业自评意在专业的自我诊断、自我约束和自我完善。评估活动是以展现专业建设与人才培养工作的常态为前提和基础的,对材料只做整理和总结,不做修改和掩饰,更不需要再造。

（三）案头材料

案头材料是为方便专业评估专家进校实地考察而准备的引导性材料,主要包括专业教学活动安排和人员目录,比如校历、专家考察当天课表、参评专业所在学院教师名单及学生名单、毕业论文和试卷清单目录、专业量化数据汇总表、人才培养方案等。

案头材料应以准确、合理、方便为准则。

四、专业评估的实施

（一）专业自评

专业在接受评估之前,首先要根据专业的具体情况,开展专业自我评估。学校有计划地组织各专业负责人、相关专业教师和教学管理人员,学习文件,明确专业评估的基本要求和内容,梳理专业建设状况,对照评价指标体系的要求,开展专业自评,逐条判定是否达成评估标准要求。同时,被评专业要填写《专业简况表》等相关数据表格,撰写《专业自评报告》,提交给学校专业评估主管部门,并准备相关佐证材料。

1. 填写《专业简况表》

从专业概况、专业基本状态数据表、实证材料与教学管理和质量保障体系等方面,完成《专业简况表》的填报。填报时需按照"填表说明"的要求,并重点关注以下信息:

(1)重复信息

《专业简况表》内重复出现的信息,需保持一致;专业类、专业代码、专业名称需规范;能填的尽可能填,避免空白。

(2)人员信息

除特别说明外,表中填写的专职人员信息,应确保其人事关系在统计时间段为本单位本专业的专任教师或研究人员;人员信息不能多专业重复填写,对于跨专业人员,应填写其主要从事的专业。

(3)成果信息

表中填写的所有成果应确保"产权归属本单位、内涵归属本专业领域";表中所涉及的"论文""专利""专著""教材"等,除特别说明外,不能在多个专业领域重复计算。

(4)《专业简况表》填写常见问题

① 关于专业简况。一是专业简介需进一步凝练,专业定位目标不够明确,具体实施举措不清晰;二是《专业基本状态数据表》中出现的数据,专业简况中无须重复体现;三是个别专业简况中出现的数据与状态数据表数据不符。

② 关于专业基本状态数据表。一是数据表中的所有表格请勿

增减行或列(内容较多的挑选最重要的填写,填不满的则有多少填多少);二是数据表中下划线"＿＿"待填内容,即使没有也不要删除,可填"0";三是数据统计应为最近三年,如毕业生数据目前可统一为 2015、2016、2017 届(就业统计未到时间可填"进行中"),招生和经费数据可统一为 2014、2015、2016 年度(以此类推)。

③ 关于教学管理和质量保障体系。保障体系分学校、学院、专业三级,这里指的是专业这一级的教学管理和质量保障体系。例如专业培养方案是如何制定的,制定的依据是什么,与上年度比较是否有修改,修改的原则与导向是什么,修改在哪些方面,等等。

《专业简况表》错误举例:

X1 专业,专业简介类似于招生简章,简单拼凑。

X2 专业与 X3 专业,专业带头人为同一人,且相关信息相互冲突。部分专业教师相同。X2 专业教师总数为 19 人,其中本专业专任教师人数为 15 人,校外兼职教师人数为 4 人。[①]

X4 专业将"基本教学条件及利用"中的专业"主要实验室名称"写成实验室地址(如 B101)。

X5 专业将支持本专业发展的相关期刊、数据库写成全校图书馆的期刊和数据库。

X6 专业最近一届毕业生人数与其他实证材料"最近一届毕业设计(论文)情况表"中的毕业论文数量不一致。

不同专业就业率、签约率统计时间节点统一。

2. 撰写专业自评报告

---

① 教育部《关于印发〈普通高等学校基本办学条件指标(试行)〉的通知》(教发〔2004〕2 号)规定:聘请的校外教师经折算后计入教师总数,原则上聘请校外教师数不超过专任教师总数的 1/4。教师总数＝专任教师数＋聘请校外教师数×0.5。

专业自评报告是专业自我诊断的重要手段,是专业评估的第一手资料,也是评估专家组入校考察的行动依据。申请参评的专业,要在填报、汇总、分析专业基本状态数据以及专业教学实际的基础上,认真组织撰写专业自评报告,其中涉及的内容要与评估要求中涉及的内容保持一致,并对本专业的优势及存在问题进行详细的分析。

（1）撰写自评报告的基本原则

① 主体性原则。自评报告的撰写要充分发挥学校在专业建设中的主体作用,深入研究专业建设的核心问题和人才培养中的突出问题。

② 针对性原则。自评报告的撰写要关注专业和人才培养定位,以及教师对教学工作的投入等人才培养质量的关键问题。

③ 实证性原则。自评报告的撰写要以专业发展的事实及数据为支撑。

（2）达标评估自评报告的撰写

① 标题。标题为《×××学校××专业达标评估自评报告》。

② 基本要求。达标自评报告内容主要有专业历史沿革、专业发展状况及专业特色、存在的问题以及对策和改进措施等部分。

A.专业历史沿革。主要包括专业建立时间、历史沿革、专业发展过程中的重要事件等。

B.专业发展状况及专业特色。主要围绕专业达标评估指标体系一级指标,逐一对专业发展状况进行概括性描述:一是专业培养目标与方案。介绍专业定位与培养目标、培养方案、课程体系等,阐述专业定位和服务面向、培养目标和制定依据、课程设置等。二是教师队伍。介绍专业师资队伍状况,包括数量与结构、教学工作、教学科研成果及教师培养工作的开展等,重点关注教师教育教学的投入程度等。三是基本教学条件及利用。在教学基本条件、实验室与实习基地建设、图书资料、教学经费等方面,不仅考核硬件的建设情况,更要重点考核教学资源的学生利用程度以及在学生能力培养方面的作用。四是专业教学。介绍专业教学状况,关注专业课程的开设及其实践教学的开展、教学内容、基本教学文件的制定、专业教材的选用等;介绍教学改革和毕业设计情况,关注教学研究和改革情况及毕业设计(论文)的选题、指导及完成等环节。五是教学管理。重点介绍学校与专业相关的教学管理规章制度、教学质量保障与评价体系及本专业执行情况。六是教学效果。从学风、人才培养目标实现和就业与社会评价等方面,介绍专业教学效果。

C.存在问题。围绕达标评估指标体系进行分析,分析问题要明确,有针对性。

D. 对策及改进措施。提出的对策及改进措施要明确,可操作性强。

(3)选优评估自评报告的撰写

① 标题。标题为《×××学校××专业选优评估自评报告》。

② 基本要求。选优自评报告内容主要有课程设置与培养目标的吻合度、本专业与标杆专业的对比分析、教师结构与水平分析、师生互动水平及具体的佐证、学生的专业核心能力、实践能力及创新创业能力、专业的国际化水平、专业年度质量报告的发布及利用成效、专业特色。

(4)专业自评报告具体要求

① 内容要求。对照上海高校本科专业达标或选优评估指标体系,从一级指标等各方面,以定量数据支撑和定性写实性描述相结合,依托状态数据表,逐项分析专业标准的达成度(包括现状分析、

存在问题和改进措施等），紧扣撰写指南，做到言之有据。自评报告应避免与评估标准无关的内容。

② 字数要求。自评报告字数不超过1万字，其中1/3的篇幅，应是对专业发展中存在的不足与问题的描述与分析。不仅要呈现问题，还要挖掘造成问题的原因和针对性的解决办法。

③ 其他要求。专业自评是专业自我诊断性评估，目的不在于下结论、排名次，而在于查找问题、明确现状、科学定位、促进发展。因此专业自评不要同校内各专业间做横向比较，需要本专业过去与现在的纵向比较或与标杆学校做比较，以明确自身发展的差距和问题，促进专业科学发展。

（5）自评报告撰写常见问题

① 关于自评材料。一是文不对题。没有针对自评报告和简况表的要求撰写和提供材料，例如有的专业自评报告结构和内容自搞一套，没有明确地回答"专业评估指标体系"关注的问题。二是材料残缺。例如缺少专业培养方案、主干课程教学大纲等必要附件，简况表大量空白，即使一些能够填写的数据如在校生人数等信息也没有填写。三是材料空泛。只有论点，缺少事实或实质性的数据支撑，例如没有提供学生参与其他学习项目、教师科研、学科竞赛和5门主要课程考试的补考率与重修率等数据；四是信息错误或者挪用。例如经费单项大于总和，同一信息点在自评报告和简况表中数据不一致，成果统计使用3年以上的数据，挪用相邻专业数据等。

② 关于培养目标和培养方案。一是培养目标不清晰。例如有的专业培养目标为"培养应用型、复合型高级实用人才"，有的为"以理论教学与设计实践并重，强调教学与市场需求相结合"，这些目标都比较模糊，并且无法体现专业特点。二是相关条件难以支撑

培养目标的实现。例如有的专业提出了4个专业方向,并且每个方向其实都是本科专业名称,但该专业专任教师严重不足,完全不足以支撑4个专业发展方向;另外,还有一些专业的课程体系与培养目标的吻合度较差,不足以支撑培养目标的实现。

③ 关于师资队伍。一是专业教师数量不足。在师资队伍数量方面,存在问题的绝大多数为民办高校的专业,例如有的专业专任教师4~5位,低于评价标准关于专任教师不少于7人的最低要求;有的专业专任教师多于7人,但相对在校生规模来说,专任教师显得严重不足,例如有的专业生师比达到40∶1以上。二是专业教师结构不合理。还有一些专业存在没有教授、队伍过于年轻等结构方面的问题。教师队伍数量偏少和结构不合理带来的直接问题就是教师课堂教学工作量过大,难以有效投入学生辅导、教学改革和学术研究等,从而影响了专业的内涵发展。

④ 关于基本教学条件及利用。一是专业实习基地数量偏少,例如有的专业仅有1个;实习基地接纳学生数量过少,例如有的专业的实习基地每年接纳的学生仅为个位数。二是有的专业办学经费投入过少。

⑤ 关于专业教学。一是实践教学不充足。有些专业没有安排实验实践教学或者实验实践教学课时偏少,低于标准要求。二是教学研究不深入。在教学改革方面一些专业近3年专任教师没有发表任何教学研究论文,更多的专业则没有省部级教学成果、优秀教材奖和质量工程项目。三是毕业论文(设计)指导不细致。在学生毕业论文(设计)方面,一些专业学生的毕业论文(设计)选题全部为自选,并且部分专业教师指导学生数量超过8人。

⑥ 关于教学管理。自评报告当中缺乏数据支撑,专业在日常

教学管理中不重视数据积累,质量监控存在一定问题。

自评报告撰写常见问题举例:

自评报告文字表述不准确,专业特色分析不够,采取的对策及改进措施中具体到该专业的分析不够等。

文本不规范,字体、字号、编号规则没有统一的标准。

自评报告正文反映本专业发展中存在的不足与问题的描述篇幅不足1/3,把自评报告写成专业发展规划、学位授权点申报书等。

自评报告中前后数据存在矛盾。有些数据可以作为附件,不放在正文中。

未对照评估指标体系要求,依托状态数据表对专业建设情况进行写实性描述。

未汇总、整理相关支撑材料,不方便专家现场考察时查阅。

3. 院系审核

被评估专业完成《专业简况表》《专业自评报告》后,由院(系)教学工作委员会对被评估专业的自评情况和有关材料进行核实和认定,并提出自评意见。

4. 自我整改

被评估专业结合自评中发现的问题以及院(系)教学工作委员会对自评报告提出的意见,进行专业整改,即即知即改。对于不能马上整改到位的问题,制定整改计划,并开展自我整改。自我整改是一个长期的、循序渐进、不断推进的过程,并不一定在正式专业评估前全部完成,专业应将自我评估、持续改进的理念和做法落实到专业建设发展的过程中。

5. 上报评估材料

专业整改取得一定效果后,被评专业进一步修改完善《专业简况表》《专业自评报告》等材料,并加盖所在院(系)印章提交学校评估工作主管部门。

(二)专家组会议评议

学校评估工作主管部门收到被评专业《专业简况表》《专业自评报告》等材料并核实其完整性后,由学校评估工作主管部门直接转交学校聘任的评估专家,或者由学校评估工作主管部门转交所委托的第三方评估机构组织实施评估。

1. 专家初审申报材料

(1)独立审阅专业自评报告

会议评议前二周,专家对照专业评价指标体系要求,以质量保障和质量改进为基本指导思想和出发点,独立审阅《专业简况表》《专业自评报告》等申报材料。根据审阅情况可作出以下三种判定之一,并做相应处理:

① 通过审查,转入会议评审和现场考察阶段。

② 补充修改《自评报告》,指出自评报告中有待说明的具体内容,以及需进一步深入了解和核实的问题等,向申请评估专业说明补充修改要求,经补充修改达到要求可按照①处理,否则按照③处理。

③ 不通过审查,向申请评估专业说明理由,专业评估终止。一年以后重新提出专业评估申请。

(2)提出专业自评报告审阅意见

专家在认真审阅《专业自评报告》的基础上,填写《〈专业自评报告〉审阅专家意见表》,提出需要深入了解的问题,制定拟采用的考察方式,提交专业评估秘书组。

专业评估秘书组负责汇总和整理《〈专业自评报告〉专家个人意见分析汇总表》,并反馈给专家组组长。专家组根据材料审阅情况,落实专家组成员分工及工作侧重,确定与专业负责人互动的相关事项。

（3）准备专业评估会议评议

会议评审环节,旨在使专家与受评专业负责人进行充分的互动交流,进而确定现场考查的重点和分工,从而提升实地考察工作效率,减少对专业正常教学的干扰。

2. 专家组集中评议

首先,专业负责人对照专业目标定位,重点聚焦目标达成度、毕业要求、主要措施、对接国家和地区经济发展状况、存在的主要不足及改进措施等方面,进行自评汇报。汇报需有定量数据支撑,内容简明扼要,时间控制在 30 分钟。

其次,所有参评专业均需参加互动,汇报人应为专业负责人。

最后,专家组集中评议时,通过听取专业负责人汇报、与专业负责人互动等形式进行会议评议。集中评议时间由学校或专业评估组织部门决定,建议一般在 60 分钟内完成。

3. 专家组讨论

首先,在专家初审申报材料和听取专业负责人汇报的基础上,专家组讨论并确定进校实地考察的具体时间、考察内容及任务分工等,专家组长填写《专家现场考察分工安排表》,并分发至专家组成员。

专家分工明确后,专家根据各自工作重点,拟定评估工作相关提纲,明确目的、工作要点和所需配合与支持,填写《专家现场考察个人工作安排表》,为实施实地考察做好准备。

（三）专家组实地考察

专家组实地考察是实施专业评估的重要环节,其作用是检验专业自主评估,通过实地搜集、考察有关专业教育质量的证据,并了解自评报告和会议评议中未能反映的有关情况,以此对该专业的整体教育质量作出判断。每组专家实地考察时间一般为一天,每组中各参评专业可同时进行。主要考察被评专业的详细信息以及自评报告中所提供数据及信息是否真实,考察的重点为基本条件保障、师资队伍、人才培养、质量标准的建立和执行、教学管理等,相关考察活动记录在《专家现场考察记录表》。考察主要形式包括:

1. 访谈专业及所在学院(系)负责人

重点了解专业定位与人才培养目标、培养方案、课程体系、教学计划、教学大纲的制定与实施,学院(系)对专业教学活动的支撑,师资队伍建设,学生学习和发展等。

2. 访谈教师(主要是专业骨干课教师)

了解教师对专业培养目标、课程设置、教师工作要求、教学组织模式等方面的理解、看法和建议,有关人才培养的理念、制度执行、工作落实情况及其效果等。同时,还要了解教师对所讲授课程在专业教育中作用的理解程度等。

3. 访谈学生

了解学生的学习态度、知识结构、专业能力,了解学生理解本专业培养目标的实现状况,了解学生对学校教学、管理等各方面工作的意见。

4. 教学现场与教学设施考察

通过随机听课(主要是主干课程),了解教师的教学水平以及教学的实际情况,并在课后了解学生的实际收获;通过对实验设置、实习实践基地、资料室等考察和与相关工作人员的交流,了解教学设施对专业实践教学的支撑情况。

5. 查阅相关教学资料

通过查阅教学文件、档案资料等,了解制度建设和执行情况。

同时对相关专业评估近一年的毕业论文、试卷进行抽查,并将《专家调阅材料清单》交评估秘书组。

6. 反馈评估意见

专业评估意见反馈是现场考察活动的最后环节,依据会议评议与实地考察情况,专家组与相关专业负责人、学校及院(系)相关人员沟通和交流,口头反馈专业评估意见,侧重存在的问题及改进建议等,但不涉及评估结论性意见。

(四)形成相关评估意见或报告

1. 专家评价结论

(1)专家个人结论

专家组成员结合自评报告的审阅情况、各环节考查核实情况以及与本组专家的沟通交流情况,按照评估指标要求,对每个参评专业完成《本科专业达标评估专家评价表》(见表4.1),包括对每个一级指标及二级指标进行赋分并逐条提出包括现状分析、存在的问题和改进建议等在内的写实性诊断意见,得出评价结论。

表 4.1 本科专业达标评估专家评价表(参考样表)

学校:××××　　　评估专业名称:××××××

一级指标	二级指标	赋分	专家意见
1. 培养目标与培养方案(16分)	1.1 专业定位与人才培养目标(6分)	3	1. 培养应用型人才的发展方向符合学校整体办学方略,符合以工学为主的工业设计专业的特点,也与设计服务于先进制造业的国家战略相适应。但是,作为培养应用型人才的专业定位还需要更明晰,如策略型、技术型、管理型等。建议在深入调研的基础上制定更为明确、合理的专业定位以及发展的目标。 2. 现有的培养方案和课程体系较为完整,但需要在进一步明确专业定位的前提下加以调整
	1.2 培养方案(5分)	5	
	1.3 课程体系(5分)	5	

143

一级指标	二级指标	赋分	专家意见
2. 教师队伍（18分）	2.1 数量与结构(6分)	4	1. 教师队伍建设总体情况较好。生师比合理,教师年轻化,富有朝气,近年引进力度较大,重用外聘高级人才加强学科建设。重视教师的培养和提高。职称结构有待改善。按照应用型工业设计人才的培养目标,建议充实工学背景的师资力量。 2. 教学工作基本规范,基本符合应用型设计教学的特点。 3. 科研总体情况较好,但横向课题由少数教师完成。要加强纵向课题的申报
	2.2 教学工作(5分)	5	
	2.3 科研情况(3分)	2	
	2.4 培养培训(4分)	4	
3.基本教学条件及利用（12分）	3.1 实验室与实习基地(5分)	5	1. 现有的实验室条件得到了充分利用,实验性教学效果突出。如有条件应该进一步增加实验空间,按照实验性教学特点,应进一步升级实验室基础性设备,增加高端实验设备。 2. 教室教学空间和设备有待进一步改善,要创造更适于艺术教学的环境和氛围。 3. 专项教学经费需要考虑设计艺术类专业的特点和进一步发展的条件,提供更多的支持
	3.2 图书资料(4分)	2	
	3.3 教学经费(3分)	2	
4.专业教学(24分)	4.1 课程教学(6分)	5	1. 课程教学组织基本规范,秩序良好,但核心课程的界定和考核方式有待商榷。 2. 以课程设计为主导的实践性教学方法和效果较好,以校企合作形式开展的实践性教学成绩突出,专业实习基地有待进一步落实。 3. 以工作室模式进行实践性教学的探索值得肯定,但需要进一步明确其内涵和性质,制定完整的运行制度,纳入教务管理体系,形成可持续的运行机制。 4. 毕业设计较好体现了实践性教学特点,从课题、指导到成果展示成绩突出
	4.2 实践教学(6分)	6	
	4.3 教学改革(6分)	5	
	4.4 毕业设计（论文）(6分)	5	

一级指标	二级指标	赋分	专家意见
5.教学管理（12分）	5.1 组织机构及规章制度（4分）	3	1. 教学管理机制较为健全,各项管理制度的执行情况都在记录中有所体现,但尚无法考查实际执行状况。 2. 应考虑学生的多元需求,为其创造更为良好的学习氛围,提升学生的专业兴趣和自信心。
	5.2 学生服务（4分）	2	
	5.3 质量监控（4分）	3	
6.教学效果（18分）	6.1 学风（6分）	5	1. 整体学风较好,教师积极,学生上进,学生普遍热爱专业,具有学习紧迫意识。 2. 从应用型培养目标的制定、课程建设、实验室建设到教学管理体系的建立等都得到了一定程度的落实,从各项观察指标看,整体良好。 3. 学生核心能力的培养需要根据专业定位的情况进一步明确,实用性人才的培养目标需要进一步落实;要进一步关注就业学生的专业对口率,跟踪应用型人才的实际情况
	6.2 人才培养目标实现情况（6分）	5	
	6.3 就业与社会评价（6分）	5	
合计	81分		

专家组签名:×××　×××　×××　　　　　　　　　　填表时间:　年　月　日

（2）专家组结论

专家评估结论分为"通过""暂缓通过"和"不通过"3种,专家组根据汇总的专家个人评估结论进行统计,2/3及以上的专家组成员评价为"通过"的专业确定为"达标";"暂缓通过"和"不通过"意见超过1/3的专业为"不达标"。

2. 专家评估报告

（1）评估信息的筛选

专家组完成实地考察后,评估专家要对采集的信息进行适当的处理,将有效的材料写入报告。如果彼此意见相左,则可通过民主讨论的方式达成共识,以保证意见的统一性、规范性和公正性。

（2）评估报告的反馈

在充分评议的基础上,专家组在实地考察后 15 天内形成 3000 字左右的《专业评估报告》,主要包括专业总体情况描述、专业一级指标评价分析、问题和不足、发展建议等,反馈给学校教学评估管理部门,或者反馈给第三方评估机构后,由其再反馈给学校教学评估管理部门。

五、评估工作的内外监督

上海市教育评估院委托评估资深专家,对专业评估工作的展开进行飞行检查,监督、检查被评专业和专家组工作的规范性、公正性,检查评估工作的执行情况。

学校对被评专业和专家组工作进行督查,规范操作规程,加强伦理约束,规避可能的道德风险,使专业评估更加公平、公正、有序进行。

对有违反评估工作纪律和要求的人员和事件,严肃处理。

六、选优评估（试点）的组织实施

（一）学校自主遴选申报

1. 不同类专业的遴选

选优评估（试点）工作,选取了上海地方本科高校"十二五"内涵建设工程先行先试的上海理工大学、上海海洋大学、上海对外经贸大学三所高校,分别代表理工类、人文社科类、经济管理类专业。三所高校依据重点建设专业的主要专业属性,分别遴选出理工类、人文社科类、经济管理类专业,申报参加选优评估（试点）。

146

2. 同一类专业的遴选

依托上海市机械设计制造及其自动化专业教学指导委员会,采取学校自愿的方式,遴选校内相关专业申报参评。

（二）明确评估组织及程序

选优评估（试点）由上海市教育评估院负责组织实施,主要由专业答辩、专家会评和现场考察等环节组成。主要包括学校自评、材料初审、专家会议评审和专家实地考察、口头反馈相关评价意见等阶段。

（三）得出评估结论

在评估活动结束后,专家组在组内充分讨论达成共识的基础上,形成《专业评估报告》,并给出专家组推荐结论。专家评估推荐结论报上海市本科专业评估专家委员会认定,通过认定的专业则由上海市教育委员会授予"优秀专业"称号。

第三节　专业评估专家的遴选与职责

高等学校专业评估是一项专业性很强的技术工作,以价值判断为核心的教学评估不可避免地存在主观性,评估结果能否达到预期效果,很大程度上取决于评价主体的素质。因此,评估专家队伍建设成为高质量展开专业评估工作的基础和保障。

一、评估专家的遴选与聘用

（一）评估专家的能力素质要求

专业评估专家一般在高校、政府、相关行业主管部门、行业组织、企业中等产生。专业评估专家应具备以下条件：

1. 在本专业或本行业有较深造诣,熟悉本专业或本行业的国内外情况和动态。

2. 专业知识面较宽,熟悉本科专业建设,教学管理经验丰富,具有教授或相当级别专业技术职务。

3. 思想政治素质高,热爱教育事业,熟悉教育评估有关制度、政策。

4. 有高度的责任心和敬业、合作精神,有较强的分析评价能力和语言文字表达能力。

5. 坚持原则,作风正派,能够认真、客观公正、廉洁地履行职责。

6. 有志于教育评估工作,且能够保证履行职责和任务所必需的时间。

（二）评估专家的培训与认定

被推荐为评估专家候选人的人员,需参加上海市教育评估院组织的统一培训,合格后获得专业评估专家资格认定。

1. 专业评估理论学习

专业评估理论学习内容包括教育部、上海市教育委员会专业评估相关工作要求,专业评估理念,评估伦理,评估指标内涵说明,专业基本状态数据解读,评估方法,评估程序以及评估组织纪律,等等。

2. 专业试评实践培训

评估专家候选人完成理论学习后,以某一专业为案例形式完成实践培训作业,由上海市教育评估院提供某专业的相关评估材料,评估候选人在规定的时间内审阅材料,并完成《本科专业达标评估专家评价表》(以下简称《专家评价表》)和《专业评估报告》试评。

3. 评估专家资格认定

评估专家候选人经过专业评估理论学习和专业试评实践合格后，由上海市教育评估院专业评估认定专家资格，并进入专家库。获得专业评估专家资格，是学校或第三方评估机构专家聘用的前提条件。

4. 专家资格的终止

对不能有质量地履行专业评估工作，以及违反评估纪律、造成不良影响的专家，上海市教育评估院将终止其专业评估专家资格。

（三）评估专家的聘用

1. 评估专家的遴选标准

评估专家遴选主要依据标准有：

① 专业背景相同或相近，在本学科或相近专业领域有较高的学术造诣，并积极参与专业建设工作，教学经验丰富、成绩突出。

② 教学管理经验丰富，从事过政府教育主管部门、教育评估部门工作，或者拥有高等学校教学管理或教学评估工作经历，具有丰富的教学管理实践经验。

③ 来源多元化，评估专家应来自高校、政府、行业企业等不同领域。每次专业评估，原则上要安排 3~5 名专家进行评估。

2. 评估专家的选聘原则

专家选聘主要考虑以下原则：

① 适应性原则。通过岗前培训的合格人员进入专业评估专家库，针对不同专业评估项目的内容与规模聘用专家。

② 回避性原则。专家选聘采取回避原则，不聘用与被评专业有直接关联的专家。

③ 平衡性原则。注意专家队伍的年龄、学缘结构、工作背景、

业务擅长等的大体平衡。

④ 优先性原则。优先聘请国家专业教学指导委员会成员、上海市专业教学指导委员会成员和上海市学科评议组成员。适当聘请外地专家和行业专家。

3. 评估专家的聘任主体

专业评估专家聘任采取项目制,由开展评估的学校聘任或第三方评估机构聘任。具体专业评估项目实施结束后,聘期自动终止。

二、评估专家组构成及主要职责

专业评估专家组是由评估单位聘任的临时性工作组,一般由专业领域专家、教育管理专家和行业专家组成。

(一)专家组职责

1. 专家组组长职责

专业评估专家组一般聘任专家组组长 1 名,聘任专家若干。当被评估专业数量较多时,可按专业类别划分为不同的专家评估小组,聘任副组长 1 名。具体职责如下:

① 负责组织专业评估工作的整体进程,并对专家组成员开展该项目工作进行培训。

② 明确专家任务分工。专家组组长根据学科专业性质,明确小组成员具体承担专业评估工作的侧重点和工作要求。

③ 制定专业评估工作组工作计划。协调、明确会议集中评议和现场实地考察的具体工作安排,组织召开专家组内部工作会议,明确考察重点和考察步骤。

④ 终审专业评估意见并签名。

2. 专家组成员职责

专家组成员的具体职责如下：

① 全面阅读专业自评材料，并听取专业汇报。

② 准备和实施现场实地考察，深入掌握专业建设情况。

③ 对申请评估专业作出独立、客观、科学的判断。

④ 根据专家评估任务分工安排，完成相应评估任务。

（二）评估专家工作程序

1. 专家会议评议

专家组在会议评议前，必须认真了解和掌握被评估项目的评估内容和程序，认真阅读《专业简况表》和《专业自评报告》，听取专业负责人汇报，完成《〈专业自评报告〉审阅专家意见表》《专家现场考察个人工作安排表》，详见图4.1。

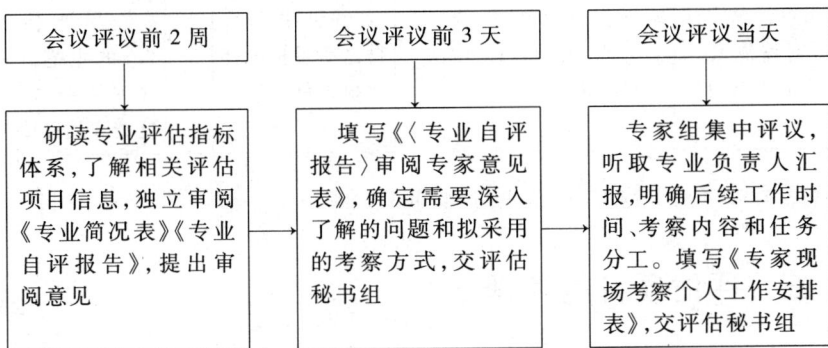

会议评议前2周	会议评议前3天	会议评议当天
研读专业评估指标体系，了解相关评估项目信息，独立审阅《专业简况表》《专业自评报告》，提出审阅意见	填写《〈专业自评报告〉审阅专家意见表》，确定需要深入了解的问题和拟采用的考察方式，交评估秘书组	专家组集中评议，听取专业负责人汇报，明确后续工作时间、考察内容和任务分工。填写《专家现场考察个人工作安排表》，交评估秘书组

图 4.1

2. 专家组实地考察

围绕达标评估或选优评估指标体系，对所评估专业进行全面考察。依照专业办学定位和人才培养目标，通过各种考察技术，对参评专业的办学情况进行评估，并反馈评估意见，详见图4.2。

3. 形成评估结论

专家组成员根据实际评阅和考察情况完成《专家评价表》，在此基础上形成专业评估结论和《专业评估报告》，详见图4.3。

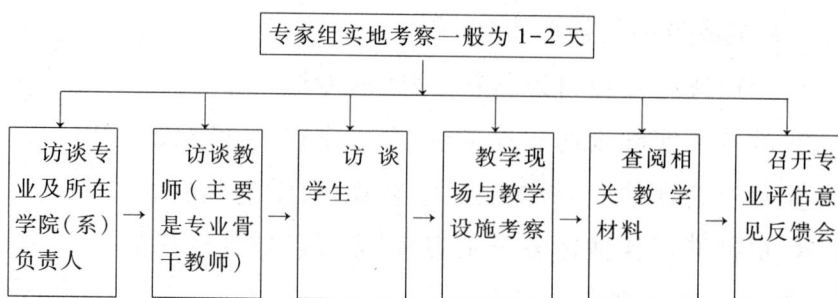

图 4.2

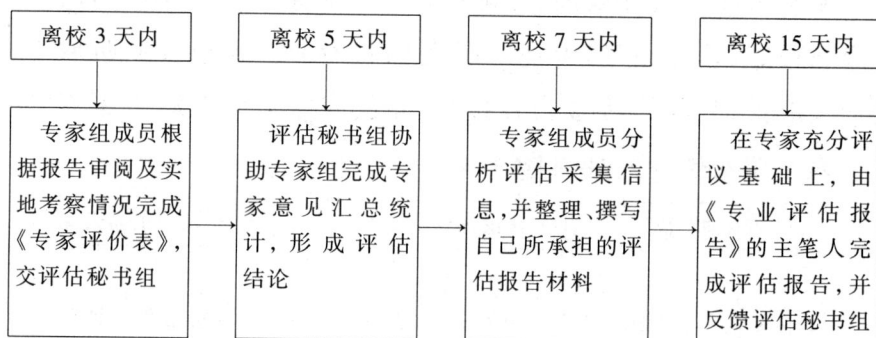

图 4.3

三、评估项目的管理

1. 项目管理员及其职责

本科专业评估实行项目管理制度,每个项目可以由参加评估的一个或多个专业的评估活动组成。每个项目的管理一般为确定专业评估的时间开始至评估专家完成《专业评估报告》为止。专业评估项目管理员是承担项目具体组织与管理的人员,一般由专业评估开展学校的评估职能部门或者学校委托的第三方评估机构的相关人员担任,其主要职责是:

① 专业评估实施方案的设计、组织与落实,保证评估项目客

观、公正、有序开展。

②联络专家,组建评估专家组,与专家组组长一起制定评估工作计划、组织开展专家评估项目培训。

③负责专业评估具体实施的协调、沟通及整体推进。

④指导评估秘书做好专业评估相关材料的收集、汇总、分发、印制等工作,主要包括专家组联络表、考察工作整体安排表、各种评价、记录用表等。

⑤按照标准发放评估专家评审费,并做好相关费用的登记、留存和财务工作。

⑥专家工作协调、服务及保障工作等。

2.秘书工作及其职责

专业评估秘书一般由学校或学校委托的第三方评估机构指定人员担任,其主要职责是:

①依据专业评估实施方案,组织协调专业评估工作的顺利开展。

②负责专家内部会议记录整理。

③做好评估专家各种考察材料、评审意见、专家评价结果、专业评估报告等材料的收集、汇总和统计工作,并做好保密工作。

④评估期间保管专业评估资料,在评估工作结束后将相关材料提交专业评估项目管理方。

⑤做好专家交办的其他工作。

第四节　专业评估结果的公开与使用

一、专业评估结果可公开与使用的信息

上海市教育委员会根据《关于推进本市高校本科专业评估工

作的若干意见》（沪教委高〔2015〕18 号）要求，应坚持专业评估工作的透明性，建立专业评估信息公开制度。专业评估结果可公开与使用的信息主要包括专业自评报告、专业教学基本状态数据、评估专家签名的诊断意见以及专业评估报告等。

二、专业评估结果公开与使用的意义

1. 高等教育"育人为本"的回归

严肃、规范、公正的专业评估活动的展开，对落实高校以育人为中心的主体地位，推动学校本科教育质量的提高，都有重要作用。公开专业评估结果，一方面推进专业走上自我约束、自我激励、自我完善的良性发展轨道，让其更加关注人才培养的中心任务，持续提高人才培养质量；另一方面，公开专业评估结果，满足了相关教育管理部门和社会公众更多知情权、选择权。

2. 专业结构的优化与调整

专业评估结果的有效性，主要是基于其数据的收集的可靠性和针对性。公开专业评估结果，从宏观层面，有助于教育主管部门了解和掌握不同专业教育工作及其质量，加强宏观管理与引导，对专业发展宏观布局、招生制度改革等重要政策也有积极的参考价值；从中观层面，公开专业评估结果有助于学校了解各专业的发展建设情况，为学校整体专业结构的调整与优化，提供制定决策所需的翔实信息与依据；从微观层面，公开专业评估结果有助于专业明确自身在同类专业中所处的位置，密切和学生、家长、用人单位的联系，增强自身的改革意识，增强自身的适应性。

3. 促进专业持续改进

专业评估的结果在一定程度上反映了学校的专业建设状况，以及专业建设所存在的问题,其目的不仅在于考察和评价专业的质量,更重要的是发现专业建设所存在的问题,重点关注如何改进,促使高校制定和实施相应建设计划,发挥专业原有优势,修正不足之处,促进专业教育质量的改进。评估结果影响专业以后的发展方向,关系到专业人才培养方案的修订、教学模式的改革、教学团队的优化、实验室建设与仪器设备添置、毕业生就业等专业人才培养改进工作,以及与专业发展紧密相关的重要问题的决策。通过评估,可以协助评估主体总结工作,分析优缺点,采取改正措施,扬长避短,更高、更有效地实现发展目标。

三、专业评估结果的利用

1. 积极落实专业整改

"以评促改"是教育评估工作的指导方针之一,即通过评估工作推动专业建设工作的改革与创新。专业评估结果是对专业已往办学实绩的诊断与评价,是专业有针对性地开展整改工作的参照坐标,也是对专业整改工作进行再评估的重要参考依据。

(1)对已达标专业的再评估

对于已通过"达标评估"的专业,在专业评估中发现的不足,专家组要根据考察评估实际提出具体的改进建议,相关学校应制定改进行动计划,提出专业整改的可行举措,实施整改。在一定整改时限后,专家组可对专业整改情况进行再评估。学校也可通过一年一度的专业质量报告发布制度和五年一轮的专业评估制度,促进专业持续改进,提升专业建设水平。

(2)对不达标专业的再评估

另一方面,对于评估暂时不达标的专业,给予一年的整改期。

在整改期内,学校须根据专业评估报告中提出的意见和建议进行整改,认真落实整改方案和措施,强化对专业办学薄弱环节的整改,努力提升专业办学水平和人才培养质量,并于两年内申请专业复评,通过重新评估的专业为达标专业,未通过的专业仍列为不达标专业,并停止该专业招生或实施专业调整工作。

2. 建立专业评估激励机制

通过专业评估,可以加强专业与专业校际交流与比较,形成竞争机制与良性循环。首先,专业达标评估可以促使各专业坚守人才培养质量底线,保证实现达标专业办学水平。其次,授予优秀专业以一定的荣誉称号,有利于促进专业招生、人才培养、专业建设的良性循环,推动专业教育质量的可持续发展与提高。最后,公开专业评估结果促进高校和具体专业面向社会自主办学,促进社会评价机制的形成,使学校和专业保持相应的压力与动力,合理定位,办出水平,办出特色。

3. 结合评估结果绩效拨款

专业评估不仅注重教育活动的投入、过程及其结果,更注重高等学校专业和院校的整体绩效水平。专业评估获得了大量以专业为单位的各类统计数据,这些数据客观、全面、深刻、翔实地反映了专业的态势、优势、特色与存在的问题,为学校合理规划专业建设、确定经费投向和教学资源配置提供了科学依据。受教育经费不足、教育规模扩大,以及公共和绩效管理理念对高等教育事业发展的影响,参考评估结果改革专业建设拨款受到越来越多的国内外教育管理部门的认同。将专业评估结果与预算拨款挂钩成为高等教育经费拨款的改革方向和发展趋势之一。各学校根据专业评估结果,可对评估结果优良的专业重点加大建设投入,促进高水平专业的不断良性发展。

第五章　专业评估的持续改进

第一节　评估的信度与效度

一、专业评估信度与效度分析

（一）信度与效度

1. 信度

信度（Reliability）即可靠性，是指使用相同指标或测量工具重复测量相同事物时，得到相同结果的一致性程度。从另一方面来说，信度就是指测量工具的可靠程度。一个好的测量工具，对同一事物反复多次测量，其结果应该始终保持不变，才可信。如果某个指标或测量工具的信度高，那它提供的测量结果就不会因为指标、测量工具或测量设计本身的特性而发生变化，反之亦然。

信度指标多以相关系数表示，大致可分为三类，即稳定系数（跨时间的一致性）、等值系数（跨形式的一致性）和内在一致性系数（跨项目的一致性）。信度分析的方法主要有四种，即重测信度法、复本信度法、折半信度法以及 α 信度系数法。最常用的是 α（Alpha）信度系数法，一般情况下我们主要考虑量表的内在信度——项目之间是否具有较高的内在一致性。通常认为，信度系数应该在 0~1 之间，如果量表的信度系数在 0.9 以上，表示量表的信度很好；如果量表的信度系数在 0.8~0.9 之间，表示量表的信度可以接受；如果量表的信度系数在 0.7~0.8 之间，表示量表有些项目需要修订；如果量表的信度系数在 0.7 以下，表示量表有些项目需要舍弃。[①]

2. 效度

效度（Validity）即有效性，是指测量工具能够测出其所要测量的特征的正确性程度。效度的高低反映着测量是否达到了它的预定目标，是否测量出了需要测量的内容。效度越高，即表示测量结果越能显示其所要测量的特征，反之亦然。

信度与效度之间既有明显的区别，又存在相互联系、相互制约的关系。信度主要回答测量结果的一致性、稳定性和可靠性问题；效度主要回答测量结果的有效性和正确性问题。一般来说，信度是效度的必要条件，也就是说，效度都必须建立在信度的基础上；一个测量工具要有效度必须有信度，没有信度就没有效度；但不是充分条件，有了信度不一定有效度。

信度低，效度不可能高。如果测量的数据不准确，就不能有效地说明所研究的对象。

信度高，效度未必高。例如，如果我们能准确地测量出某人的经济收入，也未必能够说明他的消费水平。效度低，信度很可能高。例如，即使一项研究未能说明社会流动的原因，但它很有可能很精确很可靠地调查各个时期各种类型的人的流动数量。效度高，信度也必然高。

由上可知，信度和效度的关系有如下几种类型：可信且有效、可

---

① 吴明隆. SPSS 统计应用实务——问卷分析与应用统计［M］. 北京：科学出版社，2003.

158

信但无效、不可信亦无效。

（二）专业评估指标体系的信度与效度分析

利用 SPSS 软件中所提供的统计分析功能，对专业评估指标体系进行信度和效度分析，可以得出具有一定参考价值的结果，为进一步提升专业评估工作的水平提供有益帮助。

1. 信度分析

信度一般分为内在信度和外在信度两类。内在信度反映的是测验内部题目之间的关系，考察测验的各个题目是否测量了相同的内容或特质。以下对本科专业达标（选优）评估指标体系的内在信度测量的情况予以说明：

① 测量过程。在 SPSS 软件中，信度测量通过"分析—度量—可靠性分析"路径实现，对于评价量表的内在信度指标，可采用最常用的克朗巴哈 α 系数（Cronbach's Alpha）。对样本数据进行处理，得到可靠性统计量。

② 结果分析。根据信度系数的计算结果，观察克朗巴哈 α 系数值，基于标准化项的克朗巴哈 α 系数值的大小，研究信度系数的情况，从而研究评价指标体系是否具有很高的内在一致性。

根据评价表中的各项指标与总分的相关系数的相关情况，观测各项指标与总分关联性，从而判断各项指标设计是否合理。

2. 效度分析

效度一般分为三类：内容效度、结构效度和效标效度。内容效度是指所设计的指标项能否代表所要测量的内容或主题。结构效度是指测量结果体现出来的某种结构与测值之间的对应程度。

内容效度（content validity）检验是检验指标量表的理论推理是否符合逻辑且是否有效，其实质是主观判断问题。量表设计是将指标内容表述为易于测量的问题,涵盖了指标系统所要表示的全部内容。指标系统构建过程中若能综合运用访谈和调查等多种研究方法,经过严格的理论调查和专家论证,调查量表通常会具有良好的内容效度。

结构效度(construct validity)由于以理论的逻辑分析为基础,同时又根据实际所得的资料来检验理论的正确性,因此是一种相当严谨的效度检验方法。结构效度的着眼点是理论上的假设和对假设的检验。因此,对结构效度的考察是一个过程。首先,问卷或量表的设计必须以理论的逻辑分析为基础;其次,要根据实际所测得的数据通过逻辑或统计分析来检验理论的正确性。在效度分析中结构效度是一种最为理想的方法。最常用方法是因子分析法。因子分析也称因素分析,是将描述某一事物(或概念)的多个观测变量简化为少数几个潜在变量的多元统计分析方法。例如,国外曾对160名全能运动员的十项体育成绩(跳远、投铅球、跳高、掷铁饼、撑竿跳高、投标枪、百米跑、400米跑、110米跨栏和1500米跑)进行因子分析,概括出全能运动员体育水平的四项基本体育能力:爆发性臂力、爆发性腿力、速度和耐力。要提高运动员的竞赛成绩,就要加强这四项基本体育能力的训练。[①]

效标效度(criterion validity)考查测验分数与效标的关系,看测验对我们感兴趣的行为预测得如何。因为效标效度需要有实际证据,所以又叫实证效度。

对于高校本科专业达标和选优评估指标体系,我们认为应主要分析其内容效度和结构效度。

---

① 杜智敏,樊文强. SPSS在社会调查中的应用[M]. 北京:电子工业出版社,2015.

（1）内容效度分析

测量过程。对于内容效度的测量可采用单项与总和相关分析法,即计算每项指标得分与总分的相关系数,根据相关是否显著判断是否有效。

在 SPSS 软件中,内容效度测量通过"分析—相关"路径实现。选择 Pearson 相关系数,对样本数据进行处理,得到相关结果。[①]

结果分析。根据结果分析中各指标得分与总分的 Pearson 相关系数,说明各指标得分与总分的相关关系是否显著。

通过对测量结果的分析,判断该评估指标体系是否具有良好的内容效度。

（2）结构效度分析

测量过程:对结构效度的测量可采用因子分析法,即从评价量表全部指标中提取一些公因子,这些公因子即代表了量表的基本结构,考察这个统计结构和设计问卷时的假设结构是否一致,根据一致性程度判断是否有效。

在 SPSS 软件中,结构效度测量通过"分析—降维—因子分析"路径实现。选择主成分法,对样本数据进行处理,得到相关结果。[②]

结果分析:根据因子的累积贡献率和因子个数的选择情况来分析。累积贡献率反映公因子对量表的累积有效程度。从因子的累积贡献率是否满足因子个数对累积贡献率的要求,来选择若干因子。

根据不同指标与相关因子的相关程度,可以组成不同模块,进而分析指标体系是否具有良好的结构效度。

---

①　夏怡凡.SPSS 统计分析精要与实例详解[M].北京:电子工业出版社,2010.
②　夏怡凡.SPSS 统计分析精要与实例详解[M].北京:电子工业出版社,2010.

另一方面,可通过分析结果,对指标体系中个别指标的归类可做一些调整。

（三）上海高校本科专业达标评估指标体系的信度与效度

现利用 SPSS 软件中所提供的统计分析功能,对上海高校本科专业达标评估指标体系进行信度和效度分析,得出具有一定参考价值的结果,为进一步提升上海高校本科专业评估工作的水平提供有益帮助。

研究数据来源于上海高校本科专业达标评估实测数据,从中选取两所高校 123 个专业的样本观察数据。

1. 信度分析

对于上海高校本科专业达标评估指标体系的内在信度指标,这里采用常用的克朗巴哈 α 系数。对样本数据进行处理,得到如下结果（见表 5.1）：

表 5.1　信度统计——克朗巴哈 α 系数

Cronbach's Alpha	基于标准化项的 Crobach's Alpha	项数
.828	.828	20

如表 5.1 所示,对于信度系数的计算结果,克朗巴哈 α 系数值为 0.828,基于标准化项的克朗巴哈 α 系数值为 0.828,信度系数大于 0.8,说明该指标体系具有较高的内在一致性,信度较好。

2. 效度分析

（1）内容效度分析

内容效度是指"测验的试题在多大程度上代表了所要测量的全部内容",反映调查内容的代表性。内容效度属于事前的逻辑分析或量表的合理性判断,确定内容效度的方法之一是专家判断。在社会科学领域,往往是在实施前由研究者自己或聘请相关学者、专家依据一定的理论对内容效度进行判断。学者专家包括有实际工作经验者、与此相关研究经验者,以及有相关学术背景的学者等。[①]

相关分析也是确定内容效度的方法之一。现采用单项与总和相关分析法对上海高校本科专业达标评估指标体系的内容效度进行分析,即计算每项指标得分与总分的相关系数,根据相关是否显著判断是否有效。

对样本数据进行处理,得到如下结果(见表5.2):

表 5.2　内容效度统计——Pearson 相关性(双侧显著性)

		专业定位	培养方案	课程体系	师资队伍	教学工作	科研情况	师资培训
总分	相关性	.700 **	.720 **	.424 **	.532 **	.247 **	.528 **	.501 **
	显著性	.000	.000	.000	.000	.006	.000	.000
		实验实习	图书资料	教学经费	课程教学	实践教学	教学改革	毕业设计
总分	相关性	.412 **	.410 **	.348 **	.398 **	.599 **	.541 **	.559 **
	显著性	.000	.000	.000	.000	.000	.000	.000
		教学管理	学生服务	质量监控	学生学风	目标实现	就业评价	
总分	相关性	.377 **	.303 **	.472 **	.511 **	.690 **	.345 **	
	显著性	.000	.001	.000	.000	.000	.000	

注:** 在.01 水平(双侧)上显著相关。

从表 5.2 我们可以看到,有 20 项指标与总分的相关系数在 0.01 的显著水平上是显著的,即检验 p 值小于 0.01,这也说明各指标得分与总分的相关关系显著成立。通过对测量结果的分析,可以认为该指标体系具有良好的内容效度。

---

① 杜智敏,樊文强. SPSS 在社会调查中的应用[M]. 北京:电子工业出版社,2015.

（2）结构效度分析

结构效度分析采用因子分析法对上海高校本科专业达标评估指标体系的结构效度进行分析,得到结果如下:

如表 5.3 所示,KMO 统计量为 0.753(KMO > 0.7)。原始变量适用因子分析,可放心进行因子分析。巴特利特(Bartlett)球形检验中相关系数矩阵与单位矩阵具有显著性差异(p <0.01),因子分析有效。

表 5.3　结构效度统计——KMO 统计量和巴特利特(Bartlett)球形检验

取样足够度的 Kaiser-Meyer-Olkin 度量		.753
Bartlett 的球形度检验	近似卡方	704.480
	df	190
	Sig.	.000

因子分析总方差解释情况表明因子的累积贡献率和因子个数的选择情况,累积贡献率反映公因子对量表的累积有效程度。从表 5.4 可以看出,前七个因子的累积贡献率接近 70%,满足因子个数对累积贡献率的要求,因此可以选择七个因子。

表 5.4　结构效度统计——因子分析总方差解释情况

成分	初始特征值			提取平方和载入		
	合计	方差的 %	累积 %	合计	方差的 %	累积 %
1	4.843	24.216	24.216	4.843	24.216	24.216
2	2.365	11.825	36.042	2.365	11.825	36.042
3	1.511	7.557	43.599	1.511	7.557	43.599
4	1.295	6.477	50.076	1.295	6.477	50.076
5	1.287	6.433	56.509	1.287	6.433	56.509
6	1.230	6.149	62.658	1.230	6.149	62.658
7	1.001	5.003	67.661	1.001	5.003	67.661
8	.864	4.322	71.984			

成分	初始特征值			提取平方和载入		
	合计	方差的 %	累积 %	合计	方差的 %	累积 %
9	.790	3.951	75.935			
10	.719	3.597	79.532			
11	.616	3.079	82.612			
12	.576	2.879	85.490			
13	.534	2.668	88.158			
14	.481	2.406	90.564			
15	.429	2.143	92.708			
16	.379	1.894	94.602			
17	.353	1.765	96.367			
18	.309	1.547	97.914			
19	.240	1.199	99.113			
20	.177	.887	100.000			

注:提取方法为主成分分析。

　　方差最大旋转后,得到二级指标的因子载荷矩阵(表 5.5)。因子 1 主要受课程体系、专业定位、教学改革、培养方案指标的影响,反映一级指标中培养目标与培养方案的要求;因子 2 主要受实验实习、实践教学、就业评价指标的影响,体现实践能力的要求;因子 3 主要受学生服务、学生学风、目标实现指标的影响,反映一级指标中教学效果的要求;因子 4 主要受师资队伍、师资培训、科研情况指标的影响,反映一级指标中教师队伍的要求;因子 5 主要受教学工作、课程教学、毕业设计指标的影响,反映了一级指标中专业教学的要求;因子 6 主要受质量监控、教学管理、图书资料指标的影响,反映了一级指标中教学管理的要求;因子 7 主要受教学经费指标的影响。

表 5.5　结构效度统计——因子得分矩阵

	成分						
	1	2	3	4	5	6	7
课程体系	.722						
专业定位	.628						
教学改革	.619						
培养方案	.605						
实验实习		.853					
实践教学		.755					
就业评价		.477					
学生服务			.845				
学生学风			.615				
目标实现			.457				
师资队伍				.632			
师资培训				.618			
科研情况				.549			
教学工作					.665		
课程教学					.639		
毕业设计					.627		
质量监控						.774	
教学管理						.668	
图书资料						.549	
教学经费							.861

　　注:①提取方法为主成分分析;②旋转法:具有 Kaiser 标准化的正交旋转法;③α 旋转在 9 次迭代后收敛。

　　将因子分析结果和指标体系的设计结构进行对比,可以看到,二者较为一致,因此我们认为该评价表具有良好的建构效度。另一方面,分析结果表明,指标体系中个别指标的归类可做一些调整,如因子2中的实验实习、实践教学、就业评价等指标体现实践能力的要求,可归为实践教学模块。

二、专业评估活动信度与效度的提升

关于评估活动信度与效度,研究者指出,评估中可能在三个方面出现偏差:即评估方案设计不当;评估者主观心理因素的影响;评估实施中存在问题。[①] 为了提高评估的信度和效度,需要制定科学而合理的评估指标体系、确定全面的评估内容和采取可靠而有效的评估方法。此外,评估成员的素质、分组的情况、评估的区分度、评估过程中的舆论影响,以及评估对象的合作与支持程度等也会影响评估的信度和效度。

(一) 评估信度的提升[②③]

1. 优化评估指标体系

评估指标体系是专业评估的主要依据。评估指标体系的内涵要全面、完整,并准确地反映所评估对象的特性或功能。评估指标体系的精心设计,应做到以下几点。

首先,要对评估对象的特性或功能做相当深入的分析研究,抓住其本质属性,熟悉其各方面的内在联系,精心设计评估指标体系,并且合理地分配各指标的权重。在设计评估指标体系及确定指标权重时,应采用德尔菲法,让评估研究人员、教师、教育管理人员等

---

① 卢长吾.提高教育评估的信度和效度的途径和方法[J].湘潭师范学院学报,1992(8).

② 张立民.谈教育评估的信度和效度[J].机械工业高教研究,1996(4).

③ 任岫林.提高教育评估的信度和效度[J].中国电大教育,1997(10).

各方面的专家不受干扰地、充分地发表自己的意见,对初步建立起来的指标体系要反复进行讨论、修改,然后可在某一学校试行,广泛听取意见,通过补充、修改和完善,再正式采用。

其次,评估指标力求可测性与量化。专业评估中不少项目都具有一定的模糊性,对这些项目把握不好,会直接影响评估的信度和效度。所以评估指标的设置应当遵循可测性原则,能量化的尽量量化,最大限度地减少评估组成员主观因素的影响。例如,对反映"教师素质"相关指标,如果不再对它进行细分和量化,那么评估组成员只能凭自己的主观印象笼统地打分,其结果不仅会有很大差异,而且难以真实正确地反映教师的素质。对"教师素质"的考察与鉴定,可从多个具体的方面来反映。例如可把它分解为以下多个指标:具有中、高职称教师的比例,高职称教师的平均年龄,具有博士、硕士学位的教师比例,用外语能顺利阅读专业文献的教师比例(可抽样考核),等等。这样,逐项分别打分,可以大大减少评估时的主观随意性。

第三,适当延长评估指标体系的长度。评估指标体系的长度是指该体系所包含的项目的多寡程度。影响评估信度的主要因素是评估中产生的随机误差,指标体系中的项目越少,评分越易受随机因素的影响,评估信度也越低。评估项目越多,越能削弱随机性因素对评估结果的影响,从而使信度提高。所以,评估指标要尽可能设计得全面、具体。

2. 指标体系的检验和优化

设计专业评估指标体系时,首先确定指标体系的设计目标、原则和方法。然后,采用分解目标的途径进行,如每一指标的内涵怎样,有无相互矛盾和重复的指标,有无与目标相悖的指标,指标的表述是否做到了通俗易懂、简明扼要,指标是否切合实际,有无过高或过低要求的指标,指标体系的级次是否合适,是否太简单或太庞杂,等等。指标体系设计好后,则按以上提纲,对指标体系逐级逐条检查。出现问题,及时解决,以便消除出现偏差的隐患。

指标体系不是一次就可以设计得尽善尽美,一般都要经过评估实践检验,并在此基础上进行优化。

3. 提高评估的区分度

评估区分度是指对评估对象实际水平的区分程度。具有良好区分度的评估体现在:实际水平高的评估对象得高分,实际水平低的评估对象得低分。所以区分度又称"鉴别力",它是评价评估质量的重要指标。区分度与信度有着极为密切的关系,信度是随区分度的提高而提高的,且信度增长的速度较区分度增长的速度为快。如果所制定的评估标准过严,那么评估对象得分普遍较低,形成正偏态分布;如果标准过宽,评估对象得分则普遍较高,形成负偏态分布。在这两种分布中,分数分布的范围和分数之间的差异都较小,往往难以区分评估对象的实际水平。

(二) 评估效度的提升

影响效度的主要因素是系统误差,要提高专业评估的效度,就要控制产生系统误差的因素。

1. 科学遴选和培训评估专家

评估专家是专业评估工作的主体,评估结果与专家的敬业态度及个人水平相联系,因此专家遴选至关重要。评估组专家的素质越高,对问题的剖析越深刻,越能做到去粗取精、去伪存真、由此及彼、由表及里,评估结果就可能更客观、更准确。评估专家通常都是相关专业的业务骨干。在评估开始前,需要组织集中培训,使每一位评估成员都熟悉评估的内容、要求与方法,逐项理解和掌握评估指标体系和评分标准。

建立专家信息库有助于合理和高效地遴选评估专家。专家信息库中的专家信息可由结构化数据和非结构化数据组成。[①] 结构化数据涉及专家的基本信息,如姓名、性别、年龄、学历、学位、职务、职称、技术领域等。非结构化数据涉及专家学术成果信息,包含专家的研究方向(与所属领域不同)、参加项目、获奖、学术职务等。

评估过程中,评判的准确性和客观性是影响评估信度的重要因素。在评估过程中要通过各种途径深入细致地调查了解有关情况,详细记载从各方面获取的信息,经过认真的综合、分析和判断,客观地进行评判。在专业评估中,有不少定性的评估指标虽然也制定了评判标准,但很难准确地掌握其界限,所以评判时要在各评估对象中进行比较分析,必要时在评估组中进行讨论和评议,然后再评判,结果会更具客观性。

此外,评估过程中,应力戒舆论导向的影响。评估中带倾向性的工作会直接导致系统误差,从而降低评估效度。例如,评估负责人有意或无意地发表带有倾向性的意见,评估组成员凭个人印象或道听途说的信息对评估单位进行褒贬,等等,这些都会或多或少地在评估成员中产生一定的影响,从而使评估结果也带有一定的倾向性,导致评估效度的下降。

2. 评估组不宜过多,每组成员不宜过少

从理论上讲,由一个评估组对所有评估对象进行评估是最理想的,这样可以保持执行标准的一致性,也便于对各评估对象进行横

---

① 李振清,刘建毅,王枞,吴旭. 同行评议专家遴选系统研究与实现[J]. 现代图书情报技术,2012(5).

向比较。如果因时间不允许或其他原因必须要设多个评估组,可以先由各组组长组成一个评估组到某一学校评估,对评估指标尤其是一些定性指标制定统一的评分尺度,然后回到各组再分头评估。无论是一组还是多组,评估的时间均不宜间隔太长,评估组成员也不宜中间更换。

虽然有评估指标体系和评判标准,但就每个评估成员而言,认识不一定完全相同,侧重也不一定完全一样,这会给评判带来一定的随机性。如果一组中成员过少,所产生的较大的随机误差会直接降低评估信度。只有当评估成员较多时,正的误差分数和负的误差分数相抵消,平均误差为零或接近于零,才会使评估对象的实得分数等于或接近于真分数。

3. 争取被评估高校的积极配合

被评估高校参加评估的动机、态度及行为表现也会影响评估结果,从而影响效度。被评估高校对评估的任何消极、懈怠情绪或为了争优而夸大成绩、隐瞒问题的做法,都是提高评估效度的障碍。因此,评估工作应事先做好充分的发动、准备工作,争取每一个被评估高校都能充分配合与支持。

只有学校领导关心支持、各部门协助支持,才能进一步凝聚共识,形成合力,共同做好专业评估工作。学校专业评估领导小组各成员单位应主动配合学院工作,有效协调解决迎评过程中遇到的困难,明确分工,协同推进;各有关部门应把专业评估工作与学校发展紧密结合起来,推动专业评估工作常态化;各专业应扎实地做好自评工作,准备好有关支撑材料,保证评估工作的顺利进行。

4. 分析各方反馈意见,及时总结经验

专业评估应在评估后及时地进行总结,并注意听取各方面的反映,注重交换与沟通意见。要通过评估结果对评估方案进行再分析,从总体上分析评估方案是否完整、科学,评估指标体系是否体现评估目标,评估标准是否宽严适度,等等。

对所评专业的整改状况进行抽查既是评估工作的组成部分,也是促进专业教育质量保障体系建设、强化质量观念、保证和提高教学效果和人才培养质量的重要措施。

第二节　专业整改

一、专业整改的意义

"整",基本意思是整理、整治;改,是变更、更换之意。整改即整顿并改进,就是改正、纠正、改进、创新、完善。专业整改就是针对专业评估中存在的问题进行整治并使之改进完善的过程。

专业评估工作是包括学校自评自建、专家组进校考察评估和整改在内的一个完整过程。从评估工作的整个过程来看,整改是专业评估工作必不可少的重要环节之一。从评估的目的和作用来看,整改是促进专业教学质量提高的必要措施,是专业建设实现可持续发展的需要,是进一步建立健全校内教学质量保障体系、建立自我评估的长效机制、促进专业人才培养质量稳步提高的需要。

二、专业整改方案的制定

要做到评估整改工作有计划、有措施、有期限、有目标,并且责任到人,体现评估整改工作的针对性、实效性和前瞻性,首先是要制定整改方案。

制定整改方案,就是要针对专业实际情况,认真研究评估专家提出的问题来进行。整改方案的内容一般包括指导思想、整改目标、工作思路、组织机构、进度安排、具体内容和措施等部分。整改方案确定后,应由专业评估领导小组报送学校或上级主管部门备案,以便监督实施。

三、专业整改方案的实施

整改方案确定后,应及时召开整改工作会议,进行任务分解,提出工作要求,组织专业相关人员按照时间节点,认真实施。在整改过程中,专业评估领导小组要适时组织检查,了解工作推进情况,及时发现整改工作中遇到的问题,并进行研究解决,确保整改工作有效推进。

四、专业整改验收

建立整改工作验收制度。在专业整改周期结束后,专业负责人要撰写和提交整改报告。整改报告要对专业整改方案中提出的整改目标和内容完成情况进行总结和回答,对整改中存在的问题进行说明,并提出进一步解决的思路和措施。专业评估领导小组要组织专家进行验收,对未达到整改要求的,继续整改并进行复评,直至达到要求。

五、专业整改依据——专家反馈意见案例

评估专家的意见是整改的基础。这里提供上海市两所高校专业达标评估专家反馈意见案例。这些意见是制定专业整改方案和进行整改的依据。

（一）第一所院校专业达标评估专家反馈意见案例

1. 问题表现

以下为该校文、理、工、管、艺术 5 个学科中 8 个得分在 64～79 分区间专业的专家意见。

① 培养目标与培养方案方面。学科专业定位不够清晰，过于宽泛，办学思路不够明确，对专业特色、强弱的把握和思考不清晰，服务面向不够聚焦，培养目标缺乏与专业特色相结合的定位；课程体系结构不够科学，未能根据学生的认知水平发展和学业挑战度递增进行优化设计；重复课程较多，专业必修、限修、选修课程设置不尽合理，实验实践学分不够；专业建设规划及实施方案不详细；培养方案对依据阐述不够充分。

② 教师队伍方面。专任教师队伍数量不足，教学负荷重，导致科研投入受局限；职称结构不合理，缺乏与专业定位相匹配的教师培养计划；兼职教师作用有待进一步发挥；科研成果与教学工作关联度不足，教师论文中无与专业定位相一致的论文；缺乏与专业定位、课程设置相一致的教师培训规划；师资建设规划还不明确，缺乏有力措施；无长期建设规划及发展愿景；培养培训活动模式单一，不成体系。

③ 基本教学条件及利用方面。实验室的空间严重不足；专业实验条件有待加强；教学经费不足，发展困难；图书资料较少；实验场地不充裕，实习基地建设数量不够，与专业对接不够紧密；实验装置台套数不足，种类不全；个别实验设备年久失修，需维修或重购。

④ 专业教学改革方面。教师的教改参与度不够，教改论文少，专业带头人对教学研究的投入待加强；专业教学改革或无具体的思路、计划和措施，或有思路没有践行，缺乏教改项目与教改重大举

措,未见集体教研工作的成效;教学方法改革也可进一步加强;课程建设改革有待加强,缺少市级以上重点建设课程与精品课程。

⑤ 教学管理方面。部分课程教材选用随意性较大,部分教材对学生无太大参考价值;实验实践环节缺乏记录;专业学习指导待加强,需听取实习单位的反馈,加强对学生沟通能力和团队合作意识的培养,包括上岗前的培训;学生毕业论文(设计)选题把关待加强,毕业论文深度不够,质量标准待提高;毕业论文语言表述粗糙,在体例、排版等方面缺乏统一规范,反映了学生在规范性和方法论上缺乏系统的指导和严格的要求,指导工作有待加强;毕业论文(设计)由其他专业或校外教师指导,缺少过程控制,校企合作的双导师的管理待规范;部分专业无专业质量报告。

⑥ 教学效果方面。学生参加专业以外的学习很少;学生专业技能有提高空间;没有对本专业学生进行专门的职业生涯指导,就业指导停留在学院和学校层面;毕业生的专业竞争力尚显不足,基本技能和实践应用能力欠缺;学生综合素质的培养有待加强;课堂外组织的创新创意活动较少;创新训练宜强化;社会对毕业生的认可度不高;第一志愿率有待提高。

2. 整改措施

① 关停并转问题专业,优化专业结构。在专业评估工作结束后,学校明确了专业整改的具体内容和要求。校、院两级依照评估指标体系的指标项和观察点,经过逐项对照专家评估结果,制定了针对性专业整改方案和建议。对于评估不合格、专家建议调整或专业发展潜力预测指标得分偏低的专业,提出专业调整建议。

对于评估得分排名靠前、获得专家选优推荐或二级指标优秀项较多的专业,组成推荐选优建设专业群。其余专业则采取措施消灭达标评估指标体系中的不合格二级指标。

学校启动本科专业调整优化工作,经过深入调研,决定一批专业停止招生,一批专业合并优化。通过师资、办学资源整合,增强了专业办学实力。专业调整后,资源得到集中使用,整合后的专业得到加强。

② 完善培养方案和课程体系。学校在专业评估的基础上,开展了质量月活动:动员全校专业深入调研、研讨培养目标和课程体系设置的规范性、科学性,比对国内"985 工程""211 工程"高校、地方高校相同专业的定位和培养目标,听取相关行业专家的意见,查找本专业定位与培养目标存在的问题,论证课程体系与专业培养目标的契合关系,考察专业课程对人才培养目标的贡献度以及课程设置的科学性;规范了课程教学大纲体例,修订了课程教学大纲;完善了课程标准,根据课程类别、课程性质的不同,制定了多维度分类课程标准,成为课程教学大纲制定的依据。

③ 实施专业质量年报制度。为了动态掌握各专业质量状况,学校制定了专业质量年报制度。各专业每年形成专业质量年报,对上年度的专业教学情况进行梳理,对教学状态基本数据进行统计。对被评为优秀的专业教学质量年度报告进行奖励。同时,教务处组织召开教学院长和专业负责人参加的教学培训研讨会,邀请校内外专家举办专题报告和研讨会,总结专业办学经验,凝练专业办学特色。

④ 加强对专业及其负责人的考核。专业教学年度考核指标体系包括基础指标和发展指标两个部分。基础指标是专业办学必须符合的规范性、达标性指标,发展指标是彰显专业办学特色、办学优势的重要标志。

对本科专业负责人年度工作业绩的考核包括专业负责人工作、专业办学成绩、专业人才培养成效等,并把它作为专业负责人工作津贴、专业招生计划、专业建设资源配置、专业调整的依据。

人事处根据专业教学年度考核结果发放专业负责人工作津贴。考核合格的专业,发放 100%的工作津贴;考核不合格的专业,发放 80%的工作津贴;在及格以上的专业中,根据发展指标的专业考核得分顺序,依次分等级发放专业负责人绩效奖励。

（二）第二所院校专业达标评估专家反馈意见案例

1. 问题表现

① 专业培养目标不够清晰,培养规格过高过大,缺少实现的可能性。例如国际经济与贸易专业定位概括为 9 个字"货、单、证、财、经、理、语、计、辩",该表述难以清晰表明培养目标应有的定位,以及培养规格和培养目标的关系;财务管理专业定位为培养"会会计、精财务、晓金融、懂税务"的应用型本科人才,该定位过于追求全面,无法体现专业特色;电子商务专业要求学生"掌握经济、管理和法律等学科的基本理论和基础知识,具有一定的商业经营管理能力",要求过高,建议调整为"掌握经济、管理和法律等学科的相关理论和基础知识,具有一定的商业经营管理能力"。

② 专业培养方案与培养目标的吻合度不高,课程体系不合理,专业特色,尤其是商务特色不够鲜明。例如旅游管理专业提出着重发展商务旅游和会展管理两个方向,但是在 14 门专业必修课中,绝大部分是关于商务旅游管理的内容,没有一门关于商务会展管理的课程;信息管理与信息系统专业课程体系架构的两条主线与培养目标的四个能力不够一致,课程之间的逻辑关系不够清晰;电子信息工程专业课程体系尤其是核心课程与专业的两个方向不相匹配,选

修课太多,并且没有按专业方向分类。

③ 师资队伍方面。专任教师数量不足;专业带头人超龄或没有正高职称;具有行业背景的教师数量不足,英语、服装与服饰设计、环境设计等专业尤为突出;教师科研与教研成果较少,难以有效支撑教学,会计学、税收学、财务管理、英语、服装与服饰设计等专业尤为突出。

④ 专业实践教学方面。实践教学条件不足,突出表现在:第一,专业实验室种类、数量或场地不足,设备短缺或陈旧,缺少专职实验管理人员以及开放时间不足等。例如园林专业缺少专业必备的制图室、评图室、模型室等;旅游管理专业缺少会展管理方向的实验室;酒店管理专业没有专职实验管理人员;服装与服饰设计专业实验室开放时间过短,并且大四学生在徐汇校区没有实验条件等。第二,专业实习基地种类、数量及其容量不足。一些专业实习基地接受的学生占在校生比例不到30%,其中会计学、国际经济与贸易、日语和视觉传达设计等4个专业所占比例甚至不到10%;社会工作专业缺少与“商企社会工作”特色方向紧密结合的实习基地;另外广告学专业虽然与东方财富信息有限公司合作办学,但是该专业在东方财富信息有限公司进行实习的学生比较少。

⑤ 毕业论文方面。部分专业存在毕业论文(设计)环节不规范的问题,包括选题与培养目标关联性不大,无法体现培养特色,论文格式不规范,教师指导的论文数量超标等。例如,日语和英语专业培养目标为“语言+商务”,但是学生论文选题主要在于日语和英语语言文化方面,很少涉及商务方面,同时部分论文存在语言不够准确、格式不规范等问题;广告学专业部分教师指导学生毕业论文(设计)数量超标;财经学院和信息与计算机学院部分教师在两个

178

或三个专业同时指导学生毕业论文（设计），这些教师各自指导的学生总量远远超过 8 人。

⑥ 评估材料方面。自评材料普遍存在低级错误或信息不一致的问题，突出表现在：第一，自评报告和简况表两份材料之间的信息不一致。例如关于在校生人数，会计学在简况表和自评报告中分别为 469 和 435 人，食品质量与安全专业在简况表和自评报告中分别为 344 和 269 人；关于专任教师，国际经济与贸易专业在简况表和自评报告中分别为 9 和 8 人，法学专业在简况表和自评报告中分别为 8 和 10 人。第二，同一材料内部的数字错误或不一致。例如国际经济与贸易专业自评报告第 6 页写道："现有专任教师 9 人，有学科带头人 1 人、专业负责人 1 人，对本专业建设、教学、科研实施全面指导；8 人中教授 1 人、副教授 5 人，高级职称教师占 75%。"该描述没有交代清楚专任教师究竟为 9 人还是 8 人。酒店管理专业简况表中明确教师总数为 9 人，但其中具有行业背景的教师则为 30 人。服装与服饰设计专业生均日常教学经费为 676 元，但其中生均实习实践经费为 799 元。

这些错误或不一致表面上是没有对自评材料进行认真审核，实质上是这些专业日常教学管理不够规范，存在模糊和随意的情况，缺少完善的内部管理和监控机制。这不仅会给外部评估专家带来粗糙、马虎的第一印象，使专家对专业整个教学管理和教学质量产生疑虑，还将影响学校对有关专业实际情况的把握，从而可能导致学校有关专业资源配置和规划定位等决策不够准确。

2. 有关建议

这次专业达标评估发现学校专业建设在很多方面已经取得显著成就，但也暴露了专业建设存在以下主要问题：培养目标不够清晰,课程体系与培养目标吻合度不高,师资队伍不足,实践教学条件欠缺,以及教学管理不够规范等。为了切实做到以评促建的目的,建议学校和各专业针对自评过程中自我发现和评审后专家提出的意见认真开展整改工作,推动专业建设不断提高和完善,具体建议如下:

① 推动各专业结合社会需求、学校定位和专业现有基础,重新梳理专业定位,进一步明确可行、有特色的培养目标;相应地调整课程体系,开发融合商务元素的特色课程,凸显专业特色,同时进一步调整和完善学校的商科通识课,使各专业可根据需要进行筛选和组合。

② 有计划地加强师资队伍建设,尽快引进和培养专任教师和专业带头人,促进教师专业发展。具体建议:一是税收学、财务管理、电子商务、信息管理与信息系统等5个生师比偏高的专业不仅要尽快引进教师,还要控制或缩减招生规模;二是会计学、国际经济与贸易、广告学、法学和财务管理等专业还要大力引进或培养专业带头人;三是英语和环境设计等专业侧重引进或培养具有行业背景的教师;四是加大对教师专业发展的支持力度,积极选送教师到国内外高校进修深造或企业锻炼;五是营造良好的学术氛围,创造条件使教师有更多的时间和精力投入科研和教学改革。

③ 加大投入,改善实践教学条件,为学生提供更多的实验实习机会,有针对性地充实必要的实验室和设备,安排专职实验管理人员,尽可能调配解决学生实验要求;深入开展校企合作,充分挖掘现有实习基地接纳学生的潜力,同时从数量和类型两个方面切实扩充新的实习基地;对于园林、食品质量与安全和电子信息工程等校内缺少相关学科支撑的专业,可考虑与相关高校或企业签订协议,进

180

行实验室资源共建共享。

④ 加大对毕业设计（论文）环节的监督和管理，学校每年组织专家抽检或二级学院之间相互抽检毕业设计（论文），积极引导学生围绕各自专业培养目标进行毕业设计（论文）选题，选聘更多的行业、企业资深人员协助指导毕业设计（论文），严控专业教师指导毕业设计（论文）的总数量。

⑤ 下大力气推进教学管理规范化，建议以教学文档规范和基础数据归口管理为抓手，推动各专业建立和完善内部监控和管理机制，形成各个环节的责任人负责制度，从而逐步实现教学管理工作的规范化和精细化。

第三节　专业质量持续改进

一、专业结构调整与优化

（一）专业结构的概念及意义

结构作为系统科学的一个术语，是指组成一个系统的各个要素间的稳定的相互联系，是要素间的排列组合方式。具体说来，它包括三层含义：系统内部各组成要素；要素间的联系方式和相互作用形式；诸要素的比例关系及其发生变化的条件和规律。依据结构的自然与人为属性，可将结构划分为自在结构（自然结构）和人为结构（即设计结构）；依据结构所揭示事物内在联系的深浅程度，结构可划分为形式结构和实质结构。专业结构属于一种人为结构，是人们思想中占主导地位的价值观念在专业实践中的具体体现。专业结构有狭义和广义之分。狭义的专业结构是指某一门学科的专业结构,是这门学科内专业间的构成状态,包括专业的数量、规模、布局等。广义的专业结构是指一所高校乃至一个区域所有高校内各专业所构成的比例关系和方式,包括专业数量、布点以及相互之间联系等。高校专业结构本质上是由一定社会经济和科技发展水平、产业结构、劳动力结构以及社会分工状况决定的。[①] 就高校而言,其专业结构是根据学校办学规模和人才培养目标定位,而架构的专业体系及体系中各构成专业的组织、排列、配比的形式。

专业结构是高校最基本的办学组织架构,专业结构的合理与否,决定一所学校的办学特色、办学功能、办学效益乃至办学水平,也预示一所学校发展的未来潜质及其现实优势。[②]

（二）专业结构的内容

专业结构主要包括五个方面的内容:一是专业的科类（学科类型）结构,即专业所属的学科大类及其二级类,不同院校因其发展定位的差异会导致存在不同的专业学科类型结构,每一专业的学科类型下的专业分布数量也不同。二是专业的规模结构,即各个专业类别的专业数量及其办学规模大小。三是专业的生命周期结构,即各个专业类别的办学时间长短。四是专业之间的学科关联结构,即不同专业及其专业类别之间在学科层面的耦合程度。五是专业与服务对象的对应结构,即专业与社会需求及地方经济的契合度。[③]

（三）专业结构存在问题及调整优化的内涵

实践证明,专业与社会需求之间客观上存在供求平衡的专业、

---

① 董英伟.我国高校学科专业结构调整中的问题分析[J].辽宁师专学报（社会科学版）,2011(1).

② 赵本全.调整和改进高等学校本科的专业设置与专业结构[D].河海大学博士学位论文,2005.

③ 潘荣江等.高职院校专业结构调整优化研究[J].高等工程教育研究,2014(3).

182

供大于求的专业、供小于求的专业。因此,高校专业调整与优化工作应该始终是进行时。

1. 专业结构存在的常见问题

专业结构中存在的常见问题主要有:

① 专业类别分布过于集中,专业设置趋同,专业类型结构不合理。

② 专业数量庞大,规模却普遍较小,专业规模效应较差。

③ 专业稳定性差,综合效益低,专业生命周期结构堪忧。

④ 专业之间的学科关联度低,学校的主体专业不突出。

⑤ 专业设置针对性不强,专业结构匹配适应性差。

2. 专业结构调整优化的内涵

高校专业结构的调整优化,包括专业设立、专业调整和专业优化三个方面。"专业设立"是指专业的新建与开设;"专业调整"是指专业的取消、专业方向的变更或专业内涵的改变;"专业优化"则是使专业类型、专业数量、专业规模更加合理,专业内涵建设更加扎实,专业与社会需求的契合度更高,专业之间的联系更加紧密,专业的综合办学效益更好。[①] 调整优化专业结构,构建合理的专业体系是进行人才培养与科学研究的基础和平台,是高校长远发展的基础。

(四) 专业结构调整优化的原则[②③]

实施专业结构调整优化要求从专业的调研、规划、实施、管理到教学,每个环节都要有据可依。

---

① 林蕙青. 高等学校学科专业结构调整研究[D]. 厦门大学博士学位论文,2006.

② 潘荣江等. 高职院校专业结构调整优化研究[J]. 高等工程教育研究,2014(3).

③ 曾明,徐晨. 论高等学校专业结构调整的原则与策略[J]. 高等理科教育,2010(3).

1. 适应性原则

适应性原则是指高校的专业结构必须与区域经济的发展、高等教育自身发展的规律以及受教育者成长发展规律相适应。

2. 效益性原则

效益性原则是指专业结构既要体现社会效益,凸显其公益性和社会价值,也要体现经济效益,通过办学规模的大小、收入的多少以及投资效率的高低来衡量专业的办学效果。

3. 前瞻性原则

前瞻性原则是指在科学调研产业结构和社会发展方向的基础上,准确预测人才需求变化趋势,瞄准前沿技术,追踪职业的发展需求,合理设置新专业,不断调整优化现有专业,不仅应与产业结构、社会需求的变动同步,更要起到引领产业结构调整优化和社会发展方向的作用。

4. 适度性原则

适度性原则是指高校的专业结构调整需立足于学校已有的专业基础,量力而行。在时机尚未成熟时,不应盲目追逐潮流新设专业,而应着力于前期的专业调研与持续的资源储备。一旦时机成熟,资源累积完成,方可顺时而动,乘势作为。

5. 关联性原则

关联性原则是指保持专业之间的开放性,在学科与服务面向方面保持专业之间的关联度,使得专业之间能够达到资源集中、优势共享、相互支撑、相互促进,并能自然形成专业群链,构建以主体性专业为核心,以支撑性、特色性专业为辅助的专业结构理想模式。

（五）专业结构调整优化的途径与方法

1. 依据学校发展目标定位调整学科专业结构

正确的自我定位,是顺利实施专业调整的前提和基础。要客观地分析学校在国内及该地区的地位和现有的办学条件,并依据国家和地区的发展规划,寻求可扩展的服务领域,确定自身办学定位、人才培养目标、服务面向,在此基础上,制定专业调整规划。

2. 规范专业设置和管理

科学制定专业建设与发展规划,规范设置专业培养方向,鼓励优先设置电子信息产业、互联网经济、战略性新兴产业等相关专业。

3. 加强对传统学科专业的改造

加快调整改造传统专业、长线专业,在发挥传统学科专业师资力量强、办学经验丰富、教学资源充裕等优势的同时,要不断更新其教学内容、改革课程体系。鼓励加大使用信息技术等现代科学技术提升、改造传统学科专业的力度,实现传统学科专业新的发展。

4. 以社会需求为导向,合理设置新专业

建设应用型专业集群,建成一批直接服务产业发展和岗位需求的应用型专业或校企合作共建应用型专业。在产业发展重点领域,与企业、行业联合举办试点学院或试点班。引进国际优质资源合办急需紧缺专业,联合培养创新创业人才。围绕地方产业发展需要,加强校地校企深度合作,依托行业、面向企业培养适用人才。

5. 加强专业内涵建设,打造品牌专业

要保持和发展自身的优势与特色,逐步提高社会影响,打造品牌专业。

6. 加强专业质量监控,建立专业激励约束机制

建立专业质量监控机制,组织实施专业评估,将评估结论作为专业继续招生、限制招生、暂停招生的依据。对生源严重不足、毕业生首次就业率低的专业,引导院(系)进行调整,对毕业生就业率连续两年低于当地同类专业平均就业率的专业,控制其招生计划,对

于办学条件差、招生和就业困难的专业,采用"关""停""并""转""联"等方式予以调整。

7. 加强教育教学研究与学科专业规划

要加强教育教学研究,了解地方经济社会和高等教育的发展现状,了解人才市场对高校毕业生的需求状况,进而明确学科专业结构调整的目标、思路和重点,为学科专业建设和结构调整工作奠定良好的理论基础。同时,也要注重学科专业规划的编制、实施与管理,保证专业结构调整与优化的科学性、合理性与可持续性。

二、专业特色形成

(一)专业特色形成的制度设计

专业特色是指高等学校在教学改革和专业建设过程中,在办学理念、人才培养目标、培养模式、培养质量等方面具有其他高校所没有的显著特点。高校同质化现象的大量存在是专业特色建设的原动力。当前,专业特色建设已成为高校谋求内涵式发展和制订各类评估方案时关注的重点。

专业特色的形成需要学校在统筹全局的专业发展构架下,着力推行一系列特色专业发展举措。首先,就要进行特色专业建设与发展的制度设计。

1. 正确理解专业特色建设的内涵是专业特色形成的制度前提

专业特色建设是指高校在一定的办学思想指导下和长期的办学实践过程中逐步形成的具有特色的专业建设与发展。[1] 理解专业特色建设的内涵需要从两个方面入手。一方面,专业特色建设源

---

① 张月玲,花双莲,王晓莉.高校特色专业建设探索——以山东科技大学"会计学"特色专业建设为例[J].财会通讯,2010,(31).

自人才培养的需求。专业存在的前提是人才培养的需求,这种需求可能来自社会某种或某几种行业,也可能来自学科,还可能来自学生,即学生自由而全面发展的要求。① 另一方面,需要考虑的是人才培养的基础和优势,一个专业要培养出有特质的学生,使学生具有某种与众不同且优于众者的素质与能力,专业本身必定要具备一定的支撑条件,即具备培养学生与众不同的素质与能力的条件。换句话说,就是具有某种人才培养的优势。只有从人才培养的需求和人才培养的基础、优势出发,真正理解专业特色建设的内涵,才能够在其发展的过程中不断调整和改善专业特色的建设。

2. 建立专业特色审核的组织机构和规范是专业特色形成的制度基础

专业特色建设与形成往往需要高校投入相对较多的人力、财力、物力,以保证其长期发展。因而,在选择某个专业进行重点特色发展时,需要从学校内部和外部两方面建立和完善特色专业审核的评估体系。学校内部组建专家队伍,通过对社会需求、校情分析、专业自身发展、学生素质等几个方面的综合考察,慎重选择专业发展方向,建立特色专业审核机制,合理规范评估程序;外部加强交流与考察,争取资源获取能力,完善外部保障条件与文化氛围。以学校内外综合审核优选的专业作为特色重点发展对象,不仅可以提高专业建设质量、教学水平,学校也能够以此为契机"以点带面"地提高整个学科乃至学校的教学质量和水平。

3. 完善专业特色发展的监控与反馈机制是专业特色形成的制度保证

---

① 张灵,禹奇才,张俊平.专业特色建设的几个基本问题[J].中国大学教育,2012,(9).

积极建立和完善激励与约束并举的专业特色监控与反馈机制是专业特色形成的制度保障,这对于专业特色的持续、稳定、健康发展十分重要。专业特色发展的监控与反馈机制也可以由学校内部监督和学校外部评价两大部分构成。学校内部监控与反馈包括学校办学特色自评、学院特色专业建设自评、专业教师评价和学生评价等;而校外评价与监控则包括政府主管部门评价、用人单位评价、毕业生评价、社会公众评价等。通过内外部评价主体的监督与反馈,完善学校专业特色的建设。

此外,学校专业建设的内部条件和外部环境都处于不断变化之中,专业特色建设和运行过程可能会出现偏差,因此需要学校、社会和主管部门进行动态监控。对于发现的问题,监控部门或责任单位要及时反馈、分析,找出问题根源,如属于可控制的不利变化,要督促专业特色建设单位尽快加以调整,必要时可实行滚动建设和淘汰制度。

(二)专业特色形成的保障条件

专业特色的形成是一个动态的发展过程,有了规范的内外部制度基础后,还需要各方面采取相应的措施,为专业特色建设提供稳固的保障。

1. 加强专业与社会发展需求的结合,优化人才培养方案

专业特色建设首先需要有明确的培养目标,而培养目标的实现更多地需要依赖高校设定的人才培养方案。因此我们需要深入研究经济社会发展对各类人才需求的趋势,明确专业特色,明确人才培养目标,改革传统人才培养模式,制定与社会发展和专业特色相适应的人才培养方案。加强课程体系改革,重视基础课程,加强主干课程,扩大选修课程,突出专业、人才培养定位与特色,加强专业课程体系的建设。同时,加强教学内容改革,改变教学内容陈旧、重

复和与课程体系改革不配套的状况,精选教学内容,不断充实反映学科前沿和社会发展的最新成果。

2. 加强高水平师资队伍与教学团队建设

师资队伍是专业特色建设的基础,没有高水平的师资队伍就无法建设特色专业。因而,学校应当狠抓教师队伍建设,在人才引进上向特色专业倾斜,在人员配备上向特色专业靠拢,在人才培养上向特色专业侧重,并着力解决好目前高校不同程度存在的教学基层组织不够健全、教师"单兵作战"等问题,努力构建以课程组或学科小组等组织形式为基础,梯队结构较合理,教学与科研综合水平高的教学团队。另外,要注重从生产、管理、服务等一线聘任适量的兼职教师,不求所有,但求所用,以改善队伍结构,增强活力。

3. 紧密结合专业的发展,进一步加强基础设施和专业基地的建设

加强特色专业基础设施建设,改革实验室管理体制,更新实验教学内容,进一步增加创作类的实践项目。改善实验条件,抓好实验教学内容的改革,全面推进实验室开放。加强特色专业实践基地建设,努力依托行业联合企业,增加相对稳定、深度合作的校外实习基地,充分满足特色专业学生的实习需要。

(三) 专业特色形成的文化氛围

高校专业特色的形成除了依靠制度设计与举措保障外,还需要构建与之相适应的特色校园文化。

1. 特色校园文化的内涵

校园文化是在高校的特定环境中,通过师生共同创造和传播的知识、景观、思想观念、制度和校园精神的总和。[①] 它是一所学校办

---

① 刘邵辉,卢强.浅论高校校园文化建设[J].北京交通大学学报(社会科学版),2006.

学理念、人文精神的重要体现,具有鲜明的个性,并能在新的历史条件下不断转变或提升,是一所大学在长期的办学过程中形成的各种有特色的规章制度、教风学风、学生风貌、物质环境等因素的积淀。高校的特色文化深刻影响着一所大学的发展方向,能够推动专业特色的建设,是大学生成长成才的重要依托。

特色校园文化的建设强调高校在建设校园文化的过程中,要根据自己的历史传统、地域特征,围绕办学定位、培养目标,突出个性,形成有特色的文化环境、校园精神,注重依据专业特色,打造品牌校园文化活动。高校特色校园文化建设要求把握大学生行为规律和心理特征,并将专业特色与人文精神以及对学生的德育教育相结合,在对大学生进行基础知识、专业技能培养的同时,重视对学生的人文精神、道德素养的培养,提高学生的专业素养和综合素质。[①]因此,加强校园文化建设有助于发挥学校的教育效能,有助于推动专业特色的形成。

2. 特色校园文化的功能

(1) 有利于服务专业实践,促进专业建设

高校在对大学生进行专业培养的同时,通过形式多样的校园文化活动,根据学生的个性和专业特长,为学生搭建一个专业实践的平台,以活动延伸课堂。特色校园文化活动是特色专业实践的支撑,多姿多彩的校园文化活动能使学生更加热情地投入到专业学习和专业实践中。

(2) 有利于营造育人氛围,促进学生的全面发展

高品位的校园文化氛围,是学生得以成长成才的沃土。良好的

---

① 邹焱兰.加强高校特色校园文化建设的若干思考[J].对外经贸,2014(5).

校风学风有很强的感染力、凝聚力,特色的校园文化是加强思想政治教育、培养特色人才的第二课堂,不仅能够愉悦身心、陶冶情操、焕发激情、催人奋进,还能使学生形成独特而优雅的气质,促进学生既有专长又全面发展。

（3）有利于增强高校的核心竞争力,发挥引导示范作用

当今国内外高校竞争越来越激烈,每一所高校由于其历史背景、发展规划、文化底蕴的不同而各具特色,因此高校要在激烈的竞争中得到长足发展,就要根据自身特点,建设特色校园文化,才能加强高校的核心竞争力。坚持特色办校,个性发展,坚持特色校园文化建设,更能够促进社区文化、城镇文化和企业文化的大发展,促进社会的和谐,引领社会文化风尚。①

3.专业特色的形成需要特色文化氛围

我们需要积极探索如何在建设特色校园文化的过程中促进专业特色的形成。

（1）校园文化建设的规划中突出专业特色

专业建设是高校建设的主线,它集中体现了学校的办学特色、发展方向、办学水平、学术地位和核心竞争力,它标志着一所大学在国内外的地位和影响力。高校应当在深挖学校的历史背景、办学理念、发展方向、自身学科优势的基础上,结合社会需要,进行特色专业建设。因此,在校园文化建设的规划中,也应当突出专业特色,打造优势专业,创造品牌专业。

（2）开展与特色专业相关的课外活动

高校在开展学生课外活动时应特别注重突出专业特色,把学科

---

① 邬焱兰.加强高校特色校园文化建设的若干思考[J].对外经贸,2014(5).

专业特点与校园文化活动结合起来,展示学生的专业特色与技能。如在校园文化艺术节系列风采活动中,举办"艺术作品展""校园规划设计大赛""系标系徽设计大赛"等,评选校园文化艺术节最具专业特色奖。学校通过校内外活动搭建平台,让学生有展示专业才华的空间,使专业知识与实践紧密结合在一起,丰富校园文化的同时,夯实学生的专业基础与能力。

（3）运用传媒手段,注重专业特色,传播校园文化

除了校园橱窗、板报传统文化宣传设施外,高校要充分利用好广播、微信、微博等网络校园文化媒体,充分发挥其宣传引导作用,努力营造宽松自由、积极向上的舆论氛围。通过媒介对学校的办学特色和专业特色加以宣传和推广,创建特刊或特色专业系列电子专栏。努力做好积极宣传,专题报道,发挥载体重要作用,在传播校园文化的过程中,凸显学校的专业特色。

专业特色建设与校园文化环境是密不可分的,只有把专业特色建设与文化氛围创设结合起来,才能取得相得益彰的效果,更好地彰显学校特色。

（四）专业特色建设案例

N学院是我国第一个直接将"转型发展"作为学校发展理念明确提出来的院校,其转型发展是比较深入和全面的。N学院特别注重专业特色的培育,配合国家和省质量工程项目,启动学校品牌特色专业建设工程,遴选校级品牌特色专业进行重点建设,获批了6个省级品牌、特色专业及其建设点,并实现了国家级特色专业的突破:自动化专业获批国家第三批特色专业建设点(2008年),数学与应用数学专业获批国家第六批特色专业建设点(2011年)。下文将以数学与应用数学特色专业建设点为例,探讨N学院特色专业建

设的理念。

N 学院数学与统计学院的数学与应用数学专业于 1995 年开始挂靠某"211 工程"高校招收本科生。自 2004 年自己招收本科生以来,N 学院积极推进教育创新,发挥后发优势,实现了跨越发展。2005 年,该专业有教师 29 人,其中教授 3 人,副教授 14 人,讲师 9 人,助教 3 人,配备有 1 个计算机辅助教学机房。当时该专业提出努力以先进的教育思想为指导,积极探讨现代化教学手段,实现研究性教学方法和模式的突破,改变过去以教师为主的"灌输知识"模式,充分调动学生的学习积极性,培养学生积极主动学习的意识和自学能力,并激发学生的动手能力和创新意识,培养社会需要的实用型人才。

对人才培养目标的理解决定了专业建设的方向与途径,数学与应用数学专业设置了师范与非师范两个方向的人才培养目标。

1. 人才培养方向的定位

（1）师范方向

师范方向培养具备数学学科和数学教育双重素质的中小学数学教师、教学研究人员及其他教育工作者,要求学生掌握数学科学的基本理论、基本知识与基本方法,具有实践能力和创新精神,具备数学学科和数学教育的双重素质。为实现这一培养目标,学院认为人才培养模式要以培养中小学数学教育工作者教育工作能力为主线,加强数学教师教学技能的训练。为此,该专业设置了中学数学解题研究、数学方法论、竞赛数学等课程,加强了中学数学解题技能的培养和训练;将数学教育理论与中学数学教学实际相结合,加强理论教学与实际的联系,加强教育实习实践环节,加大实践教学的比重,以有效地培养学生的教师职业综合能力。

（2）非师范方向

非师范类培养的毕业生主要是在相关企事业单位从事系统软件设计或应用开发工作或在企事业单位从事信息管理、数据分析等工作。对该方向学生的能力要求是：掌握数学学科和计算机软件领域的基本理论与基本知识，掌握数学应用和计算机软件设计的基本方法，具有运用数学知识和使用计算机分析、处理实际问题的能力，具有软件系统设计、分析以及项目管理的能力，具有较强的实践与创新意识，能在相关企事业单位从事系统软件设计或应用开发工作，或者在企事业单位从事信息管理、数据分析等工作的应用型、复合型专门人才。为实现这一目标，该方向在培养过程中采用了与校内计算机软件学院跨专业合作培养的模式，在校外依托 C 市 IBM—EFT 服务外包人才培训基地构建完善的实践教学体系。其特色体现在：以培养具有数学和计算机双重基础、综合能力突出、适应面宽的专业人才为目标，注重培养学生的职业技能和创新实践能力；构建了以提高学生实际项目开发管理能力和系统软件设计能力为主的专业技能的教学体系；实施跨专业合作培养和校企合作培养。

2. 专业建设的过程

（1）人才培养方案的制定

为优化人才培养方案，该专业在制定培养方案的过程中付出诸多努力：一方面，深入调研，了解人才需求。数学与统计学院深入到各市教育局、基层中小学和企事业单位，通过问卷调查、访谈等方式切实了解各级各类学校（如普通中学、职业学校等）、不同地区学校（如苏北、苏南）对数学师资和数学应用人才的需求情况，了解中小学对数学师资和数学应用人才的知识、素质、能力等方面的要求。另一方面，精益求精，构建"合格+特长"的人才培养方案的基本框

194

架,将"具有一流的师范生技能和数学应用技能,具备较高的数学教学改革、研究与创新、能充分利用信息技术手段的能力和具备计算机软件开发与设计、统计数据分析等方面的能力"作为培养特长,以适应我国社会经济的持续发展和苏南经济进一步腾飞的需求,在全国实行基础教育改革和苏南地区全面实施素质教育大背景下,对数学与应用数学专业本科生提出更高要求。

（2）教学管理工作的开展

具体而言包括:第一,组建专业建设指导委员会。聘1～2名国内知名教授为本专业建设指导委员成员,负责审议专业发展规划、培养方案、教学计划等,并对专业建设和教学改革提出意见和建议。第二,健全教学质量管理制度,建立系教学质量保障体系,有效监控教学过程;建立了"学生评教、同行评教、领导评教"的"三评"制度和"定期检查和突击检查相结合、自查与普查相结合"的"两结合"质量监控体系;成立系教学委员会和教学督导小组,制定一系列教学管理制度,监督教学过程。第三,加强校内实习基地建设和系专业实验室建设,在学校的统一规划下,加强师范生技能和计算机应用软件设计与开发、数据处理与统计分析等方面的技能培养,以适应数学与应用数学专业人才培养的要求。另外,在学校的统一安排部署下,签约以苏南地区各中学、企事业单位为主的稳定优质的专业实习、实践基地,为本专业学生的实践与毕业实习提供重要保障。同时,也为该专业教师提供了实践的机会。

三、专业质量持续改进

（一）建立专业质量持续改进制度

质量管理活动可划为两个类型。一类是维持现有的质量,其方法是"质量控制"。另一类是改进目前的质量,其方法是主动采取措施,使质量在原有的基础上有突破性的提高,即"质量改进"。持续质量改进是指在全面质量管理的基础上更注重过程环节质量控制的一种新的质量管理。

1. 建立专业评估奖励制度

高校要定期对专业毕业生的就业情况、招生情况及其人才培养方案、人才培养方式、教师教学情况等进行调研分析,评估专业运行效果与效益;要重视专业评估结果的运用,强化奖励制度,要进一步健全专业评估的导向机制,要把对专业评估结果作为考核政绩、评选先进、任免干部的重要依据。对于存在突出问题的专业,要予以通报批评,甚至向社会发布公告,对于其中问题长期得不到解决的个别单位及当事人要进行必要的处罚。对于那些态度积极、进步较快、成绩显著的单位和个人,应给予表彰和奖励。这样的评估奖励制度实施后,每一轮评估前,各专业就要认真自查自纠,评估过程中,主动跟评估人员讲问题,分析原因。评估后,根据评估报告,拿出整改措施,积极主动地发展。

2. 建立专业评估"回头看"制度

评估部门既要积极主动帮助被"惩"专业分析原因,拿出措施,又要诚恳帮助被"奖"专业找出问题,提出努力方向,让起点不同的专业都得到发展。为此,评估部门就要按照"一专业一案"的原则,制定出对专业"回头看"的工作方案,通过深入调查研究,了解情况,肯定成绩,指出不足。发现原先"被奖"专业新出现重大问题的,则取消相应奖励,实行相应处罚;发现原先被"惩"专业有了彻底整改的,则取消相应处罚,实行相应奖励。通过"回头看",使专业评估结果运用成为动态过程,有利于督促专业整改问题,发扬成绩,促进专业自我调节、自我完善、自我发展。

（二）建立专业质量年度报告发布制度

建立专业质量年度报告制度是高校建立健全内部质量保障体系、开展自我评估、不断提高专业教育质量的一项重要工作,是高校进一步增强社会责任意识、回应社会关切、践行信息公开社会义务的重要体现,也是高校向社会展示学校风貌和办学特色、宣传办学理念和教学成果的重要途径。建立专业质量年度报告制度将会增强学校与社会的沟通,促进学校不断改进人才培养工作,提高教育教学质量,努力办好人民满意的高等教育。

1. 主要内容

围绕专业人才培养关键要素,展现学校专业教学新理念、新措施、新成果,体现专业人才培养服务经济建设和社会发展基本情况。专业质量年度报告应重点包括以下内容:

① 基本情况。包括专业培养目标及服务面向、培养方案与课程体系、实践教学体系、在校生数量、生源情况等。

② 教师队伍。包括专业师资队伍数量、结构及建设发展情况,师生比例,高级职称教师授课情况,实验实习指导教师情况,青年教师培养情况等。

③ 包括教学资源。实验室建设与利用情况,专业实习实训基地情况,文献资料、教学经费投入情况,图书、设备、信息资源及其应用情况等。

④ 包括专业教学。课程建设、教材建设与选用情况,教学方式方法与考试考核情况,实验内容与实验开出率,实践教学、实习报告、实习总结情况,教学改革立项、教研论文情况,毕业论文、学生创新创业情况等。

⑤ 包括教学管理与质保体系。包括规章制度、教学文件;学习指导、职业生涯规划、就业指导、创业教育;质量监控:评价、检查、指导、反馈、改进机制的形成;质量报告的社会公布。

⑥ 教学效果。包括学生学习满意度、应届生毕业情况、学位授予情况、攻读研究生情况、就业情况、社会用人单位对毕业生评价、毕业生取得的成就、专业学习以外的其他学习(社会公认的考证)情况、基本理论与基本技能的掌握情况、创新精神实践能力的培养(竞赛、科创活动、科研)情况。

⑦ 特色发展。包括专业在办学定位、教师、教学资源、专业教学等方面长期以来形成的、被校内外广大利益相关者所认可的教育教学典型做法。

⑧ 需要解决的问题。针对影响专业教学的突出问题,分析主要原因,找出解决问题的措施及建议。

2. 工作要求

具体工作要求如下:

① 要重视专业质量报告编写工作,在报告编写时要客观反映专业实际情况,要紧扣专业人才培养主题,抓住关键要素,分析专业教学基本状态,突出专业教学改革亮点、成就和经验,分析存在的问题,提出解决问题和改进工作的措施,全面展示专业人才培养状况和教学质量。

② 报告要体现相应支撑数据,并以数据为依据进行分析,不夸大成绩,不回避问题。要自觉加强诚信意识,不发布不真实信息,不利用质量报告进行虚假宣传。要建立专业质量报告主要领导负责制、相关部门联动机制和重要内容核查机制。

③ 质量报告每学年度发布一次,并在学校网站向社会公开发布。

第六章　上海高校专业评估的实效与启示

第一节　上海高校开展专业评估概况

政府部门组织的上海高校的专业评估始于 20 世纪 90 年代初。自 2012 年起,上海市开展了从顶层设计到高校全面展开的专业评估系统工程,我们称其为新一轮的本科专业评估。

一、历史上的上海高校专业评估实践

早在 1990—1992 年,上海市高教局就组织过对上海高校设置量大面广的计算机、管理、会计 3 种专业进行评估,后受上海旅游局委托又共同组织开展了高校旅游管理专业的评估,并通过旅游局发布了评估结果,接着对国际经济贸易专业进行评估,这是国内较早由政府组织的专业评估实践活动。

到 2001 年年底,上海普通高校有本科专业点 630 个,涉及 11 个学科门类,63 个专业类,还有 14 个目录外专业,初步形成学科覆盖率较高,专业布点较多,新专业不断涌现的本科专业体系。为积极引导高校本科专业设置与调整,上海市教育委员会计划在"十五"期间,通过评估建设 100 个本科示范性专业点。

2003 年下半年开始,上海市教育委员会委托上海市教育评估院对复旦大学等 18 所高校涉及 9 大门类 62 个本科新专业进行了

检查评估,其范围为 1999 年和 2000 年通过教委审批的、秋季新开设并招生的高校本科专业,检查依据为《上海高校本科新专业检查指标体系》。检查工作采取专家组集中审阅学校提供的自评材料和赴校实地抽查相结合的方式,检查结论分为检查通过和限期整改两档。对于限期整改的专业予以黄牌警告并责令其限期整改,3 个月后实地复查,如再不合格,则予以红牌,并暂停招生。

每年的新专业检查评估一直持续到 2013 年,2013 年起新专业检查纳入专业达标评估范畴中进行。

二、新一轮专业评估实践探索

(一)专业评估的政策依据与实践阶段划分

新一轮专业评估政策依据有 3 个文件,评估实践分为两个阶段。

自 2012 年起,上海市教育委员会为促使高校重视人才培养质量,优化专业结构,完善质量保障体系,促进专业合理定位,引导专业办出特色以及实现教学质量常态化监控,先后发布了《关于开展高校本科专业评估工作的通知》(沪教委高〔2012〕72 号)、《关于做好上海高校本科专业达标评估工作的通知》(沪教委高〔2013〕31 号)、《关于推进本市高校本科专业评估工作的若干意见》(沪教委高〔2015〕18 号)等工作文件,以此指导全市专业评估工作的开展。

1. 专业评估试点阶段

专业评估试点阶段指的是沪教委高〔2015〕18 号文颁布前的阶段,这一阶段以专业评估试点为主。首先,沪教委高〔2012〕72 号文发布了本轮专业评估的顶层设计,并立即开展由上海市教育委员会委托市上海教育评估院组织实施的选优评估试点工作,自 2012 年 10 月至 2013 年 7 月完成了两轮选优评估工作的试点。其次,沪教委高〔2013〕31 号文要求对 2013 年预警专业和新专业开展达标评估的试点工作,自 2013 年 7 月至 2014 年 7 月完成 179 个预警专业和 34 个新专业的达标评估试点。再次,2013 年开始,市属高校根据沪教委高〔2012〕72 号文和沪教委高〔2013〕31 号文的要求,按自主评估原则,参照上海市教育委员会颁布的专业达标评估指标体系,也相继开展了本科专业达标评估。2013 年较早开展专业达标评估的上海政法学院、上海师范大学、华东理工大学等高校,对全校所有专业同时开展专业达标评估。在这一时期,部属高校的专业评估率先开展。同济大学于 2010 年对全校 80 个专业完成了专业评估,2015 年又开展了第二轮专业评估;华东师范大学于 2009—2014 年先后完成 10 批 57 个专业的评估,2015 年开展了第二轮专业评估。

2. 专业评估制度建立与实施阶段

这一阶段从沪教委高〔2015〕18 号文颁布之后,并延续至今。这一阶段的特点是各高校按上海市教育委员会的要求建立起五年一轮的专业达标评估制度,制订开展专业达标评估的计划和方案,建立"自评—反馈—整改"的评估机制。

(二)专业达标评估的组织实施

专业达标评估的组织实施方式有两种,即学校自主组织实施和委托上海市教育评估院组织实施。

1. 学校自主组织实施

按协同自主专业评估模式,专业学校自主组织实施方式是指在评估方案的制订、指标体系的选定、专家遴选、时间安排等方面都可体现学校的自主性,特点是针对性强。

2. 委托上海市教育评估院组织实施

这种方式在程序上较为正规,要求严格,包括形式审查,不符合要求的要退回修改。由于长期积累,已形成完整的专家库,专家遴选范围较为全面,基本上由对教学工作熟悉的学科专家、教学管理专家和企业专家组成。所以能组织到较强的专家实地考察队伍,并对专家反馈提出明确要求:以诊断为目的,强调找问题,便于学校整改。

三、上海高校开展本科专业评估的状况

据不完全统计,截止到 2016 年 6 月,上海高校共有专业点 1786 个,其中 845 个专业点开展了专业达标评估,包括同济大学 2010 年、华东师范大学 2009 年起开展的全校所有专业的评估(共计 164 个)。2012 年以来,参加新一轮专业评估的上海高校专业点约在 660 个,涵盖了 2013 年的新专业、预警专业,完成达标评估共 213 个(见表 6.1)。

表 6.1　上海高校开展专业达标评估情况

序号	学校	全校专业数(个)	开展达标评估专业数(个)	完成时间(年度)	备注
1	复旦大学	70	15	2015	
2	上海交通大学	64			主要采取专业认证。通过工程教育认证专业 3 个

序号	学校	全校专业数（个）	开展达标评估专业数（个）	完成时间（年度）	备注
3	同济大学	84	84	2010	通过工程教育认证专业7个
4	华东师范大学	80	80	2009—2015	
5	华东理工大学	61	50	2013、2014	通过工程教育认证专业7个
6	上海外国语大学	40	28	2013—2016	
7	东华大学	55	55	2015、2016	
8	上海财经大学	38	21	2013—2015	
9	上海海事大学	47	32	2013—2016	通过工程教育认证专业1个
10	上海音乐学院	7	2	2013、2014	
11	上海戏剧学院	18	16	2012—2015	
12	上海体育学院	18	3	2013	
13	华东政法大学	24	14	2015、2016	
14	上海海洋大学	38	28	2013、2014	
15	上海电力学院	30	21	2015	
16	上海大学	71	11	2013—2016	
17	上海中医药大学	11			通过专业认证专业3个

序号	学校	全校专业数（个）	开展达标评估专业数（个）	完成时间（年度）	备注
18	上海师范大学	81	81	2013—2014	
19	上海对外经贸大学	30	16	2015、2016	
20	上海工程技术大学	61	64	2013—2016	含专业方向；开展专业评估后，对专业进行了调整
21	上海理工大学	54	23	2013—2016	通过ASSIN认证专业7个、工程教育认证专业2个
22	上海应用技术大学	49	43	2013—2016	
23	上海第二工业大学	39	9	2015	
24	上海立信金融学院	47	45	2013—2015	按合校前统计
25	上海电机学院	31	22	2013—2015	
26	上海商学院	29	22	2013—2015	
27	上海政法学院	24	15	2012	

序号	学校	全校专业数（个）	开展达标评估专业数（个）	完成时间（年度）	备注
28	上海杉达学院	27	0		
29	上海外国语大学贤达经济人文学院	21	4	2013	
30	上海师范大学天华学院	25	23	2013—2015	
31	上海建桥学院	28	16	2013—2016	
32	上海海关学院	7	0		
33	上海视觉艺术学院	16	2	2015	

四、上海高校专业评估工作特点

（一）专业自主评估几近普及

无论是院校的合格评估还是审核评估，上海市高校在此前都在学校内开展了一轮专业评估，并将专业评估作为院校评估的基础工作。

上海商学院在接受本科教学工作合格评估前，委托上海市教育评估院对全校 25 个专业分三批进行了专业评估，并把专业评估的结果反映到学校的自评报告中。教育部专家组进校考察时，对此进行了充分肯定，并把专业评估的成绩体现在专家组的评估报告中。

在上海市教育委员会《关于开展市属普通高等学校本科教学工作审核评估的通知》（沪教委高〔2015〕68 号）文件中，明确规定根据上海市教育委员会相关文件（沪教委高〔2012〕72 号文和沪教委高〔2015〕18 号文）要求，参加审核评估的上海高校（不包括部属高校）应建立并实施五年一轮的专业自主评估制度。这体现了上海市教育委员会力图把专业评估和审核评估两项工作融合在一起，并从制度建设上加以保证。

东华大学（部属）、上海师范大学和上海工程技术大学三所学校于 2016 年下半年接受本科教学工作审核评估。三所学校均已完成了全校所有专业的专业评估，且把审核评估审核范围、要素、要点中关于评估专业的要求都体现在专业评估中。

（二）评估实务规范化中体现独创性

上海高校开展专业评估既按要求组织实施，又形成各校的独创性。如复旦大学对开展专业评估的专业要求在自评报告中体现和国内外同类专业的比较；同济大学把专业评估作为学校实施本科教学质量保障体系的一部分；华东师范大学通过专业评估构建专业持续发展的促进机制和"低重心、常态化、开放式"的内部教学质量保障机制；华东理工大学为明确规范专业建设的主体责任，遴选产生了各专业的责任教授，并明确责任教授的主要工作任务；上海理工大学把专业评估作为学校打造"精英本科"的重要举措；上海师范大学把专业评估作为当年开展的"教学质量月活动"的主题，并依据专家的反馈意见，对全校专业设置进行优化调整；上海电机学院和上海商学院借助专业评估建立了各专业的年度质量报告发布制度。这些都显示出上海高校开展专业评估，既按规范进行，又创造性地显示了各校的工作特点（参见第七章的案例选编）。

（三）依托数据平台，重视数据分析

诊断离不开数据的收集，除了规定填报《专业简况表》以外，许多高校自行建立了数据平台，并依据数据，进行统计分析，找出各专业弱项。

华东理工大学建立数据平台，对定量数据进行了自评＋网评（即专业责任教授根据定量指标的标准自我评分，即自评；专家据此进行审核评分，即网评），并对专家评分进行统计分析，对一级指标和二级指标进行均值统计，找出各专业的弱项。

东华大学开发了专业评估系统，专业可直接向学校提供自评报告、支撑材料与数据，评估结果按 A、B、C、D、E 五档评分。专家进校前根据学校提供的材料给出预评分，进校考察后可修改预评分，最终给出评分结果和评估意见。

上海电机学院建立了专业教学状态数据标准，在对各专业的教学状态数据进行汇总分析的基础上，编制发布年度《本科专业教学状态白皮书》，以便更加真实反映专业教学基本状态。

（四）重视诊断，重视整改

上海市教育委员会在开展专业评估的顶层设计中，非常明确把专业达标评估定位在诊断性评估，专业选优评估定位在发展性评估。所以在达标评估的过程中，安排了"专家进校考察"这一环节。专家审阅《专业自评报告》和《专业简况表》等材料后，带着审阅后的问题，再花 1~2 天时间进校实地考察。这样，专家有了亲身的体验和感受，再对照评估指标体系的标准，就会发现问题。这过程可以称之为"解剖专业找硬伤"，这就是以问题为导向，能起到"诊断"的作用。

按照上海市教育委员会〔2015〕18 号文的要求，专家的诊断意见要写到指标体系中的二级指标,专业评估的实践表明专家的意见既中肯,又针对性强,既帮助专业分析特色和优势,又积极提出改进建议,有的专家意见一针见血。因此,各校领导极其重视专家的诊断,专家意见反馈会上校领导都亲自参加。

专家诊断反馈意见是整改工作的基础。学校可要求被评专业对照专家意见逐条剖析,梳理专业建设和发展思路并提出改进措施,形成整改报告。学校也可以借助专家意见对全校专业布局进行优化和调整。上海理工大学不仅要求各专业递交整改报告,而且还要求组织专家对整改报告进行再评估。

第二节　上海高校本科专业评估试点

依据上海市教育委员会相关文件(沪教委高〔2012〕72 号文、沪教委高〔2013〕9 号文、沪教委高〔2013〕31 号文)精神和工作要求,上海市教育评估院于 2013 年 7 月起,组织开展 2013 年度上海高校本科专业达标评估。

对 2013 年有首届毕业生的新专业和上海市教育委员会公布的预警专业,上海市教育评估院按照达标评估要求统一组织实施评估,其间也开展了本科专业选优评估试点。

一、新专业达标评估

（一）评估范围

新专业是指 2013 年有首届毕业生的专业。2013 年新专业涉及 21 所高校的 34 个专业。其中有新建 9 所本科院校的 14 个专业,占参加达标评估专业的 42.9%（见表 6.2）。

表 6.2　2013 年上海高校新专业分布及参评情况

| 学校专业 | | 各学校新专业数 | | | 评估组实地考察学校及新专业数 | | |
学校类别		院校数（所）	新专业数（个）	占比（%）	学校数（所）	新专业数（个）	占比（%）
"985 工程"院校		1	2	5.88	0	0	0
"211 工程"院校		4	6	17.65	0	0	0
老本科院校		7	12	35.29	0	0	0
新本科院校	公办	6	9	26.47	2	2	40.00
	民办	3	5	14.71	2	3	60.00
总计		21	34	100	4	5	100

（二）评估方式

以上海高校本科专业达标评估指标体系为评价标准,采取定性评价与定量评价相结合,专家组会议评审、现场考察相结合的方式。在本次新专业达标评估中,对全部新建本科院校的参评专业开展了进校实地考察。

（三）评估重点

评估重点对专业建设及培养过程进行判断和评价,特别是在拟定实地考察的专业时,需具体说明理由。如学校专业申报材料存在的明显问题、学校专业自评报告中涉及的数据及内容不详细、学校专业建设状况存在明显问题还需进一步了解等。

（四）评估结论

新专业达标评估,结论分为"达标"和"不达标"两种。2013 年 12 月 5 日至 6 日,上海市教育评估院组织会议评审。34 个专业中的 29 个专业评审结论为"达标",另有 5 个专业的评审结论为"需实地考察后确定"。

2013 年 12 月,上海市教育评估院组织专家对 5 个"需实地考察后确定"的专业进行实地考察。专家组听取了专业负责人汇报,查阅教学资料、实地考察实验室,与专业负责人、教师和学生代表座谈和沟通。特别对会议评审中专家组提出的问题,进行重点考察。实地考察后,专家认为 5 个专业也应审定为"达标"。

二、预警专业达标评估

（一）评估范围

预警专业是指高校中重复设置多、新生第一志愿录取率低、调剂和征求志愿录取率高且毕业生签约率和就业率低的专业(简称"二高二低"专业)。2013 年预警专业共有 15 类,涉及 35 所高校 226 个专业。

另外,有 47 个专业未参评,包括:(1)尚未有毕业生、中外合作办学和停止招生的专业,属于未纳入评估范围专业共 12 个;(2)既是预警专业,又属新专业,纳入新专业评估,共 4 个;(3)"085 工程"重点建设专业、省部级以上教学质量工程项目的本科特色专业、综合改革试点专业和已通过国家专业认证的专业,本次属免于评估专业,共 31 个。具体分布见表 6.3。

表 6.3　2013 年上海高校本科预警专业分布及参评情况

专业名称	参评专业(个)			未参评专业(个)									总计
	部属	市属	总计	免于评估专业			纳入新专业评估专业			未纳入评估范围专业			
				部属	市属	总计	部属	市属	总计	部属	市属	总计	
日语	6	14	20	2		2					1	1	3
信息管理与信息系统	6	14	20	2	1	3							3
工商管理	6	9	15	1	4	5				1	1	2	7
物流管理	4	10	14		3	3							3
行政管理	6	7	13		1	1				1	1	2	3
艺术设计	4	10	14		2	2							2
市场营销	5	10	15										
电子信息工程	2	8	10		3	3					1	1	4
公共事业管理	4	9	13							1		1	1
环境工程		8	8	4	1	5				1		1	6
广告学	5	5	10		1	1	1		1		1	1	3
信息与计算科学	4	6	10							1	1	2	2
社会工作	2	4	6	1	1	2		2	2		1	1	5
电子商务	2	7	9		1	1							1
交通运输	1	1	2	1	2	3	1		1				4
总计	57	122	179	11	20	31		4	4	5	7	12	47

（二）评估方式

预警专业达标评估,对部属高校,以专家会议评审方式进行;对市属地方高校,采取专家通讯评审（初评）、会议评审相结合的方式。主要依据上海高校本科专业达标评估指标体系的标准和要求,从培养目标与培养方案、教师队伍、基本条件及利用、专业教学、教学管理和教学效果等 6 个方面,对专业的相关指标进行评价。通过相关被评专业的《专业自评报告》《专业简况表》及其相关材料,审阅专业的基本条件,包括专业的培养目标、培养要求、主干学科、核心课程、实践实验教学环节等。重点考核被评专业的人才培养目标定位、质量标准的建立和专业建设的成效等,尤其注重师资队伍建设及教师对教学工作的投入等方面的指标,并对学校自评材料中的情况、专业建设过程中存在的问题,提出建设性意见和改进措施建议。

（三）评估过程

2014 年 3 月 14 日,上海市教育评估院组织专家对复旦大学等 8 所部属高校的 57 个预警专业开展会议评审。

2014 年 4 月至 6 月,上海市教育评估院组织专家对上海大学等 21 所市属地方高校的 122 个预警专业开展通讯评审,并汇总、统计和整理专家反馈结果。

2014 年 7 月,召开专家会议,重点审议通讯评审（初评）专家评价存在争议的专业。

（四）评估结论

预警专业达标评估,结论分为"通过达标"（简称"通过"）和"暂缓通过达标"（简称"暂缓通过"）两种。其中,要指出的是,部分被列为"暂缓通过"的专业是因为未按照文件的要求递交相关自评材料,导致专家难以进行评判。

经评估,165 个预警专业为"通过达标"评估,其中部属院校 55 个,市属院校 110 个;14 个预警专业为"暂缓通过"达标评估,其中部属院校 2 个,市属院校 12 个。

"暂缓通过"的预警专业,需依据评估专家组意见进行整改,并于 2 年之内向上海市教育评估院申请复评。在专业整改的基础上,经学校提出复评申请,上海市教育评估院于 2016 年 10 月组织专家以会议评审的方式对"暂缓通过"的预警专业进行评估,对照达标评估"暂缓通过"时专家提出的问题进行评议。其中 2 个专业因 2012 年专业目录调整,2013 年以新专业招生,目前无毕业生,故未进行复评。其余专业经过复评都"通过达标"。

（五）工作思考

1. 如何认识对新专业、预警专业统一开展达标评估的必要性

上海市教育委员会历来重视新专业建设。以往在新专业授予学位前,开展一次新专业检查,对专业建设起了一定的促进作用。但由于新专业检查的时间在学士学位论文答辩前,无法对毕业论文的质量进行考察,造成新专业检查缺少一个重要环节。现在,把新专业检查改成新专业达标评估,并且是在新专业自主评估的基础上进行,形成了新专业"申报—审批—建设—评估"的完整、规范、有效的管理程序和制度。这与院校层面的新建院校开展本科教学工作合格评估意义是一致的。通过达标评估,规范地检验了该新专业是否达到了办本科专业的基本要求。对上海高校预警专业开展达标评估是第一次,但其意义深远。所谓预警专业,是相对上海市的平均水平来衡量的。日语为预警专业,设置学校达 23 所,部属高校复旦大学、上海交通大学、上海外国语大学等 8 所学校均有设置,市属高校有 15 所设置,其中包括新建本科院校、独立学院共 7 所,二

者之间的办学质量差距很大。设置预警专业的目的之一,是从社会经济转型发展对人才的需求来调整专业布局,对预警专业进行达标评估可以区分教学质量的差异。这次参评的 179 个预警专业就有 14 个预警专业需要整改,予以"暂缓通过",也为今后专业结构布局的调整提供了依据。

2. 如何通过对新专业、预警专业的达标评估促进专业建设

通过新专业和预警专业的达标评估工作,对专业建设起到一定的促进作用,但要使达标评估真能做到促进专业建设,还得做好两方面的工作:一是取决于专业能否认真开展自评工作。学校要充分重视专业的达标评估这项工作,并能落实到各被评专业。有许多专业在自评报告中对存在问题分析得比较深刻,并有具体改进措施。但也有些专业自评报告写得粗糙简单、文不对题、材料残缺、信息错误,明显看出这些专业的自评工作是应付,提出的存在问题没有针对性,对专业建设不能起到促进作用。二是有赖于专家的评估水平和工作态度。绝大部分专家认真工作,分析问题到位,这样有针对性的综合评价意见反馈到学校,确实能对受评专业起到促进作用。但有些专业综合评价意见比较空泛、简单,这样的评价意见可能对被评估专业所起的促进作用还相对有限。

3. 如何进一步完善专业达标评估工作

上海高校新专业、预警专业的达标评估,因是首次实施,在国内也属先行先试,缺乏现成经验,所以对工作进度的把握、对高校的指导等方面均需进一步完善。指标体系是本次达标评估的核心,无论是高校还是专家对指标体系总体是肯定的,认为其基本能反映专业建设的要素,其量化标准也是根据教育部有关文件的要求确定的,但实际使用后还存在以下问题有待改进:一是定性指标不易把握,

如专业定位和培养目标如何显示专业特色,教学效果如何把握标准等;二是《专业简况表》对数据采集的要求不明确,总体框架和指标体系不匹配;三是采用百分制打分和以 75 分作为"达标"区分线的科学性有待研究等。

三、专业选优评估

(一)评估对象

依据沪教委高〔2012〕72 号文的文件精神和工作要求,上海市教育评估院自 2012 年 10 月起,组织开展了上海高校本科专业选优评估(试点)工作,分两批开展:

第一批:自 2012 年 12 月起,选取上海地方本科院校"十二五"内涵建设工程(以下简称"085 工程")院校先行先试,上海理工大学、上海海洋大学、上海对外经贸大学等 3 所高校依据其重点建设专业的主要专业属性,从理工类、人文社科类及经济管理类三类专业中,自主选择一类专业中的若干专业参加评估。经相关高校校内遴选,3 所相关高校共有 8 个"085 工程"重点建设专业申报选优评估(试点),具体见表 6.4。

表 6.4 2012 年上海市本科专业选优评估(试点)学校及专业一览表

序号	学校名称	参与选优评估的专业名称
1	上海理工大学	光电信息工程 热能与动力工程 机械设计及其自动化
2	上海对外经贸大学	国际经济与贸易 金融学 工商管理

序号	学校名称	参与选优评估的专业名称
3	上海海洋大学	生物科学 生物技术(海洋制药)

第二批:自 2013 年 4 月起,依托上海市机械设计制造及自动化专业教学指导委员会,采取学校自愿申报的办法,开展机械类本科专业选优评估(试点)。共有上海大学、上海海事大学、上海工程技术大学和上海应用技术学院等 4 所高校的 8 个机械类专业参评,具体见表 6.5。

表 6.5　2013 年上海市机械类本科专业选优评估(试点)学校及专业一览表

序号	学校名称	参与选优评估的专业名称
1	上海大学	机械工程
2	上海海事大学	机械设计制造及其自动化 机械电子工程★
3	上海工程技术大学	机械设计制造及其自动化★ 材料成型及控制工程 车辆工程★
4	上海应用技术学院	机械设计制造及其自动化★ 材料成型及控制工程

注:★为"085 工程"重点建设专业。

(二)评估过程

1. 评估专家

每组专家为 5~7 人,设组长 1 人,同时保证各组中每一个被评专业有 2 名专业领域的专家。为保证公平公正,本次评审专家的遴选遵循回避原则。在综合考虑专家特长、工作经历及专家组结构、层次等原则下,尽可能兼顾有关高校的类别等因素。

2. 评审过程

第一,上海市教育评估院受理相关高校递交的相关参评专业的《专业自评报告》《状态数据表》和《专业简况表》等申报材料,并进行形式审查。第二,专家会议评议前两周,召开专家会议,开展专家培训;专家审阅自评材料,评估院汇总和整理《自评报告专家审阅意见表》,再反馈给专家组组长。第三,在专家材料初审的基础上,组织开展专家会议评议,专家组与专业负责人互动,了解在自评材料及专业汇报中未能反映的情况,讨论确定进校实地考察的工作内容和要点,重点关注教学管理、教学支持资源的有效利用等。第四,组织专家实地进行全面深入考察,如听课、与相关人员访谈、教学设施考察、相关资料查阅等。

3. 推荐结论

专家组完成实地考察后,在充分评议的基础上,形成专业评估报告并给出专家组推荐结论。主要包括:一是《专家评价表》。每位专家按照评价指标要求,分别对组内所涉及的相关参评专业,完成《专家评价表》,对各一级指标,逐一赋分,并撰写不少于30字的简述。二是《专家组评价意见表》。每个专家小组,对照每个一级指标,从特色、存在的问题与不足及建议等方面,完成对该指标的评价,约300字,并进行大组讨论与完善,达成共识。并以此为基础,完成《专业评估报告》。三是口头意见反馈。专家组结合专业自评、会议评议和实地考察等情况,口头反馈相关评价意见,侧重于存在问题及改进建议等,但不涉及评估结论意见。

（三）评估结论

上海市教育委员会组织召开专家委员会终审会议,审议专家组推荐意见,投票表决优秀专业名单,并发文公布。依据文件,16个试点专业中,共有9个专业被授予"优秀专业",有效期5年。名单见表6.6及6.7。

表 6.6　2012 年上海市本科专业评估（试点）优秀专业一览表

序号	学校	优秀专业名称
1	上海理工大学	热能与动力工程、机械设计及其自动化
2	上海对外经贸大学	国际经济与贸易、工商管理
3	上海海洋大学	生物科学

表 6.7　2013 年上海市机械类本科专业选优评估（试点）优秀专业一览表

序号	学校	优秀专业名称
1	上海大学	机械工程
2	上海海事大学	机械设计制造及其自动化
3	上海工程技术大学	车辆工程
4	上海应用技术学院	机械设计制造及其自动化

第三节　上海高校本科专业评估工作启示

《国家中长期教育改革和发展规划纲要（2010—2020 年）》中明确指出,要"推进专业评估。鼓励专门机构和社会中介机构对高校学科、专业、课程等水平和质量进行评估。建立科学规划的评估制度,建立高等学校质量年度报告发布制度"。

一、顶层设计是专业评估开展的前提

为贯彻落实《国家中长期教育改革和发展规划纲要（2010—2020年）》精神，根据教育部《关于普通高等学校本科教学评估工作的意见》（教高〔2011〕9号）的要求，上海市教育委员会经研究决定在本科教学评估工作中，先开展高校本科专业评估。要使本科专业评估工作持续、有效开展，做好顶层设计是前提，上海市教育委员会对专业评估工作指导思想与目的、评估类别、评估方式、实施步骤、组织管理作出整体工作部署（见沪教委高〔2012〕72号文）。

2013年，上海市教育委员会组织开展了本科专业达标评估（见沪教委高〔2013〕31号文）和选优评估的试点工作，进一步明确了专业评估工作的评估范围、评估内容以及评估结论的种类。

2015年4月，根据上海教育综合改革要求，在总结本市组织开展高校本科专业评估试点工作的基础上，上海市教育委员会就进一步做好本市普通高校本科专业评估工作，就建立常态化的评估制度、学校自主开展专业评估、鼓励学校开展多种形式的专业评估、建立"诊断—反馈—整改"评估机制、建立评估信息公告制度等提出具体意见（见沪教委高〔2015〕18号文）。

三个文件层层深入，步步推进，结合专业评估试点与推广，从宏观架构与控制管理层面做好专业评估的顶层设计，为全面实施上海高校本科专业评估工作奠定了扎实基础。

二、指标设计是专业评估工作的灵魂

组织和实施专业评估首先要建立一套科学、合理、可操作的指标体系。教育部目前还没有一个通用的对本科专业评估的指标体系。确立专业评估指标体系是专业评估中最关键的一环,是做好专业评估工作的基石和灵魂。

为配合上海市"085 工程"建设计划的实施,根据上海市教育委员会的要求,上海市教育评估院对本科专业评估问题进行立项研究,即"上海高校学科专业内涵自主评估方案研究项目"。该项目于 2010 年 6 月成立课题组开始研究①,并于 2012 年 1 月结题,结题成果包括《上海市高校专业内涵建设自主评估工作方案》《上海市高校专业内涵建设自主评估指标体系设计框架》《上海市高校专业内涵建设自主评估工作手册》《高校学科专业建设内涵与建设原则》《上海市高校学科内涵建设自主评估指标体系设计框架》《上海市高校"需""特""强"学科专业的评判标准》《上海市高校专业内涵建设自主评估的构建》《高校专业内涵建设自主评估框架维度甄别与建构》等研究成果。该研究成果为上海市教育委员会决策和后期方案设计打下了理论基础。

上海高校本科专业达标/选优评估指标体系经过试用和修订,得到各市属高校普遍认可,并在专业评估实践中广泛采用。同时,各学校、专业参照指标体系,在共性基础上,结合自己的专业定位与专业特色,制定个性化的评估指标,进一步增强评估指标体系的弹性和适切性。

三、实务规范是专业评估推进的保障

一是规范各环节工作要求。从评估范围和流程、自评报告撰

① 课题总负责人:孙莱祥;课题组成员:林荣日、宋彩萍、杨颉、金同康、胡莹、林江涌、蒋莉莉、俎媛媛。

写、状态数据采集、专家遴选和培训、专家材料初审、专家会议评议、专家实地考察、评估结论形成和评估报告的撰写及工作纪律要求等方面,制定工作方案,规范各个环节的工作要求,为项目顺利开展奠定基础。

二是制定专业类评估标准与方案。以上海高校本科专业选优评估指标体系为基础,会同市机械自动化教学指导委员会,研制了《上海市机械类专业选优评估标准》《上海市机械类专业选优评估方案》等工作文件,使对参评专业的评价体现共性与个性有效结合,亦便于专业间横向比较。

三是探索专家遴选和组织方式。优先聘请国家和上海专业教学指导委员会成员,以及一定的行业领域专家和外省市专家,如浙江大学教务处处长、教育部教指委分委员会主任委员、原上海汽车集团培训中心主任(原清华大学汽车工程系主任)、原上海市商委主任、中科院上海分院相关专家;召开了多次专家培训会,内容包括专业评估理念、指标内涵解读、评判尺度把握等,明确了专家任务分工和工作要求,为专家评估提供便利和规范。

四是评价方法上注重定性与定量相结合。接受评估的专业不仅提交自评报告,还要提交专业状态数据表;在实地考察前设立了会议评审环节,使专家与被评专业负责人进行充分的互动交流,进而确定现场考察的重点和分工,从而提升实地考察工作效率,减少对专业正常教育教学的干扰。

五是提供必要的技术服务。提供本科专业状态数据分析报告、专家自评报告审阅意见汇总、专家专业评分与意见汇总、评估报告整理和编辑等,为评估提供了必要的技术服务。

四、不断改进是专业评估持续开展的关键

（一）进一步提高对参评专业所在学校的工作要求

一是充分认识达标评估的重要性。要求各参评高校要端正态度，以一种积极、平和的心态对待达标评估，充分认识达标评估具有摸清专业家底、推动专业合理定位、办出特色等方面的积极意义，同时也要认识到达标评估标准只是对专业建设的底线要求。

二是鼓励和加强专业评估的自主性。明确有关原则，充分发挥学校办专业的主体性，同时尊重各专业特点，鼓励其开展一些自主活动，在不影响专业教学的前提下，科学组织自评工作，包括组织团队、研读文件、培训动员、分解任务、统稿修改等。加强自评材料的针对性和实证性，即针对评价指标体系准备材料，提供事实和数据加以支撑。建议各高校提高专业评估工作的效率。

三是做到以评促建，评建结合。针对自评过程中和评审后专家提出的意见认真开展整改工作，尤其是对"暂缓通过"的专业，需要梳理专业与学校发展和社会经济发展需要的关系；对有关专业明确专业定位，聚焦切实可行、有特色的培养目标，集中师资、经费等资源，力求错位竞争；加大投入，加强师资队伍和实践基地建设；推动教育教学改革，注重实践教学等。

（二）进一步改进专业评估工作的组织与管理

一是调整有关评审文件。例如修改评估指标体系，突出一些核心指标，明确有关量化要求；依据评估标准设计《专业简况表》，有关量化数据尽可能体现在《专业简况表》当中；明确有关字段的内涵，例如生均日常教学经费；提供专业自评工作指南，而不仅仅是自评报告撰写指南；细化专家评审工作指南，提供一些评审意见的案

例示范等。

二是优化评估工作流程。开展专业评估培训工作,明确达标评估的内涵,并对专业达标评估指标体系进行解读,加强对学校申报材料的形式审查。

三是充分利用已形成的评估数据。深入挖掘本次专业达标评估积累的有关数据,分析已评专业专家的评审接近率、影响专业质量的核心因素等,以便为今后开展评估工作和指导专业办学提供科学依据。

四是改进评估技术方法。积极引进信息技术,开展专业网上填报材料,专家网上评审,同时积累相关数据构成专业的状态数据库,并与其他数据库进行关联和共享。

五是建立专业评估专家库。专业评估专家遴选涉及学科专家、教学管理专家和行业、企业专家。根据《普通高等学校本科专业目录(2012年)》,专业设置有12个学科门类、506个专业类。专业评估涉及的学科专家量大面广。所以,在聘请专家参加专业评估过程中,往往要做许多协调工作,从这个意义上说,建立专业评估专家库极为必要。

五、"协同自主"专业评估模式是新一轮专业评估的创新点

新一轮专业评估,借鉴第四代评估理论,突出对专业评估对象的尊重,坚持多元评估主体的全面参与,建构专业评估各相关参与方的"共同认同",构建了具有本地特色的"协同自主"专业评估模式,并和强调"价值判断"的第三代评估理论相结合,切实发挥了专业评估的诊断、导向、激励和调节作用。而"诊断—反馈—整改"的

评估机制是"协同自主"评估模式的一种体现。

六、评估反思：专业评估有待改进和提高

近年来，上海专业评估实践活动，在强化专业内涵建设、促进专业合理定位、引导专业办出特色、提高本科教学水平和人才培养质量、提升高校主动服务经济社会发展需要的能力等方面发挥了积极作用。当然，从专业评估工作开展的实际来看，上海高校专业评估也存在着有待改进和提高的问题。

（一）高校质量保障的主体意识有待增强

目前上海高校的专业评估工作开展进度有差异、水平不均衡，相关高校需进一步建立健全自我评估和外部评估相结合的专业质量评估制度，构建运行具有校本特色的专业建设质量保障体系，形成自我评估、自我诊断、自我改进、自我发展的良性机制，才能把专业内涵建设水平的提升落到实处。

（二）专业评估的信息化水平有待提升

上海市教育委员会《关于开展高校本科专业评估工作的通知》（沪教委高〔2012〕72号）提出，建立本科专业教学状态数据库，实现教学质量常态化监控。截至目前，华东理工大学、东华大学、上海电力学院、上海电机学院等学校建立了校本专业质量数据平台，但全市统一的专业质量数据平台尚未建立，相关建设工作正在推进中。

（三）对定性评估和定量评估的把握需提高科学性

定性分析和定量分析分别通过文字语言和数字语言对专业实际进行评价，是专业评估中最常用的评估方法。定性分析是定量分析的基本前提，定量分析使定性分析更加科学、准确，二者相辅相成，定性是定量的依据，定量是定性的具体化，二者结合起来灵活运

用才能取得最佳效果。然而在专业评估实践中,如何科学、合理地使用两种方法,得到更加客观、真实的评估结论,仍是有待深入探究的问题。

（四）专业评估相关政策有待进一步落实

上海市教育委员会《关于推进本市高校本科专业评估工作的若干意见》（沪教委高〔2015〕18号）指出,建立评估信息公告制度,促进评估工作水平的提升;每年选取若干个量大面广的专业,统一将被评专业材料向社会公开,接受教师、学生和社会各界的广泛监督。公开的信息包括被评专业的自评报告、基本教学状态数据、评估专家签名的诊断意见。另外,上海市教委将在各校开展专业自主评估的基础上继续试点开展专业选优评估。目前这2项工作还未进入实质性操作阶段。

第四节　上海高校本科专业评估工作实效

自2012年启动新一轮专业评估至今,上海市各高校都相继开展了专业评估,并取得了一定成效,本节将从评估"20字方针"的视角概括本科专业评估工作的实效。

一、以评促建:带动专业建设与发展

1. 促使高校更加重视专业建设

专业建设是高等学校的基础性工作,也是高校内涵建设的重要内容之一,专业办学质量的高低,直接影响到学校的人才培养质量和社会声誉。21世纪以来,上海市普通本科高校逐步由外延扩张转向以质量、结构、效益等为核心的内涵式发展,以应对区域经济社会发展快速转型对专业内涵建设与人才培养质量提出的更新、更高要求。专业评估成为把握专业建设正确方向、衡量专业建设水平、促进专业发展、不断提高专业人才培养质量的重要手段。目前,专业评估工作在上海高校中普遍开展,有些学校更是已经进入第二轮评估周期。各校在专业评估过程中的专业建设意识和能力得到增强,专业评估让专业找准定位、恰当切入、科学布局、合理规划,引导专业办出特色、建出特色,发挥了专业建设对人才培养的作用,确保了人才培养质量的提升。

2. 研制专业建设质量标准

专业建设质量是学校办学水平的具体体现,专业建设质量标准对专业建设具有重要的规范与引导作用。本科专业评估(达标评估和选优评估)指标体系是提升专业建设质量的重要抓手。上海市教育评估院研制的上海高校本科专业达标/选优评估指标体系得到各高校的普遍认可,并在专业评估实践中被广泛采用。同时,各高校、专业参照指标体系,在共性基础上结合自己的专业定位与专业特色,制定个性化的评估指标,进一步增强了评估指标体系的弹性和适切性。截止到 2016 年 6 月,上海市高校共有专业点 1786 个,其中 845 个专业点开展了"达标评估"。专业建设的标准意识和质量意识普遍增强,并且进一步推进了学校的质量文化建设。

3. 建立常态化的专业评估制度

上海市教育委员会积极落实《上海市中长期教育改革和发展规划纲要(2010—2020 年)》中"进一步转变政府职能,改变政府对学校的管理模式,发挥法规、规划、标准及拨款机制的引导和调控作用,推动学校面向社会、自主办学、依法治校、科学管理"的精神,厘清政府、学校、社会之间的权责关系,深入推进管办评分离,强化学校自主发展能力。上海市教育委员会《关于推进本市高校本科专业评估工作的若干意见》(沪教委高〔2015〕18 号)引导高校充分重视和发挥专业评估在保障和提升教学质量中的重要作用,积极建立起"五年一轮"的常态化专业评估制度。各高校高度重视本科专业评估,认真研究制定本校专业自主评估方案,编制本校专业评估计划的具体时间表,以公文形式报上海市教育委员会备案,上海高校专业评估工作渐渐走上了制度化、规范化的良性发展轨道。

二、以评促改:推动专业改革与创新

1. 建立诊断—反馈—整改机制

上海市教育委员会《关于推进本市高校本科专业评估工作的若干意见》(沪教委高〔2015〕18 号)要求,各高校要建立专业评估的"诊断—反馈—整改"机制。在专业自主评估实施中,参评专家要按专业评估指标体系中的二级指标提出写实性诊断意见,包括专业现状分析、目前存在的问题及发展建议等。各高校都非常重视专业评估结果,校领导、职能部门、二级学院、专业教师等一同参加专家意见反馈会,在聆听领会专家诊断意见反馈和消化吸收专业评估报告意见的基础上,学校根据专家评估意见对全校专业布局进行调整和优化,进一步梳理专业建设和发展思路,并提出具体可行的整改举措,形成专业整改报告。如上海理工大学,不仅把专业评估作为打造"精英本科"的重要举措外,要求专业评估后一年对专业整改情况进行总结,并由学校组织检验整改实效,还将专业评估、专业建设工作及成果等纳入教师晋升副教授、教授考核指标和二级院系办学绩效考核目标,逐步完善保障本科教学质量的长效机制,有的放矢地推动专业持续改进,推进专业改革与创新发展。

上海本科专业评估从注重结果的鉴定性评估转向了面向未来的发展性评估，尽管同样关注被评专业在评估前的实际表现，但评估的结果指向被评专业在现有基础上的不断进步和未来发展，将评估结果作为学校和专业制定日后发展策略的依据和评价发展的标尺，形成专业评估的闭环循环。

2. 推动学校专业结构的调整优化

专业评估工作的开展，有利于学校全面掌握本科专业办学情况，有利于学校应对高等教育改革与发展的新形势、新要求，与时俱进地修正专业建设和人才培养目标，合理地优化专业结构与布局。整改是专业评估取得实效的关键，整改工作是巩固评估实效的代名词。只有加强专业整改，才能充分发挥专业评估的效益。上海高校把专业达标评估作为专业建设必须达到的质量底线，对于暂未达标的专业设一年整改期，整改后仍未通过的专业则列为不达标专业，对其停止专业招生或实施专业调整，不断健全专业准入和退出机制。

三、以评促管：提升管理与保障水平

1. 着力强化教学管理

专业评估不仅仅是对高校专业建设水平的评估，更是对高校办学水平的检阅和评价。教学管理是全校管理工作的基础和核心，如何加强和完善教学管理是"以评促管"最基本、最核心的内容。通过专业评估工作的开展，上海高校在教学管理方面普遍出现可喜变化：一是加强教学管理机构建设。许多高校设立了独立运行的教学质量管理办公室，很多高校成立了高教所、规划办、评估办等，实施"管""评"分离。二是加强教学管理队伍建设。通过专业评估工作的推动,很多高校增加了教学管理人员岗位职数,努力提升教学管理的力度和精细度。三是大力规范教学管理。树立管理出质量、管理出效益的理念,全面建章立制,使教学运行与监测有章可依、有规可循,通过提高教学管理水平促进教学质量的提升。四是优化教学服务。进一步改进管理理念,树立服务教学、服务师生的管理意识,在专业评估工作的带动下,学校的学生管理、科研管理、实验室管理、图书管理、后勤管理等的服务意识和管理水平均不同程度的提升。

2. 加强教学质量保障体系建设

教育部《关于普通高等学校本科教学评估工作的意见》(教高〔2011〕9号)指出:"各高校应强化高等学校质量保障的主体意识,构建校内质量保障体系,建立健全以学校自我评估为基础,以院校评估、专业认证及评估、国际评估和教学状态数据常态监测为主要内容的教学评估制度。"专业评估是强化高校主体意识、建立健全内部质量保障体系、切实加强本科专业建设和管理、持续提高人才培养质量的重要举措。通过专业评估工作的开展,上海高校的教学质量保障体系建设取得显著进步:同济大学本科教学质量保障体系在国内产生广泛影响;华东师范大学将专业评估作为构建内部教学质量保障体系、推进专业建设的一项具有开创性的管理举措;上海工程技术大学健全校、院、专业三级教学质量保障体系,在加强二级学院日常教学管理的基础上,逐步建立起专业一级的质量保障体系。

四、评建结合:促进专业和学校发展

1. 参照国际标准建设本科专业

专业认证与评估、院校评估都是中国特色"五位一体"高等教育评估制度的重要组成部分,上海市教育委员会《关于推进本市高校专业评估工作的若干意见》(沪教委高〔2015〕18号)"鼓励学校在工程、医学等专业领域申请参加国际标准实质等效的专业认证",积极支持高校以国际同类一流专业为参照,建设一批教学内容和方式达到国际水平的本科专业,支持高校参加国际专业教育认证。截止到目前,共有3批73个专业获批"上海市属高校应用型本科试点专业",参照国际质量标准加强专业建设,推进国际专业认证。上海交通大学、华东理工大学部分专业通过美国ABET专业认证;上海理工大学部分专业通过德国ASIIN专业认证;上海理工大学、上海海事大学、上海工程技术大学部分专业通过中国工程教育专业认证;上海大学、上海应用技术大学、上海电力学院、上海电机学院等部分专业获得中国工程教育认证协会专业认证申请受理;上海对外经贸大学、上海商学院积极关注推进AACSB、ACBSP等国际认证工作。

2. 将专业评估作为院校评估的基础

另一方面,上海市教育委员会的沪教委高〔2015〕18号文在积极推进学校建立常态化的专业评估制度的基础上,逐步引导和要求学校将专业评估与院校评估有机融合,将专业评估作为院校评估的基础工作。

第四代评估理论认为,评估的重要意义不在于评估行为本身,而是更加关注评估促进发展的功能。专业评估是高等学校建设、改革、发展的"助推器",是提高教育教学质量的有效手段。通过专业评估,高校可以充分认识在办学过程中存在的优势与不足,进一步明确专业建设定位和人才培养目标,加强专业建设、管理与改革,逐步形成目标导向的专业自我建设、自我发展和自我改进机制。上海高校引导和开展专业自主评估,其目的"就

230

在于激活学校发展的内在动力,调动学校自我管理、自主参与、自我改进、自我提升的积极性"①,最终实现促进高校和专业的自我发展。

———————

① 宋彩萍.高校专业内涵建设自主评估框架维度甄别于建构[J].中国大学教学,2011(11).

第七章　上海高校专业评估案例选编

第一节　同济大学案例

根据《同济大学本科教学质量保证体系(试行)》的要求,同济大学 2010 年、2015 年分别开展了两轮专业评估,两轮评估分别以"通用+特色"2 个模块以及"分类+审核"2 种类型开展。

一、第一轮"通用+特色"的专业评估

1998 年,《同济大学关于进一步加强本科教育工作的若干规定》(同教〔1998〕001 号)明确规定:每四年对学院(系)教学工作进行一次评价。同济大学于 1998 年、2002 年分别开展了两次学院(系)本科教学工作评估。

近十年来,学校的本科专业和专业方向数量增加较多。当时本科招生的专业(包括专业方向)计 84 个(不含护理学),近十年来新增设的专业数有 26 个,新增设的专业方向有 10 个。在这种情况下,学校于 2010 年决定第四次学院(系)本科教学工作评估以专业教育质量和专业建设工作为重点,以"通用+特色"为工作思路开展专项评估。

(一)指导思想

《同济大学本科教学质量标准纲要》中,对专业设置有明确的

质量要求:一是有利于形成重点突出、特色鲜明、布局合理、结构优化、协调发展的学科专业体系;二是促进学校教育规模、结构、质量、效益的协调发展;对专业建设管理的质量要求:一是专业建设应有规划和目标;二是更新改造传统学科和专业;三是新专业建设满足教学要求;四是专业定位合理,专业特色明显,课程体系科学,师资队伍、实习基地等满足教学需要。

通过对本科专业教育质量和专业建设情况的全面评估,为进一步优化专业设置,建设更多的高水平特色专业,提供科学依据和宏观指导。

（二）评估原则

在《同济大学本科教学质量保证实施条例》中,明确教学质量管理办公室（以下简称质管办）负责组织教学评估工作。为此,2009 年下半年,质管办邀请部分校内教学管理专家,经过反复研讨并报请学校校长办公会议、学校教务委员会批准,制订了专业评估的"高标准、同一尺度、客观数据"原则,即按照同济大学的办学定位的要求,以近年来工作中产生的客观数据为依据,对所有专业使用同一标准评价。

（三）评估指标

同济大学第四次学院（系）本科教学工作评估（第一轮专业评估）指标体系由 2 个模块、5 个一级指标、8 个二级指标构成（见表7.1）。通用模块是针对专业教育和建设工作的共性,对全校各类专业均适用,设 4 个一级指标,主要评估各专业的教育目标、教育质量、建设工作、存在的问题及改进措施。特色模块是指与国内外同类专业相比,同济大学的人才培养和专业建设的特色和优势。

表 7.1　第四次学院（系）本科教学工作评估（第一轮专业评估）指标（试行）

模块	一级指标	二级指标
通用模块	1. 专业教育目标	1.1 本科人才培养目标与人才培养质量的标准
	2. 专业教育与专业建设情况	＊2.1 专业教师数量、结构与素质
		2.2 理论教学与实践教学
		2.3 专业建设工作
	3. 专业教育与专业建设成效	＊3.1 专业教育的成效
		3.2 专业建设的成效
	4. 管理	4.1 专业教育与建设的管理
特色模块	5. 人才培养特色	5.1 人才培养的特色和优势

注：加"＊"的 2 个二级指标为核心指标。

（四）评估实施

1. 个体与整体相结合

同济大学当年招生的 84 个专业（包括专业方向），分布在 28 个学院或系，经专家组研究后决定本次评估将采取"个体（专业）与整体（学院或系）相结合"的方式，即对学院（系），着重评估其本科教学质量保证体系的建设和运行情况，以及今后在专业建设和发展方面的规划和措施；对各专业，着重评估其教育质量和建设成效。

2. 静态与动态相结合

根据此次评估"基于数据"的原则，8 个二级指标中有 6 个是以数据为基础的，每个专业涉及日常教学过程产生的客观数据 119 项和社会上的一些"排行榜"的参考数据 20 项，共计 139 项数据。专家组采用了"静态与动态相结合"的工作方式，即专家组在数据分析的基础上,再通过实地考察,综合判断后给出评估意见。

3. 内外结合

对专业的人才培养成效进行评估时,以专业自评为主,参考社会上一些"排行榜"的评价数据。

按照以上"三个结合",整个评估过程分为"宣讲动员""专业自评""数据采集与分析""专家组实地考察""专家组总结""评估意见反馈"和"中期复查"7个阶段。并于2年后对评估结论为良好、合格和不合格三个等级的38个专业进行中期复查,形成《中期复查报告》。

(五)第一轮专业评估的反思

1. 反映全面

此次专业评估,是新中国成立以来同济大学第一次对所有专业(专业方向)的一次普查,全面地反映了1998年以来学校的专业设置、专业人才培养定位、专业人才培养成效、专业建设成效及社会声誉。

2. 指标明确

指标设计要聚焦评估目的,通用和特色相结合,指标的内涵说明、支撑材料要明晰和明确,便于学院和专业的把握,并帮助学院和专业理解指标内涵和准备佐证材料。

3. 数据扎实

鉴于此次评估"基于数据"的原则,采取"静态与动态相结合""内部与外部"相结合的方式,专家需要审阅学院(系)和专业的自评报告,分析比较各专业139项数据,还要就审阅情况准备实地考察时重点了解的问题。专家对实地考察前的小组预备会高度重视,非常认真地进行前期准备。据质管办统计,共召开小组预备会20

余场。

4. 精心协调

质管办作为专业评估工作的组织单位,需要耐心倾听专家、学院、专业等各方面的意见,需要细心做好数据整理的初步分析工作,需要精心协调落实好各项评估工作,并实现"检查—反馈—再检查"的闭环,才能切实发挥"以评促建,以评促改"的作用。

二、2015 年第二轮"分类+审核"的专业评估

同济大学 2014 年在研究安排"第二轮专业评估"工作时,本着实事求是、目标导向的原则,在广泛征求各级领导意见后,制定了"分类+审核"的工作思路,即对参加"卓越计划""拔尖人才培养试验区"、住建部专业评估、上海市达标评估的专业,使用相应的评估指标对其实现目标情况进行评估,对其余专业的评估则依据专业培养目标、评价课程设置的合理程度、与专业培养目标的符合程度、专业标准制订的科学程度和学生对专业教学的满意程度。

(一)"一拔尖三卓越"专业的评估

1. "卓越工程师教育培养计划"专业

同济大学 2010 年以来共计有 20 个工程专业进入"卓越工程师教育培养计划"。为了确保建设工作的有效推进,此次专业评估/检查以发现问题、帮助专业解决问题为导向,遵照教育部的"同步完成卓越计划实施工作评价与工程教育专业认证,将通过工程教育专业认证作为卓越计划实施工作评价的基本要求"的思路,将"卓越计划"和"工程教育认证"合二为一,按照认证的理念来检查卓越计划建设和改革情况,将卓越计划的要求作为专业认证中的证据。

由于 20 个专业启动该计划的年份不同,因此对三批的检查重

点也不相同。对第一批批准的专业,重点检查课程教学方法改革和校企合作;对第二批批准专业,重点检查课程大纲、课程教学方法改革、校企合作及专业认证的准备工作;对第三批批准专业,主要检查和评价培养方案、课程大纲以及专业认证的准备工作。

2. "卓越医师教育培养计划"和"卓越法律人才培养计划"专业

依据中国工程教育认证协会《工程教育专业认证标准(2015版)》通用标准的要求,按照"以学生为主,以成果为导向,持续改进"的原则,结合本专业的特点,逐条比照,并对照"卓越医师教育培养计划"和"卓越法律人才培养计划"的特别要求,未能在前一部分体现的内容,补充进行自评,并提出目前存在的主要问题及今后改进和建设的计划和措施,提交《同济大学第五次学院(系)本科教学工作评估——"卓越计划专业"自评报告》。

3. 参加"基础学科拔尖创新人才培养试验区"的专业

鉴于同济大学的"基础学科拔尖创新人才培养试验区"为校级项目,且国家层面尚没有明确的检查验收标准,因此,按照审核评估的理念,主要检查评估参加该试验区的3个专业近年来开展的专业教育和专业建设的目标性。对"一拔尖三卓越"项目所涉及的25个专业,按照各自特有的要求,按照《项目建设计划书》提出的建设目标,分别进行检查和评估,切实帮助专业向着既定目标建设,受到了所有参评专业的一致称赞。

(二)近年来接受外部评估的部分专业

第一轮专业评估后的4年间,土木工程、建筑学等6个专业陆续接受了住建部组织的专业评估。这些评估使用相应专业的教学指导委员会和住建部的人事司共同制定的评估指标,充分体现了相应专业对专业人才培养的要求,有规范的评估流程和评估指南。住建部的专业评估结果得到行业的高度认可,具有较高的社会信誉,以评促建的效果显著。同济大学的 6 个专业在国内都是第一批参加专业评估的,2011—2015 年,6 个专业都参加了住建部的专业评估的复评,并获得了"优秀"的结论。

2013 年,按照上海市教育委员会的安排,同济大学的日语、法学、信息管理与信息系统等 8 个专业参加了上海市组织的专业达标评估。此外,近年来学校还有 4 个专业通过教育部评估中心工程教育专业认证。鉴于上述 18 个专业都接受了教育主管部门或行业教育主管部门组织的专业评估,因此在第二轮专业评估中,将外部评估的结论作为这些专业第二轮评估的结论。

(三)校内其他专业的评估

第一轮专业评估后,学校进行了一系列的专业调整,审核评估"5 个度"理念在实践中得到了检验。因此,对未参加"一拔尖三卓越"项目和各类外部专业评估的其余专业,学校决定借鉴审核评估的理念,依据专业的培养目标,主要评价课程设置是否合理,是否满足专业培养目标,以及专业教育现状和学生培养成效。第二轮专业评估的指标见表 7.2。

表 7.2 第五次学院(系)本科教学工作评估(第二轮专业评估)
一般专业评估指标(试行)

模块	项目	说明
1. 培养目标	专业培养目标与专业标准的合理性	专业自评
	课程设置对专业培养目标的支撑度	专业自评
2. 课程	课程间的关联性分析	专业自评
	专业基础和专业课程情况	数据表格

模块	项目	说明
3. 师资	专业教师数量、结构和素质	数据表格
	专业带头人基本情况	数据表格
	教师教学和科研成果	数据表格
	教材建设、教学改革与教学研究情况	数据表格
4. 教学和学生培养	开课情况和实验、实践环节完成情况	数据表格
	校外实习实践基地情况	数据表格
	学生第一志愿录取率和转专业情况	数据表格
	本科生参与国际合作、交流的情况	数据表格
	开展的课外活动、讲座情况	数据表格
	学生参加各类学科竞赛或创新活动情况	数据表格
	学生发表学术论文、作品和获准专利情况	数据表格
	学生的毕业率、学位获得率	数据表格
	毕业生的就业去向分析	数据表格
5. 质量保证	专业建设与发展规划	专业自评
	办学条件对专业人才培养工作的保障度	专业自评

第二轮(一般专业)专业评估的指标分为培养目标、课程、师资队伍、教学与学生培养和质量保证等方面,仍以"数据采集+自评报告+专家评价"的方式进行。

(四)第二轮专业评估的思考

2010年的第一轮评估按照"通用+特色"2个模块对所有本科专业进行了一次全面的评估后,学校进行了较大力度的专业调整和建设工作。随后的几年里,同济大学的人才培养模式改革、教学方式方法改革等举措也有力地推进了专业教育工作。因此,当2015年开展第二轮专业评估时,已不宜再采取原有的一个方案、一把尺子,必须采取个性化的评估方案。作为学校内部教学质量保证的定期评估,新时期必须有新方式。实践证明,按照"分类+审核"2种类型,个性化地开展专业评估是行之有效的。

随着高考招生制度的改革,专业评估更将是促进专业办学水平和社会声誉提高的一个有力举措,但如何将周期性的评估做实、做新、做出实效,还需不断探索和研究。

(同济大学陈峥执笔)

第二节　华东师范大学案例

专业是高校最基本的办学单元,专业建设是学校教学质量保障体系的关键要素。在现代大学制度的基本框架下,专业建设与人才培养互为表里,专业发展与大学内部治理互为条件。专业发展水平构成了学校人才培养的质量和特色。发现专业发展问题,破解专业发展瓶颈,是教育评估的重要使命,也是专业可持续发展的根本所在。

2006年,华东师范大学在接受教育部本科教学工作水平评估以后,开始酝酿内部教学质量保障机制的体系化建设。2008年,学校在第三次本科教学工作会议上,明确提出了"合力培养创新人才,争创一流本科教育"的发展目标,打造一流本科成为学校重要的办学理念。一流本科的打造离不开一个高效运转、互动有序的教学质量保障机制的支撑。学校的教学质量自我保障意识日益强烈。与此同时,教育部《关于普通高等学校本科教学评估工作的意见》

（教高〔2011〕9 号）也要求建立健全以学校自我评估为基础的教学评估制度，明确指出开展专业认证及评估是本科教学评估的主要内容和形式。加之前期调研与研究，学校于 2009 年启动校内专业评估的探索，尝试构建"低重心、常态化、开放式"的专业评估制度。长期的实践证明，校内专业评估机制可以有效弥补外部评估的不足，它不牵涉到大学的排名及相关利益，其推进的真实程度更为确切，推进的时效性和推进的顺利程度更为有效，更有利于推动专业的持续发展。

一、创新思维：通过整合，最大限度发挥校内专业评估体系的多维多层功效

专业建设是教学资源的积累与整合过程。专业评估可以整合相关利益者的价值诉求，为优化教学资源凝聚共识和力量。校内专业评估具有整合校内外专业改革动力的作用，可推动专业改革和发展。

（一）评估目的：促进·保障·联动

1. 构建专业持续改进与发展机制

专业评估是一项具有较高专业学术水准的教育评估工作，评估过程可以督促各专业按照学校的战略目标和本学科的发展趋势，研究和借鉴国内外高水平大学专业建设的经验与成效，赋予专业建设目标维度，确立参照标准，制定高水准、前瞻性的专业发展规划。

2. 构建"低重心、常态化、开放式"的内部教学质量保障机制

院系作为学校办学的实体细胞，在教学质量保障机制中处于主体地位。专业评估实践立足院系，强调建设重心下移，强化院系专业的主体办学意识；专业评估操作常态化，在保障评估效果的前提下最大限度地避免增加院系工作负担，追求效率与质量之间的最佳

平衡;过程开放,评估以开放式研讨展开。

3. 构建招生—培养—就业联动机制

从人才培养的基本规律看,招生、培养和就业共同构成人才培养互相关联、互相影响、不可分割的系统。招生状况和就业结果作为社会对学校和专业声誉的重要反馈渠道,是专业建设不可缺少的重要检验标准。专业建设需要相关职能部门的共同关注与努力。以专业评估为契机,整合相关职能部门,形成协同育人的教育合力。

(二)评估定位:功能·主体·方式

将形成性评估与诊断性评估、自评与他评、咨询与研讨相结合,对校内专业评估的定位可以从多个角度展开。从评估功能而言,专业评估应是形成性评估和诊断性评估的结合。通过对专业建设过程进行系统性评价,形成对专业发展的引领性、改进性建议。重点不在等级评判,而在于对照发展目标,研判问题,提出建议。从评估主体而言,是专业自评与学校他评的有效结合。从评估方式而言,它是评估、咨询与研讨的结合,是提升教学质量的重要学术活动。

二、生成理念:秉持责任,实现学生和专业的共同发展

人才培养是专业发展的归宿。因此,专业评估应该本着对学生负责的态度和理念,替专业把脉,向规范要质量,以特色求发展。通过把脉专业进而解决其中的问题,助力专业规范化、有特色地发展。

三、策划体系:立足"专业特性"与"学校实际",构建利于挖掘专业发展潜力的评估体系

专业评估不同于综合性的本科教学工作水平评估,也不是一般意义上的专项检查。专业评估的有效性和可靠性依赖于评估体系

与学校办学实际的契合程度。从专业建设的基本要素出发,构建符合学校实际、遵循专业特性的评估体系是工作的重点。这就要求我们在实践中,立足专业特性与学校实际,努力构建科学、合理、可操作的利于挖掘专业发展潜力的评估体系。

(一) 评估原则:强化特色·分类指导·常态实施

通过专业评估,使各本科专业明确办学思想,找准专业定位,加强教学建设,强化教学管理,促进教学改革,形成专业特色。

1. 分类指导:评价标准体现分类指导原则

由于各专业的历史、规模、条件、学科性质的不同,评估的重点也不同。新建专业重点考察基本办学条件是否具备,教学规范和规章制度是否建立健全,而办学历史较长的专业则重点考察办学特色的积淀和改革创新成果的培育。

2. 常态实施:要变水平评估为常态评估

评估方案和过程力求简约高效,不折腾,评估主要内容限定在院系教学管理的基本职责范围内,既避免给院系和教师增加工作负担,不影响院系日常工作的开展,又使院系真实感受到评估过程及其反馈意见对院系发展和教学工作开展有指导和帮助。

(二) 评估指标体系:全面覆盖·量性结合·操作性强·发展导向

构建评估指标体系是校内专业评估机制建设的关键,也是机制运行的起点。指标的科学性、可操作性以及适度前瞻性,往往可以达到帮助专业对照"一流"进而"快马扬鞭"的效果。

1. 指标设计紧扣专业核心要素

包括专业规划、招生就业情况、师资队伍、课程教学、实践教学、毕业论文(毕业设计)、本科生国际国内交流、教学管理、专业特色、专业对学校的要求等 11 个一级指标和 31 个观测点,涵盖了专业教育教学活动的所有基础环节,可以全面反映专业建设与发展的总体情况。

2. 指标体系注重定量与定性相互结合

在实践操作中具备一定张力,既关注专业建设中可见、可量化的终结性成果(如"专业排名""师生比""精品课程""教学成果"等),又体现隐性和潜在的专业特质和成长价值(如"专业特色与发展前景"等)等定性特征。

3. 指标描述清晰、易操作

由于学校大力推进大类招生、分层培养的人才培养模式改革,专业的扁平化、交叉化趋势日趋明显。评估指标设计强调"核心课程内容""核心课程教材编写与选用""核心课程质量"。核心课程指由专业教师担任主讲教师,代表专业特色的专业基础课程,剥离了公共课程,既可保证指标内涵清晰、内容无交叉、利于操作,又可保证评估结果的合理性。

4. 指标彰显校本特色

以"建设标准"代替"考察内容"具有导向性,以表明学校对专业建设的期许不是以现实为终点,而是要求专业参照标准进行总结,分析现状,预测态势,同时为专业发展提供一定的目标愿景。与之呼应的是,学校还专门设计了"专业建设对学校的要求"一项,使院系能充分表达对学校的要求和期望,还可以体现各方利益主体共同参与、共同协商的精神。

(三)评估环节:专业自评·同行评价·现场考察·评估反馈·整改提高

评估过程包括五个主要评估环节,即专业自评、同行评价、现场考察、评估反馈和整改提高（再评估）（见图 7.1）。由于外部评估不同，校内专业评估不强求结果的"强制分布"，而重在"评估—建设—再评估—再建设"的过程，实现了评估的重心后置，有效地服务了专业建设之需求，并体现出了鲜明的长效、高效特征。

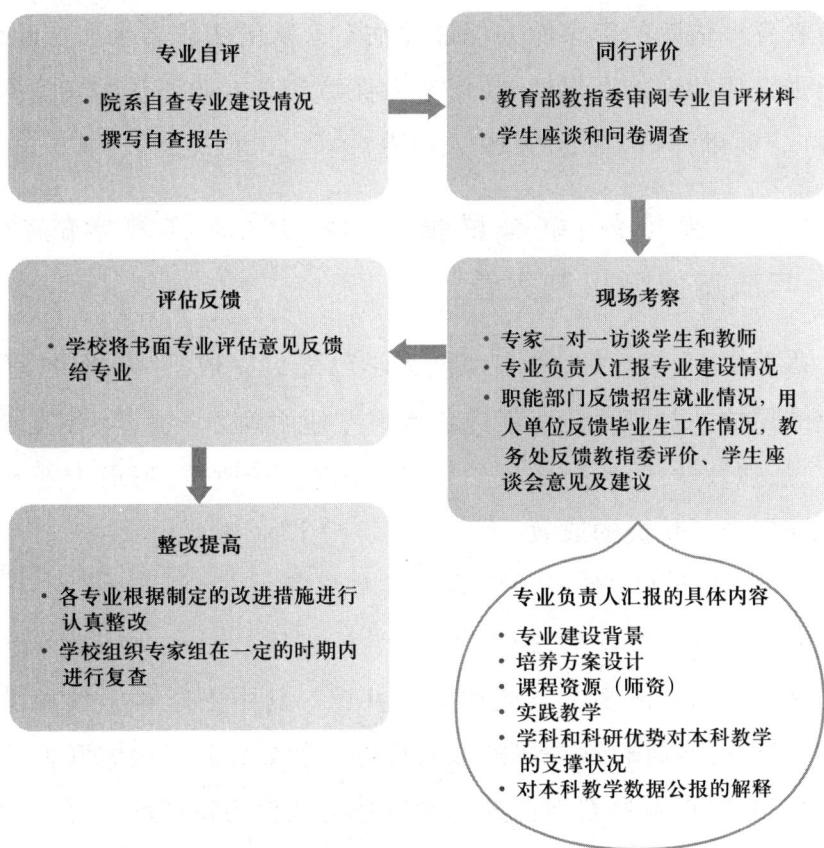

专业自评
· 院系自查专业建设情况
· 撰写自查报告

同行评价
· 教育部教指委审阅专业自评材料
· 学生座谈和问卷调查

现场考察
· 专家一对一访谈学生和教师
· 专业负责人汇报专业建设情况
· 职能部门反馈招生就业情况，用人单位反馈毕业生工作情况，教务处反馈教指委评价、学生座谈会意见及建议

评估反馈
· 学校将书面专业评估意见反馈给专业

整改提高
· 各专业根据制定的改进措施进行认真整改
· 学校组织专家组在一定的时期内进行复查

专业负责人汇报的具体内容
· 专业建设背景
· 培养方案设计
· 课程资源（师资）
· 实践教学
· 学科和科研优势对本科教学的支撑状况
· 对本科教学数据公报的解释

图 7.1　专业评估五个主要环节

（四）评估专家：多元性·独立性·可靠性

专业评估能否达到预期效果，很大程度上取决于评估专家队伍的综合素质。华东师范大学精心组织由学科专家和管理专家组建

的考察团队,对专业建设与发展的方方面面进行全方位评估,并要求每位专家独立判断,提交现场专业评估意见书。校外专家能以开阔的视野从专业外部审视教学质量。经过一段时间的实践后,我们将校外专家的占比提升到了60%。在邀请专家方面,也会借助上海市教育评估院的专家库来保证评估专家队伍的较高水准。此外,为增强评估结论的可靠性,我们努力保障参与专业评估的各类专家人数(含通讯评审)通常在10人以上。

四、取得成效:纲举目张,逐步实现本科教学的持续发展与质量保障机制完善

截至2015年6月,华东师范大学已先后完成了10批共57个专业的评估。这些评估在促进各本科专业明确办学思想、找准专业定位、加强教学建设、强化教学管理、促进教学改革、形成专业特色等方面取得了积极的成效。

(一)达成了本科人才培养的基本共识

通过校内专业评估,校外专家、学校实体教学单位和教学管理部门在人才培养的多个方面达成了共识。其中不乏对学校办学现状的研判,对教育教学规律的深入思考。例如,通过评估,我们清晰地认识到,学校本科教学正处于向以精英教育为特征的研究型教学转型的关键期。每个专业平均学生人数的减少使对教学结构的重大调整成为可能,最终实现本科教学向关注个性、关注精英、关注拔尖创新人才培养的研究型教学转型。经过评估,专业教师认识到专业特色建设是专业生存和发展的基础,各个专业都必须与世界一流高校同类专业比对后找出差距、找准方向,通过与国内同类专业的比对来挖掘自身优势和特色。各专业要主动汲取综合性大学的养

分,营造最有利于形成专业优势和特色的学术生态环境。学校要集聚学科、科研、人才等各方面优势,实现优质资源的最大共享和交流,主动把办学优势转化为人才培养优势。当学生面临丰富的学习资源和机会时,学生的个性化学业指导需求必定强烈。大学生学业指导面临新挑战,学校必须坚持以学生为本,处理好学和导的关系。

(二)推动了人才培养方案的深度优化

校内专业评估对各专业的培养方案进行了深入细致的诊断,提出了很多有价值的意见和建议。各专业都要关注国内外高等教育发展的最新进展,关注国家宏观教育指导政策。应用学科专业尤其要关注市场需求的变化。专业培养方案必须与专业培养目标高度契合,课程体系的逻辑关系必须厘清。人才培养目标必须体现在课程体系设计中,专业定位应在人才培养规格、课程体系和教学内容等方面切实得以体现。专业课程要参照国内外同类大学设计,尽量与国际接轨。各个专业都应根据专业特点加强实验实践教学体系建设,加强学生实践教学环节,为培养学生实践创新能力提供多重保障。

(三)促进了学校管理和教学运行改革有序推进

校内专业评估不仅汇聚了专业建设与发展的意见和建议,也在充分研讨的基础上为学校决策提供了有价值的依据,有序推进了学校管理和教学运行改革。专业的健康、可持续发展是学校管理追求的目标。专业评估的结论成为院系架构调整的依据,成为专业设置调整、招生计划调整的重要参考。对专业办学质量的研判引发师生思考教育资源结构如何优化。通过评估,学校敏锐地捕捉到了近年来教师的教学和学生的学习方式逐渐发生的变化。应对这种变化,学校多次优化评教指标,在关注"教"的同时,加强了对"学"的评价,引导教师转变"讲清讲透"的传统课堂教学观念,鼓励教师改进教学方法,引导学生主动学习。为鼓励优秀师资投身教学,为教学效果优秀教师脱颖而出创造更多途径,学校经过仔细考虑,在教师考核和晋升制度中进行了专门设计。针对评估过程中收集到的师生建议,学校先后成立"大学生学业发展指导中心"和"高等学校教师教学发展中心",教务处作为学校教学管理部门的功能也得以大大拓展,从最初关注教学运行和教学建设为主,到如今"运行+建设+保障+指导"四大模块业务齐头并进。

五、再优化与实施:通过结合与强化,持续提升专业办学质量意识与自我质量管理能力

2015年秋季学期,学校启动了新一轮本科专业评估工作。表面上看是紧跟上一轮评估的步伐,仔细分析是内外因共同作用的结果。

（一）相关政策的出台与实施

正当校内专业评估制度与上海市教育委员会新专业检查工作的交叉实施已将学校所有专业扎扎实实地完成一轮评估之时,上海市教育委员会颁布了《关于推进本市高校本科专业评估工作的若干意见》(沪教委高〔2015〕18号),要求各高校建立五年一轮的校内专业评估制度,这与学校新一轮校内专业评估制度的构想不谋而合。

（二）制度自我更新与完善的内在需求

不断更新的制度,才有长久的生命力。专业建设与发展需要新的增长点,校内专业评估工作也要为此提供更有效的制度框架与支撑途径。因此,新一轮校内专业评估制度的实施势在必行。本轮评

估完全以上一轮专业评估为基础,是对前一轮各专业整改方案落实情况的再追踪与审查,是对已有评估体系的新升级与优化。学校为新一轮专业评估体系注入了新的内涵与目标:一方面充分结合教育部本科教学审核评估的精神要领,另一方面强化专业反思与自评。

第一方面体现在重点考察专业建设的"四个度":一是专业办学定位、人才培养目标与国家、社会以及学生发展需求的适应度;二是培养目标与培养举措的匹配度;三是教师和教学资源条件的保障度;四是教学和质量保障制度运行的有效度。

第二方面表现在细化自评环节,充分自我研判。设计全新的自评报告模板,要求各专业自评报告围绕"基本状况、特色分析、问题解剖、解决举措"等4个方面展开,其中"基本状况"包括7大方面42个要点,强调数据支撑,用事实说话,是本轮评估最大的特点。通过评估,督促各专业系统深入反思且需对上一轮评估的整改情况详尽说明。同时,加大了信息公开的程度,适时将每个专业自评报告和专家评估意见进行网上公开,增强专业办学的责任意识与主动精神。

截止到 2016 年 6 月,已有 11 个专业接受了新一轮评估,一些预期性的效果得以验证。在评估过程中,评估专家对专业自评环节给予了较多肯定,认为参评专业自评报告基本符合文件精神,数据较为充足,案例较为充分,既体现了各专业基于历史的梳理与审视,也说明了专业在上一轮评估后的主动思考。

六、结束语

专业评估是华东师范大学在构建内部教学质量保障体系、推进专业建设方面所进行的一项具有开创性的管理举措。实践证明,专业评估是一项符合教育教学规律、具有很强操作性和实践意义的管理措施,可以确立为一项制度加以坚持和推广。在实施新一轮校内专业评估工作的过程,华东师范大学仍需朝着以下方向去努力,比如:如何开发适合本校的校内专业评估系统,如何建立专业评估与专业退出相关联的机制,如何探索国际评估,如何以专业评估作为构建院系层面的教学质量保障机制的重要突破口,等等。

(华东师范大学雷启立、王玉琼、黄欣执笔)

第三节　华东理工大学案例

2013 年,华东理工大学首先在工科、理科、文科类专业中选择了环境工程、应用物理、社会工作三个专业,依据上海高校本科专业达标评估指标体系进行了评估试点,以积累评估经验,规范评估程序和标准。在此基础上,对所有本科专业开展合格评估,评估工作分为专业自评、定量评估和专家现场考察三个部分。教务处具体进行专业评估工作的组织与实施。

一、专业责任教授制度的建立

为明确规范专业建设的主体责任,学校教务处根据各学院专业发展的特点,遴选产生了各专业责任教授,并以发文形式给予明确(见《华东理工大学关于公布专业责任教授名单的通知》),同时明确了责任教授的主要工作任务:

① 专业招生。进一步加大招生宣传力度,提高生源素质。

② 培养方案。优化课程体系和专业结构,完善培养方案。

③ 课程建设。以核心课程为主体,以重点提升教学质量为目

的,优化教学内容,改进教学方法,改善教学效果,全面推进课程建设。

④ 教学改革。继续推进特色专业建设,稳步推进卓越工程师教育培养计划试点工作。

⑤ 人才培养。进一步推进"跃升行动计划",引导学生明确学习目标,提升学习兴趣,营造良好学习氛围。

⑥ 师资队伍建设。培养高素质的学生,加强青年教师培训基地的建设工作,通过组织交流观摩活动,推广先进有效的培训方式。

⑦ 教学资源建设。根据课程需要,做好实验室规划工作,完成专业实验室搬迁至奉贤校区的工作。全力解决奉贤校区教学与科研互动、教师与学生互动的机制和条件问题。

⑧ 专业教学质量评估。完善管理制度,加强过程监控,成立专业教学质量评估小组,实施严格的听课制度,建立教学质量检查与信息反馈制度,完善本专业的毕业生跟踪反馈体系。

⑨ 负责专业评估、专业认证工作,负责撰写自评报告、专业质量年度报告。

二、本科专业评估的具体实施

为规范本科专业评估工作,学校发文《华东理工大学关于开展本科专业评估的通知》(校教〔2013〕16号),积极推进专业评估。

(一)第一阶段(自评+网评)的评估工作安排

首先,根据上海高校本科专业达标评估指标体系,各专业将体系中的可量化指标,即1.3 课程体系(5分)、2.1 数量与结构(6分)、2.3 科研情况(3分)、4.2 实践教学(2分)、4.3 教学改革(2分)、4.4 毕业设计(论文)(2分)、6.2 人才培养目标实现情况(6

分）、6.3 就业与社会评价（6 分），共 32 分，与本科专业达标评估部分分值表的要求相对照，自行评价打分，并提交相应的支撑材料。

然后，各专业根据《本科专业达标评估自评报告撰写指南》，结合《上海高校本科专业达标评估标准》撰写自评报告，收集相应的支撑材料，学校组织专家对自评报告及本科专业达标评估部分分值表中的自评分进行网评，填写《专业评估自评报告考核意见表》《专业评估自评分和支撑材料相符性审核意见表》《建议实地考查重点》。网评意见将提供给第二阶段现场考查专家作为参考。

（二）第二阶段（现场考察）的评估工作安排

在第一阶段评估工作基础上，学校发布《华东理工大学关于开展本科专业达标评估现场考察工作的通知》（校教〔2014〕21 号），系统推进专业评估的第二阶段工作，总体安排如下：

1. 现场考察范围

学校现设的本科专业均应参加现场考察，但以下专业不列入本次现场考察范围：已参加或已列入 2014 年度国家专业认证的专业；2013 年已进行试点评估的专业；未有毕业生的新专业。

2. 现场考察内容

达标评估主要考核专业的基本条件，包括专业的培养目标、培养要求、主干学科、核心课程、实践实验教学环节等诸方面。重点评估专业的人才培养目标定位、质量标准的建立和专业建设的成效等，尤其注重师资队伍建设及教师对教学工作的投入等方面的指标。

现场考察的主要内容有：听取专业自评汇报，专家听课，实验室实地考察，教师座谈，新生座谈，毕业生座谈，管理人员座谈，查阅教学计划、课程大纲、教材等教学档案，查阅学生课外科技活动材料、就业指导材料、管理文件,以及试题试卷、毕业设计(论文)、课程设计和实验实习报告等资料的调阅。

3. 现场考察方式

其一,现场考察采取各专业学院之间交叉评估的方式进行,接受考察的学院和负责评估的学院交叉互评。

其二,现场考察专家组的组成:专家组一般由4人组成,组长由教务处任命,两名组员由组长与负责评估学院教学副院长协商确定(优先考虑专业责任教授),另外1名组员由学校教学顾问组专家或外聘专家担任,专家组秘书由组长指定。

其三,现场考察的具体时间由组长与被评学院的教学副院长商定,报教务处备案。现场考察的接待组织工作由专业所在系的系主任负责。专家组到达前,各系根据考察评估内容制定《专家组现场考察工作日程》,提交组长审定。

其四,各专业根据上海高校本科专业达标评估指标体系的要求认真准备相应的支撑材料,完善已撰写的自评报告,做好专家组现场考察的汇报准备。

其五,各专业须在专家现场考察前提交自评报告和相关材料,供专家审阅,以便后续现场考察目的更加明确、考察内容更具针对性。

其六,现场考察可以分散与集中相结合。专家组集中到专业现场考察之前,可以先完成现场考察中的听课、与部分学生座谈等内容;听课也可以采用校顾问组专家已听课程的相关记录。

4. 评估结论

第一,专家组依据上海高校本科专业达标评估指标体系,通过考察评估后给出的专业达标评估结论分为"达标"和"不达标"两种,并撰写《专业评估专家组现场考察报告》,填写《专家个人现场考察评分及评价意见》和《专家组现场考察评分及结论建议》。

对于暂未达标的专业设一年整改期。在整改期内,须根据评估报告中提出的意见和建议进行整改,并于一年后重新评估。通过重新评估的专业为"达标专业",未通过的专业则列为"不达标专业"。

第二,现场考察报告的撰写格式按照上海高校本科专业达标评估指标体系中各二级指标的达标标准,逐条回答达成情况,并对二级指标逐项给出评分,要求语句简洁、直截了当、写实勿虚。

第三,现场考察结束后,由专家组秘书负责及时做好现场考察资料的汇总工作,内容包括考察评估的工作日程安排、专家组名单、专家组现场考察报告、专家组考察评分及结论建议等。

5. 其他辅助工作

为切实有效地开展现场考察工作,教务处做了充分准备,并召开了专业达标评估现场考察动员会。会议主要内容包括专业达标评估目的和重点、专业达标评估背景与前期工作、现场考察工作安排、现场考察材料等。

三、本科专业评估评分结果分析

学校于2014—2015学年共组织了14个专家组分赴14个学院对47个本科专业达标评估进行现场考察,汇总收集了现场考察报告和专家组现场考察评分,对专家意见进行了梳理汇总,返回给各专业;对专家评分进行了统计分析,并在年度教学研讨会上做专题报告,提出针对性的改进意见,推动专业建设及持续改进。

（一）指标评分均值统计

指标评分均值统计包括总分均值统计、一级指标均值统计和二级指标均值统计三个层面。总分均值统计结果为：全校专业的评估分均值为87.75；一级指标均值统计针对6个一级指标，计算全校的平均值，并折算出百分制平均值；二级指标均值统计是针对二级指标计算百分制平均值。

（二）指标百分制平均值分析

1. 一级指标弱项分析

依据一级指标百分制平均值及总平均分，绘制柱状图显示一级指标项的"弱""中""强"。大于90分代表强项，平均值至90分之间代表中项，小于平均分代表弱项。从图7.2可知，一级指标中"2.教师队伍"和"4.专业教学"为弱项，需重点关注。

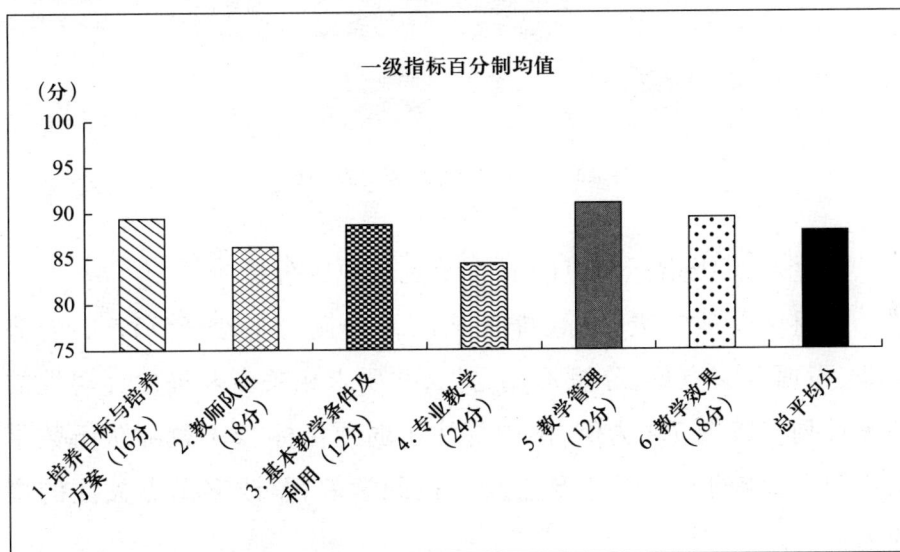

图7.2　一级指标百分制均值

2. 二级指标弱项分析

依据二级指标百分制平均值，绘制二维矩阵图显示二级指标项的"弱""中""强"。大于90分代表强项，85~90分代表中项，小于

85分代表弱项。二级指标中"2.1教师队伍数量结构""2.4教师队伍培养培训""3.1实验室与实习基地""4.2实践教学""4.3教学改革""4.4毕业设计(论文)"为弱项,需重点关注,查找不足之处,加强整改(见图7.3)。

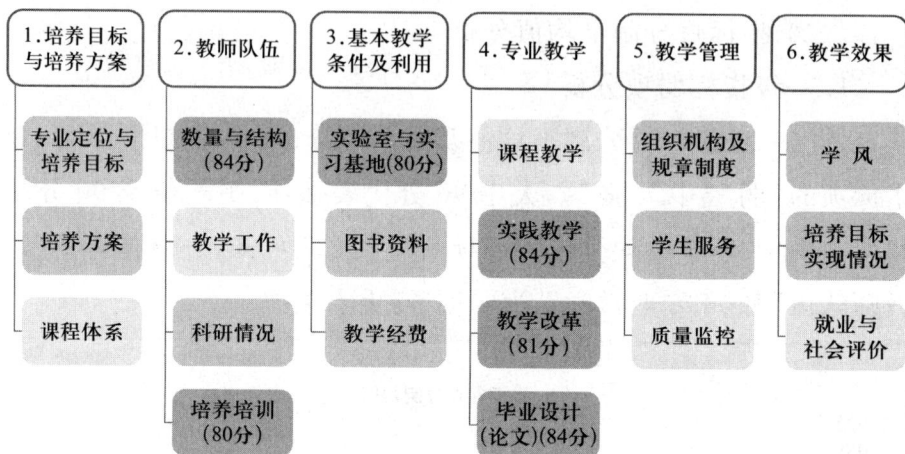

1.培养目标与培养方案	2.教师队伍	3.基本教学条件及利用	4.专业教学	5.教学管理	6.教学效果
专业定位与培养目标	数量与结构(84分)	实验室与实习基地(80分)	课程教学	组织机构及规章制度	学风
培养方案	教学工作	图书资料	实践教学(84分)	学生服务	培养目标实现情况
课程体系	科研情况	教学经费	教学改革(81分)	质量监控	就业与社会评价
	培养培训(80分)		毕业设计(论文)(84分)		

图7.3 部分二级指标百分制均值

3. 弱项二级指标对应的弱势专业及原因分析

针对两弱项二级指标,排查该项百分制分值小于75%的弱势专业,根据专家意见,分析不足之处,并要求相关专业提出针对性的整改计划。以图7.4为例,图中标注了弱项指标"2.1教师队伍数量结构"所对应的6个弱势专业及所在的学院,整改需重点关注的事项为:

① 专任教师数量,具有行业经历教师,高级职称教师数;具有硕士及以上学位的专任教师比例;年龄结构合理性。

② 具有实践经验的专业技术人员担任兼职教师、开设讲座、指导毕业论文等情况。

③ 专业课和专业基础课的主讲教师职称、学位水平。

256

④ 副高及以上职称的专任教师担任专业教学任务的比例。

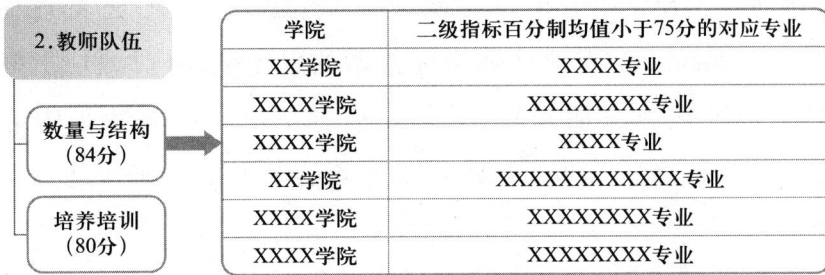

图 7.4　对应"2.1"弱势指标百分制均值小于 75 分的专业

四、本科专业评估信息化管理平台

为有效利用信息化平台开展专业评估管理及实施工作,华东理工大学与专业公司合作,在质量状态数据中心信息系统中实现了专业评估过程管理和数据分析功能。专业评估子系统界面如图 7.5所示。

图 7.5　专业评估过程管理子平台

该系统内置了上海高校本科专业达标评估指标体系,实现了专业评估全工作流程管理,包括专业自评、专家网评和现场考察,同时提供评估状态及结果分析等功能。为了满足专业认证,国际评估等扩展需求,系统支持专业评估指标体系的自定义,可对评估指标项目、评分标准进行灵活设置,量化指标可从质量状态数据中心的"专业层"指标库中选取,系统可自定义量化评分标准并进行综合评分。

(华东理工大学夏春明执笔)

第四节　上海师范大学案例

上海师范大学的本科专业数量已发展到 86 个,覆盖 11 个学科门类,每年招收全日制本科生 5100 人左右。随着本科专业数量的迅速增加,现有师资队伍、课程资源等的增长速度与专业发展的速度相比相对较慢,不利于在上海经济社会发展及教育现代化发展中形成清晰的服务面向。专业的分散,致使学校在教学资源有限的条件下难以形成竞争力和特色。为了主动适应国家特别是上海对人才培养的要求,加强内涵建设、提高专业办学质量势在必行。因此,学校决定对现有专业进行动态调整和结构优化,并以专业自主评估为突破口,推出一系列教学改革的重要举措,全面展开本科教学质量的持续改进。

一、精心策划,制度化专业自主评估

学校在资源有限的前提下,充分利用资源、最大程度地满足社会需求是专业结构调整和优化的重要目标。专业结构的调整和优化是本科教学质量改进的重要源头,而持续质量改进必须制度化,才能形成长效机制。专业自主评估是专业结构调整和优化的基础。因此,制度化专业自主评估是本科教学质量持续改进的重要环节。为了将"以评促建,以评促改,以评促管,评建结合,重在建设"的宗旨变成常态,学校决定进行专业自主评估全覆盖,并形成长效专业自主评估制度,定期对本科专业进行自主评估,带动本科教学质量的持续改进。

通过精心策划,学校形成了专业自主评估制度。

专业自主评估的范围:专业全覆盖。

专业自主评估的方案:分期循环进行,根据实际情况每期专业自主评估,可分多批进行。

专业自主评估的过程:分四个阶段,即评估工作设计和组织、专业自评、专家评审、反思总结。

专业自主评估的指标体系:以上海市教育评估院制定的上海高校本科专业达标评估指标体系为依据,并参考上海高校本科专业选优评估指标体系形成学校本科专业自主评估的评估指标体系。

专业自主评估专家的来源和构成:建立上海师范大学专业自主评估专家组,成员全部来自上海市教育评估院的专家库,专家组由1位教学质量管理领域具有副处级以上职级的专家和2名相关专业领域具有正高级职称的专家组成。

专业自主评估工作的组织:由教务处组织实施,明确规定各学院的专业自查项目、内容和标准,并做好专家评估前材料等的准备工作;专家组根据学校的评估工作方案开展评估活动,最终形成是否达标和是否推荐选优的评估结果,给予学院和专业反馈口头和书面意见。

二、严格执行,提高专业评估的实效性

建立专业自主评估制度以来,学校完整地实施了第一期分三批进行的全部专业自主评估。第一期专业自主评估针对全校招生的81个本科专业,结合上海市需要和学校专业形成历史,有重点有针对性地分三批进行。第一批专业自主评估对象为上海本科预警专业涉及的9个相关专业和2013年学校有首届毕业生的3个新专业,共12个专业,评估时间为2013年7月至2013年9月;第二批专业自主评估对象为学校办学历史较长、建设基础较好的18个优势专业和2个2014年将要申请学士学位授予资格的新专业,共20个专业,开始时间为2013年12月;第三批专业自主评估对象是学校未参加评估的49个本科专业,评估开始时间为2014年2月。

1. 专业建设总体状况分析

学校81个专业的专家现场评估结果为:78个专业达标,其中14个专业获得专家组推荐选优;3个专业不达标,如表7.3所示。

表7.3　本科专业评估结果

专家组评估结论	达标	达标/推优	不达标
专业数(个)	64	14	3
比例	79.0%	17.3%	3.7%

评估后,对79个专业(由于新专业信用管理和应用物理学当年没有毕业生,未纳入数据统计和分析)的20个二级指标进行了统计分析,全面了解专业建设总体状况和专业发展潜力。

在79个专业中,77个专业被评为达标,2个专业被评为不达标。在达标的专业中,11个专业的专家组平均分大于或等于90

分,14个专业被专家建议推荐选优。

二级评估指标中,79个专业的20个二级指标中,3个指标得分百分比值达到90以上,处于良好水平,分别是教师教学工作、图书资料、教学管理组织机构及规章制度;16个指标得分百分比值为75~89,处于合格水平,分别是专业定位与人才培养目标、培养方案、课程体系、教师队伍数量与结构、教师科研情况、教师培养培训、实验室与实习基地、教学经费、课程教学、实践教学、毕业设计(论文)、学生服务、质量监控、学风、人才培养目标实现情况、就业与社会评价;教学改革指标得分百分比值小于75,处于不合格水平。

20个二级指标得分的集中度分析发现:教师教学工作、专业课程教学、教学管理组织机构及规章制度、学生学风、人才培养目标实现情况等5个二级指标的得分标准差小于10,数据的集中趋势较强,说明全校79个专业中这5个二级指标上的得分比较接近;教师科研情况、教学经费2个二级指标得分的标准差大于16,数据的离散趋势较强,说明全校79个专业在这2个二级指标项上的得分差异较大,专业水平差距较明显。

2. 专业发展潜力分析和评价

从专业评估结果分析中发现,2002年以后建立的部分新专业,评估结果不理想。从指标得分来看,那些需要长期积累才能见成效的指标评分较低。但长期来看,专业具有发展潜力。因此,结合专业发展潜力的预测进行分析,对于专业整改具有重要意义。

通过分析发现,上海高校本科专业达标评估指标体系的20个二级指标项中,教师队伍数量与结构、教师科研情况、课程体系3个指标对于专业在未来3~5年的发展具有预测作用。如果一个专业缺乏基本的教师队伍数量、良好的师资队伍结构,如果教师科学研究能力支撑不起专业办学的学科或专业课程体系不完善,则专业的未来发展会成为问题。而这些指标的评估值并不是通过突击引进人才就能快速改变的。因为每位高学历青年教师入职以后,至少需要3~5年的成长,才能逐步形成独立的研究领域和稳定的教学能力;应用型专业也难以通过人才引进获得具有科研能力和行业背景的双栖型带头人;一个成熟的专业课程体系,通常需要一系列专业主干课程研发、开设以后还需要3~4轮的教学探索。因此,教师队伍数量与结构、教师科研情况、课程体系是专业发展的基本保障,可作为专业发展潜力的预测指标。

专业发展潜力预测分析表明,公共关系学、法语、工程管理、机械设计制造及其自动化、电气工程及其自动化、物业管理等专业发展潜力较小,即便近期内引进1~2位专业带头人,仍难以快速提升专业质量和水平。因此,这些专业的发展规划,需要校、院两级协同依照评估指标体系的指标项和观察点,逐项对照专家评估结果,制订针对性整改方案和时间表,实施专业整改。

三、调整改革,确保专业教学质量持续改进

专业自主评估之后,依据专业自主评估结果和要求,结合人才培养、专业发展和社会的需要,实施了一系列提升本科教学质量的改革举措,以确保本科教学质量的持续改进,包括调整和优化现有专业、本科专业建设规划及培养方案论证和修订、推行大类招生和培养、形成专业质量年报制度、专业管理绩效考核等。在全面加强内部质量管理方面开展了大量卓有成效的探索。

1. 优化专业机构,引导专业发展

(1) 优化专业结构,停并问题专业

学校在专业评估工作结束后,召开了全校专业整改动员暨专业建设会议。会上明确指出专业评估是专业结构调整的依据,并明确了专业整改的具体内容和要求。校、院两级依照评估指标体系的指标项和观察点,经过逐项对照专家评估结果,制订出了针对性专业整改方案和建议。

对评估不合格、专家建议调整或专业发展潜力预测指标得分偏低的专业,提出专业调整建议。

对评估得分排名靠前、获得专家选优推荐或二级指标优秀项较多的专业,推荐组成优秀专业建设专业群,共涉及 17 个专业。这些专业的建设任务是:采取措施,消灭达标指标体系中的不合格二级指标,对照选优指标体系和学校工作要求,制订年度专业建设计划。

其余专业,要求采取措施,消灭达标评估指标体系中的不合格二级指标;对照专业达标指标体系和学校工作要求,制订年度专业建设计划。

2015 年,本科专业调整优化工作启动。经过深入调研,学校决定停止招生一批专业,合并优化一批专业。专业调整的具体结果如表 7.4 所示。

表 7.4 本科专业调整结果

序号	专业名称	专业调整
1	应用物理学	与物理学(师范)合并,设立新的物理学(师范)专业
2	数字媒体艺术	与动画专业合并,设立新的动画专业
3	物业管理	停止招生
4	公共关系学	停止招生

通过师资、办学资源整合,增强了专业办学实力。专业调整后,资源得到集中使用,整合后的专业得到加强。合并后的物理学(师范)专业和合并后的动画专业,连续三年就业率都保持在100%。

（2）对接社会需要,引导专业发展

对接社会经济发展需要,引导专业向内涵建设、特色突出和应用转型发展。3 年来,学校在一系列政策的引导下,专业发展取得了重要成果。例如:在专业特色发展方面,广告学专业在 2014 年成功申报上海市卓越新闻传播人才教育培养基地建设项目;在引导专业应用转型方面,旅游管理专业在 2015 年成功申报上海市应用型本科试点专业;广播电视编导专业获批 2016 年的上海市应用型本科试点专业;食品科学与工程专业正在申报教育部本科目录外新专业——食品安全与检测。

2. 修订培养方案,规范课程体系

2013 年,学校在专业评估的基础上,开展了第十一届教学质量月活动,动员全校各专业深入调研、研讨培养目标和课程体系设置的规范性、科学性,比对国内“985 工程”“211 工程”高校、地方高校相同专业的定位和培养目标,听取相关行业专家的意见,查找本专业定位与培养目标存在的问题,论证课程体系与专业培养目标的契合关系,考察专业课程对人才培养目标的贡献度以及课程设置的科学性。

2014 年,学校在第十二届教学质量月活动中,规范课程教学大纲体例,修订课程教学大纲,将课程分为“通识必修课、通识选修课、专业必修课、专业方向课、专业拓展课、实践性环节”6 种类型,课程性质分为“学术知识类、方法技能类、研究探索类、实践体验类”4 种;明确各类课程的教学目标、教学方法、考核方式等的要求,强化不同性质课程的内容结构、教学过程要求和考核;凸显实践教学、课程内实践的教学设计。专业课程体系、学分结构得到优化,促进了人才培养模式的转变。2016年,学校进一步制定了课程标准,根据课程类别、课程性质的不同,制定了多维度分类课程标准,成为课程教学大纲制定的依据。

经过2014年、2015年、2016年三次本科培养方案和教学大纲的修订,学校各本科专业的办学定位、培养目标、课程体系得到进一步优化。

3. 大类招生改革,夯实基础培养

自2013年起,学校以学科为基础建立招生大类,将29个专业合并为9个大类;2015年的大类招生扩大到10大类;2016年把32个专业整合成新闻传播学、金融学、数学、电子信息学等11个大类。实施大类招生的专业在一学期或一年后进行专业分流。

学校逐年扩大大类招生规模,贯彻"厚基础"人才培养理念,强化学科基础训练,从以专业教育为主向专业教育与通识教育相结合转变,实施大类培养。培养方案中加强了通识教育课程、通识选修课程、专业方向课程、专业拓展课程、实践教学环节的建设,满足学生个性化学习需求;教学过程中要求减少课堂讲授,增加课外自主学习;进一步优化了课程学时、学分结构。实现了由"专业教育"向"通识教育、专业教育有机结合"转变。

4. 把控专业质量,形成年报制度

为了动态掌握各专业质量状况,学校制定了专业质量年报制度。各专业每年形成专业质量年报,通过对上年度的专业教学情况进行梳理,对教学状态基本数据进行统计。

2015年,全校共有73个专业完成了2014年本科专业教学质量年度报告。教务处组织高教研究所的校内专家认真审读专业质量年度报告,对每个专业教学质量年度报告提出具体的审读意见。69 个专业的教学质量年度报告被评为合格,其中 19 个专业的教学质量年度报告被评为优秀。学校对评为优秀的专业教学质量年度报告进行奖励。同时,教务处组织召开教学院长和专业负责人参加的教学培训研讨会,邀请校内专家举办专题报告和研讨会,总结专业办学经验,凝练专业办学特色。2016 年,全校所有的本科专业都提交了专业质量年度报告和专业教学状态数据统计表。

5. 重视专业管理,纳入绩效考核

2014 年,学校修订了《本科专业(含校级通识教育必修课)负责人工作管理条例(试行)》,聘任新一届本科专业(含校级通识教育必修课)负责人,初步建立《专业教学年度考核指标体系》,对专业(含校级通识教育必修课)负责人实施专业管理绩效考核。

专业教学年度考核指标体系包括基础指标和发展指标两个部分。基础指标是专业办学必须符合的规范性、达标性指标,发展指标是彰显专业办学特色、办学优势的指标。

对本科专业负责人年度工作业绩的考核包括专业负责人工作、专业办学成绩、专业人才培养成效等,并把它作为专业负责人工作津贴、专业招生计划、专业建设资源配置、专业调整的依据。

人事处根据专业教学年度考核结果发放专业负责人工作津贴。考核合格的专业,发放 100% 的工作津贴;考核不合格的专业,发放 80% 的工作津贴;在及格以上的专业中,根据发展指标的专业考核得分顺序,依次分等级发放 15~25 个专业负责人绩效奖励。

自专业自主评估工作成为一项制度以来，专业质量的持续改进得到了充分保障。2015年，学校在专业办学布局调整的基础上，根据上海市教育委员会《关于推进本市高校本科专业评估工作的若干意见》（沪教委高〔2015〕18号）文件要求，对78个在境内招生的专业制订了2015—2019年新一轮本科专业自主评估工作计划，新的一轮专业自主评估相继展开。

（上海师范大学柯勤飞、高湘萍、卓德保执笔）

第五节　上海理工大学案例

根据上海市教育委员会《关于推进本市高校本科专业评估工作的若干意见》（沪教委高〔2015〕18号），学校建立了5年一轮的本科专业自主评估工作机制，要求所有本科专业分期分类进行自主评估，促进专业落实学校办学定位、彰显专业办学特色。学校按计划已对17个本科专业进行了专业自主评估，坚持高标准、严要求建设优秀本科专业。2013年，"机械设计制造及其自动化""能源与动力工程"2个本科专业在上海市专业选优评估中成绩优秀，获得了"上海市优秀专业"称号，有效期5年。学校建立了本科专业教学质量年度报告制度，所有本科专业必须按专业教学质量国家标准和学校人才培养目标与定位，对专业培养目标、培养要求、培养方案、专业师资、就业质量等进行自我诊断与评估，找出专业建设问题，提出改进举措，促进全校专业的均衡发展。

在专业自主评估的引领下，学校推出了以多元化专业评估认证标准推进本科专业建设的总体设计，主要成就如下：

一、顶层设计

（一）围绕学校"精品本科"战略，扎实推进本科专业评估认证工作

上海理工大学围绕"工程型、创新性、国际化"人才培养定位，提升专业建设水平，着力打造精品本科。学校出台《关于推进新一轮改革与发展的若干意见》《关于推进精品本科建设的实施意见》等制度，抓住政策导向、师资队伍建设、资源配置和考核评价等关键要素，确保本科教学工作中心地位，提出本科专业建设总体目标。一是推进工程教育专业认证，制定 1/3 工科专业通过中国工程教育认证的专业建设目标；二是分类推进 ASIIN、ABET、AACSB 等专业国际认证，力争 3 年内 1/3 本科专业通过国际认证。三是制定 5 年一轮的本科专业自主评估计划，建立本科专业教学质量年度报告制度，对专业进行自我诊断与评估。

（二）形成激励相容的动力机制，发挥专业作为办学着力点的能动性

学校以上海高校本科教学教师激励计划的实施为契机，注重以学生培养为中心的教学团队建设，形成校、院、教学团队的三级本科教学管理模式的专业教学组织新架构，凸显教授在强化专业及课程建设、提升本科教育教学质量中的引领作用；紧紧围绕专业建设，强化教学团队带头人作为专业建设第一责任人的意识，让其领衔负责专业建设的全面工作，强化有规划、有组织的教学活动，激励教师专心教学，改革教育教学方式，全面提升教育教学质量。

（三）高起点高标准高水平开展专业评估与认证，建立三级评

估与认证工作体系,逐层推进专业建设

学校形成了以学校自主评估—教育部审核评估—专业国家(国际)认证逐级递进的评估认证三级工作体系,先通过学校自主评估和教育部审核评估不断检验自身的质量保障体系是否完整有效,再依托国家(国际)专业认证检验专业的办学层次与水平、差异与特色(如图7.6)。

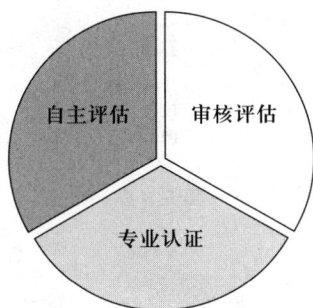

图 7.6　上海理工大学评估认证工作体系

（四）引导专业分层次定位、分类型发展,以多元化标准释放专业活力,全面推动本科专业建设

学校进一步完善"卓越工程师""专业综合改革试点"等项目实施方案,推广学校通过国际认证及国家工程教育认证专业的建设成果及经验,构建以行业需求为导向的专业人才培养新机制;深化校企合作力度,对接行业,充分发挥高校与行业企业（一校八院所）联合培养卓越工程人才机制作用,积极加强"包装工程"及"假肢矫形工程"应用型本科试点专业建设;积极推进长三角工程教育联盟工作,实施教学资源共享,联合招生暑期培训,教师互派,就业信息共享及联合开展工程实践训练和创新创业活动等多举措合作模式。

二、主要工作

（一）全面深化专业教学改革，把握促进专业发展的多层次举措，确立以学生为中心的教学理念，形成目标导向教育的教学设计

学校明确毕业要求，根据毕业要求重构人才培养方案和课程大纲，改革课程教学，形成持续改进的质量改进机制（如图7.7）。

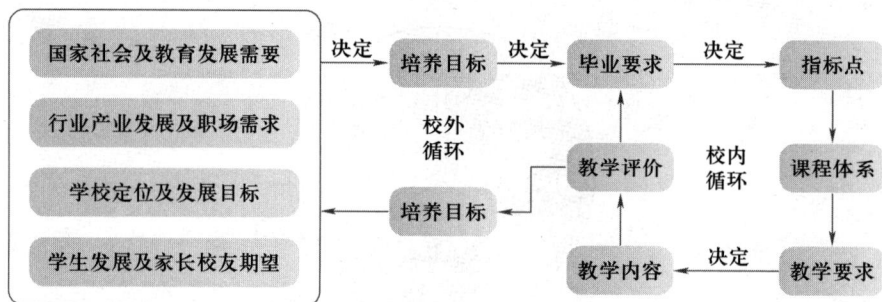

图 7.7　目标导向教学设计理念

（二）对标一流专业，科学制定人才培养方案

各专业结合学校办学实际，对标国际国内一流专业培养方案，要求专业结合毕业要求制定学生能力达成矩阵，从能力培养各环节对学生培养质量进行严格把关，明确专业培养目标及毕业要求，培养计划全部由各专业教育部专业教学指导委员会主任委员、秘书长、委员及行业分委会资深专家组成的专家组进行评审，并在专家评审意见基础上重新修订并发布新一版本科人才培养计划。

（三）实施课程评估，将评估对象从专业细化到课程

学校完成以目标为导向的课程大纲修订工作，构建专业学生学习能力达成矩阵，要求专业课程开设必须与专业培养目标互为支撑，确保课程开设的合理性；完善"校级评教，院级评估"的两级课

程评估体系和反馈机制,强化课程考核、学习效果评估、教师教学能力评估。

（四）逐年发布专业质量报告

学校自 2015 年起要求各专业自按年度发布专业质量报告,并将其纳入二级学院年度绩效考核指标。首先,要建立专业结构动态调整机制,以厚基础、宽口径为特征,优化专业培养方案,建立人才培养机制;其次,以市场需求为导向,建立课程动态调整机制,促进专业结构优化和办学特色培育,提高人才培养的适应性;再次,强化专业评估与监控,完善专业建设评审保障机制,保证新设专业的办学条件;最后,对教学质量低下、就业率过低、办学条件严重不足的专业限期整改、暂停招生直至撤销,不断健全专业进入和退出机制。

（五）分阶段实施自主评估工作

学校根据本科专业自主评估工作计划,每年组织实施 10 个左右专业的自主评估工作,并分五个阶段逐步推进。第一阶段,各专业对自身办学情况进行梳理,进行全面自查、自评,并形成自评报告;第二阶段,学院专业评估工作小组聘请评审专家,对专业自评材料进行审阅;第三阶段,由学院聘请评审专家组进行现场考察,通过现场听取专业负责人汇报、召开教师和学生座谈会等工作进行摸底,形成写实性诊断意见和评估结论;第四阶段,学校专业评估领导小组在第一轮专家评价结果基础上,再次聘请另外一组从事高等教育教学管理的高水平管理专家,对所有参评专业的自评材料进行二次评审,并最终得出专业评估结论;第五阶段,参评专业根据专家诊断意见制定具体的改进措施及规划,根据评估意见进行集中整改,并于评估结束后的 1 个月内提交整改报告。

学校对专业的整改成效进行跟踪考核,在专业接受评估的第二年,针对专业整改情况进行集中评议,确保整改成效。

三、工作成效

(一)合理调整专业设置,逐步优化专业布局

2012—2014年,根据教育部《关于印发〈普通高等学校本科专业目录(2012年)〉〈普通高等学校本科专业设置管理规定〉等文件的通知》(教高〔2012〕9号)精神,学校出台《上海理工大学专业设置管理办法》,撤销"市场营销"等8个办学条件严重不足、就业率过低的专业(含1个第二专业学士学位专业);同时,学校积极对接行业,增设市场需求度大、社会评价良好的优势专业,吸引优质生源。在学校相关制度的不断规范和引领下,2012—2014年,学校申报新增"医学信息工程"等4个本科专业;2016年,学校根据学校专业招生及就业情况以及上海市经济发展需要,继续完善专业布局,进一步优化专业结构。

(二)借鉴专业选优评估工作经验,积极推进专业认证工作

2013年以来,学校以实施"精品本科"战略为契机,结合围绕学校"工程型、创新性、国际化"人才培养定位,借鉴上海市选优评估工作经验,按照国际工程教育标准,推进ASIIN、ABET、AACSB等专业国际认证工作。

2014年3月,学校"光电信息工程"专业作为国内首个无国际合作背景的纯本土专业顺利通过ASIIN认证和ENAEE质量标签EUR-ACE,并于2016年再次将认证有效期延长至2019年,这是学校开展完全由中国大学设置和管理的本科工程专业按照国际标准来接受国际认证机构认证的一次成功尝试。之后,通过上海市专业选优评估的"机械设计制造及其自动化"专业和"能源与动力工程"

专业于 2015 年 9 月顺利通过 ASIIN 国际专业认证;管理学院于 2012 年启动了"国际经济与贸易"等 8 个专业为期 5 年的 AACSB 专业国际认证工作,前期评价良好;2012 年,"建筑环境与设备工程"专业通过与国家工程教育认证实质等效的住建部专业认证;2015 年"测控技术与仪器"专业及"材料科学与工程"专业已通过国家工程教育认证申请受理。

（三）三项举措开展扎实整改,推动专业教学质量持续提升

学校充分认识到整改工作在整个专业评估工作中的重要意义,整改是一个参照标准、逼近标准的过程,只有加强整改,才能真正发挥专业自主评估的效益。学校根据整改意见,实施有针对性的三项举措,把整改工作落到实处。

一是反馈整改意见,并要求专业针对意见提交整改方案。学校将所有参评专业的专家整改意见汇总分类并进行集中反馈,主要包括培养目标与培养方案、师资队伍、教学管理等几大类共 15 方面的问题。学校要求参评专业结合整改意见提交整改报告。

二是跟踪整改结果,专业评估后一年对专业整改情况进行总结。学校要求,前一年参评的专业在第二年的本科专业质量报告中,应对一年来的整改情况进行总结和汇报,并提出新一年专业建设过程中遇到的问题及工作思路;学校根据整改情况检验专业整改的实效,总结前一年度参评专业的整改成绩,确保专业教学质量持续提升。

三是通过整改促进建设,逐步完善保障本科教学质量的长效机制。学校强调,不是为了整改而整改,更应根据整改中凸显的问题,扎扎实实推进各项建设和改革。因此,通过专业自主评估工作,学校在 2016 年设立专业评估与专业建设专项,为参与评估和认证的专业提供支持;此外,学校修订了《上海理工大学关于教师职务聘

任教育教学能力的考评办法》，明确将专业评估、专业认证等工作纳入晋升副教授、教授的考核指标；同时，学校将专业评估、认证建设成果纳入学院二级院系办学绩效考核目标中，并将指标权重提升至总权重的15%。通过各项工作的逐步推动，真正实现以评促建。

（上海理工大学孙跃东、朱坚民、宇振盛执笔）

第六节　华东政法大学案例

一、评估理念与顶层设计

专业建设的质量如何评估？这里存在两个前提性的问题需要回答，即何为质量以及衡量质量的标准问题。美国质量管理专家克劳斯比（Philip Crosby，1979）认为，"质量是对要求的顺应"。对高等学校而言，不同的专业，其建设质量能否进行比较？即便是同一个专业，不同培养目标定位（研究型、应用型）的学校之间能否进行比较？这是在开展专业建设与评估之前需要着重予以研究和形成共识的问题。

华东政法大学历来重视专业建设有关研究工作，形成了立足学校发展定位和人才培养目标的专业建设总体思路。

（一）坚持开门办学，深度对接国内外高水平评估

学校现有24个本科专业、38个招生专业（方向），涵盖法学、经济学、管理学、文学、工学等五大学科门类。对于有国际国内通行认证标准的，学校积极创造条件，大力支持，鼓励相关专业按照高水平、高质量认证要求建设。对于没有国际国内通行认证标准的，学校要求与业内建设成效显著的同行加强交流，提升有关专业建设水

平。法学是学校的传统优势专业,条件成熟的情况下,将考虑制定校本专业建设质量标准。

（二）秉持多元标准,分类引导不同专业健康发展

不同的专业或专业方向,其建设基础和人才培养目标不尽相同。以学校的法学专业为例:法学专业有经济法方向、国际法方向、刑事法律方向、民商事法律方向;有普通四年制本科、专升本、本硕一贯制;有律师班、有中外合作班等。学校以多元化质量标准理念为指引,加强统筹管理,分类引导,一方面注重各学科专业通识教育,贯彻落实《国务院办公厅关于深化高等学校创新创业教育改革的实施意见》文件精神,在通识类限选课中增加"创新与创业类"系列课程,另一方面继续扶强扶特,学校入选教育部"卓越法律人才教育培养基地""卓越法律人才培养基地",入选上海市"卓越新闻传播人才教育培养基地"。

（三）强化自我评估,打造全过程的质量管理模式

积极构建"三全一多"专业质量管理模式,即全过程的管理、全员参与的管理、全方位的管理及多种技术的管理。全过程管理是指注重对工作过程各环节的管理;全员参与管理是指专业建设不是少数人员的事情,而是全体人员共同参与的活动;全方位管理是指专业建设的对象不仅仅包括专业本身,还包括其他影响专业建设质量的各种因素,只有对这些因素进行全方位的控制,才能提高专业建设的质量;多种技术管理是指由于影响专业建设质量因素的复杂性,仅仅依靠一种管理方法是不够的,必须根据不同情况,灵活运用多种现代化、信息化的管理方法和手段,实行统筹管理。

二、评估标准与体系构建

学校以法学专业建设标准制定为突破口,借鉴国内外相关教育

理论和专业认证标准,在对"上海卓越法律人才培养通用标准""立格联盟法学专业标准""中西部基层卓越法律人才培养标准"等进行系统研究、分析的基础上,提出了学校层面的法学专业标准构建的原则、框架和内容。

（一）制定原则

1. 遵循国家相关标准的原则

教育部和上海市教委针对专业的相关标准和要求是高校制定法学专业标准的依据。高校要遵循国家和地方教育主管部门的要求。

2. 科学的原则

标准制定需要依据科学的原则,运用科学的方法,采取实事求是的态度,应符合法学人才培养规律。标准应具有明确性、规范性和可操作性,能够切实指导学校的人才培养,成为专业评估和质量改进的基础。

3. 符合学校实际的原则

将法学专业标准与学校发展规划和专业定位结合起来,根据人才培养状况调研和社会对学校人才培养的需求,来制定切实的体现学校人才培养特色的标准。

（二）制定方法

1. 比较分析法

学校法学专业标准将在借鉴国内外法学和非法学专业标准的基础上进行构建。这些标准为法学专业标准的制定流程、内容框架、标准内容等提供了良好的经验,运用国内外、法学与非法学专业比较分析的方法,将有助于学校法学专业标准的科学化、规范化构建。

2. 调查研究法

专业标准的制定离不开法学专业、行业专家的支持和观点。学校利用已有的资源,聘请国内知名法学教育专家和行业专家作为指导,并调研学生和用人单位的意见,从而得出符合实际的事实,为法学专业标准制定提供现实基础。

3. 德尔菲法

德尔菲法由 20 世纪 40 年代(Helmer)和戈登(Gordon)首创。1946 年美国兰德公司为避免集体讨论存在的屈从于权威或盲目服从多数的缺陷,首次用这种方法用来进行定性预测。学校计划聘请教育部法学教学指导委员会专家、上海市法学会法学教育研究会会员、法学教授等组成专家小组,征求专业标准建议,通过多名专家的反复论证、判断,不断修改完善专业标准。

(三)框架体系

根据学校人才培养目标的不同,法学专业标准体系应该包括三个类别:应用型复合型、高端涉外型和中西部基层型。每个类型的法学专业标准都包括人才培养标准和办学标准两个部分。根据教育部卓越计划的要求,每个标准可以设定一般标准和卓越标准两个层次。这里以本科教育为主,暂不涉及研究生层面。因此,学校法学专业标准的框架体系如图 7.8。

三、主要措施

上海市教育委员会《关于推进本市高校本科专业评估工作的若干意见》(沪教委高〔2015〕18 号)要求各高校从 2015 年起至 2019 年,五年内要对本校所有本科专业分期分批进行一轮评估。目前,我校已开展了 14 个专业的专业评估工作。

(一)采取"三段式"评估,全面考察专业建设情况

我校专业评估分为三个阶段:第一阶段为自评阶段,各专业认

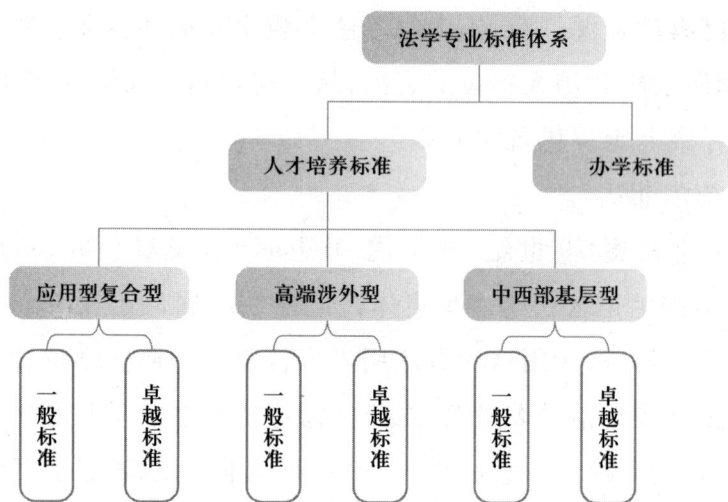

图 7.8　法学专业标准的框架体系

真全面开展专业自评,撰写自评报告,填写专业教学状态数据表。第二阶段为专家进校评审阶段。专家进校评审包括听取专业汇报、听课、查阅课程档案、查阅试卷、查阅毕业论文、召开教师和学生座谈会及查阅其他材料。专家在考察的基础上,对照评估指标进行打分,提出评估意见。第三阶段为整改阶段,各专业根据自评和专家反馈意见,针对性解决专业建设中的问题,提高专业建设水平。

通过专业评估,学校重点评价人才培养目标与结果的达成度、人才培养定位与经济社会发展的适应度、教育教学资源条件的保障度、教学质量保障条件的有效度、学校用人单位对学生的满意度等。

(二)多方参与、多管齐下,确保评估成效

1. 校领导高度重视专业评估

学校将专业评估作为年度教学工作的重点工作。学校校长高度重视专业评估工作,多次部署和推进评估工作,并出席专家组进校考察专家预备会,要求专家组不留情面地帮助学校查找问题。分

278

管教学副校长根据上级文件精神,优化评估工作方案,专门听取专家组的评估意见,召集学院副院长和专业负责人进一步了解专业评估中发现的具体问题。之后,教务处及时总结评估工作,并将工作报告、进校考察意见等情况报校领导审阅,使校领导及时了解评估工作进展和专业建设问题。

2. 教务处有序推进专业评估

为了更好地推进专业评估工作,教务处多次组织召开了专业评估工作推进会和工作布置会。教务处副处长(主持工作)、副处长多次与相关学院分管教学副院长、专业负责人等老师进行沟通协调。在自评阶段,教务处认真解读有关文件和指标,指导专业撰写自评报告、梳理基本数据。各专业认真开展自查工作,撰写自评报告、填写基本数据表、准备支撑材料。教务处多次召开评估工作推进会议,对专业自评中发现的问题进行指导。在专家进校前的准备阶段,教务处对各专业的自评报告的内容、格式,简况表中的数据,汇报PPT和支撑材料等进行了详细指导,并提出了改进意见。在整改提高阶段,教务处及时将专家意见汇总给校领导和各学院,并将组织召开各部门协调会,共同解决专业发展中的重点问题。

3. 邀请第三方专家参与,全面客观开展评估

在专家进校考察阶段,学校邀请上海市教育评估院专家对专业进行了分批进校考察评估。每个专业由三位专家组成一个专家组,分组到各专业点进行考察,考察方式包括听取专业情况汇报,召开教师座谈会和学生座谈会,听课,查阅试卷、课程档案、毕业论文等材料。专家在学校进行一整天的考察后,提出反馈意见和建议。

4. 投入专项经费,保障专业评估工作

学校划拨专项资金,每年投入近30万元,确保专业评估工作的

顺利开展。专项经费主要用于专家咨询、评估调研、材料制作等。针对需要学校解决的师资、实验室建设等,学校将此整改事项纳入年度预算,切实解决专业建设中的薄弱环节,大大提高专业建设水平。

5. 以评促建,以评促改,提高专业建设水平

学校贯彻"以评促建,以评促改,以评促管,评建结合,重在建设"的评估方针,通过专业评估,促进和提高专业建设。因此,学校将第三阶段整改工作作为评估工作的重中之重。学校将专家进校考察意见上报校领导;校领导向学院副院长和专业负责人了解具体问题;教务处组织人事处、学生处、基建处、相关学院召开整改工作会议,并要求各专业制定整改清单和计划书,逐项落实。学校总结评估经验,不断建立和完善"诊断—反馈—整改"的机制,切实推进专业建设,提高人才培养质量。例如针对金融学专业的师资问题,学校人事处专门到商学院进行调研,提出引进和培养方案,大大改善了学院师资情况;针对教室话筒等设备问题,及时报修和更换;针对试卷管理,开展试卷专项检查,通报检查结果并提出管理措施;针对实验室建设,在学校实训大楼启用后,优先安排实验室建设薄弱的专业,开展实验实践训练。

6. 以"质量月"活动为契机,提高专业教学质量

课堂教学是影响教学质量的重要因素。2016 年,学校以"质量月"活动为契机,提高专业教学质量。2016 年 5 月,学校开展了为期一个月的"质量月"活动。针对商学院金融学、经济学、会计学等专业,邀请上海对外经贸大学的专家对学校商学院的授课情况进行了专项听课、评课。上海对外经贸大学共派出了 14 位由教授、教学副院长、学科带头人、教学督导组成的专业团队,对商学院该学期开

设的 20 门课程进行了集中听课,并对教师课堂授课情况和教材选用情况进行了全面的考察和专业的评价。

为选拔推荐青年教师参加第二届上海市青年教师教学竞赛,学校启动团体培育计划,邀请校内外获奖选手、国家级教学名师、教学竞赛专业评委、多媒体课件制作专家来校对选手进行专项集训,从分享比赛经验、科学组织教学内容、增加课堂感染力、自然得体设计教姿教态、熟练美观制作教学 PPT、流畅表达教学反思等方面对选手进行了专业培训。

四、进一步做好专业评估工作的设想

为了更好地做好学校本科专业评估工作,学校将从以下方面着手:

① 搭建本科教学数据平台,注重对人才培养过程数据的监测和挖掘,掌握本科教学动态,监控专业教学质量。

② 建立学院教学质量发布机制。学院总结年度教学工作,总结教学成绩,分析存在的问题,提出教学质量目标,有针对性地开展教学建设和教学改革。

③ 加大课程质量管理。对全校课程情况进行梳理,总结各类课程开设比例、教师授课情况等,建设全英语和双语课程,重点提高课程质量。

④ 借助教育部"双千计划",形成学校与实务部门联合培养机制,培养学生的综合思维和解决问题的能力。

⑤ 借助本科教学教师激励计划,利用教师发展中心,加大教师培训培养,提高教师教学质量。

（华东政法大学唐波等执笔）

第七节　上海电机学院案例

上海电机学院现有本科专业 31 个,其中教育部"卓越计划"试点专业 3 个,上海市属高校应用型本科试点专业 6 个。为进一步加专业建设步伐,提高专业办学水平和人才培养质量,自 2013 年至 2015 年,学校分 3 年对已满足条件(有一届毕业生)的 22 个本科专业进行了一次全面评估。为规范有序地开展专业达标评估工作,学校制定了《上海电机学院本科专业达标评估实施方案(2013—2015)》,以上海高校本科专业达标评估指标体系为参照,认真贯彻落实上海市教育委员会关于专业评估工作相关要求,并以此为契机,建立健全专业评估常态化新机制,日益完善专业质量自我监测与保障,逐步探索出具有校本特色的专业质量评估制度。

一、重视评估结果:诊断专业建设现存问题

学校全面梳理专家对专业的评估意见,每年专业评估工作结束后,对评估意见进行质和量的分析,形成《上海电机学院本科专业达标评估工作报告(2013、2014、2015)》将学校当年专业评估工作计划、评估方案和评估结论等以公文形式报上海市教育委员会备案。学校于 2016 年发布首轮《专业达标评估总结分析报告(2013—2015)》,对专业达标评估赋分情况进行统计分析,在学校教学工作委员会会议上作专题研讨,以期各专业对照不足,有的放矢持续改进。

(一)专业总体得分情况

全校 22 个专业平均得分为 81.1 分,其中,最高分为 86.7 分,最

低分为 77 分,均高于 75 分。3 个专业得分在 85 分以上,在"达标"基础上被评为"推优专业"。

（二）一级指标得分情况

全校 22 个专业达标评估一级指标得分统计如表 7.5。

表 7.5　本科专业达标评估一级指标得分统计表（2013—2015 年）

达标评估一级指标	一级指标平均得分	得分百分比	未达标专业数
1. 培养目标与培养方案（16 分）	12.91 分	80.71%	2 个
2. 教师队伍（18 分）	14.47 分	80.37%	4 个
3. 基本教学条件及利用（12 分）	9.66 分	80.51%	3 个
4. 专业教学（24 分）	19.76 分	82.34%	1 个
5. 教学管理（12 分）	9.76 分	81.30%	2 个
6. 教学效果（18 分）	14.50 分	80.57%	4 个

注:未达标专业按照该项一级指标得分不满分值的 75% 计算。

一级指标得分比例较高的是专业教学和教学管理,全校 22 个专业中仅有 1 个专业教学项目未达标,2 个专业教学管理项目未达标,说明经过十年积累,学校本科专业整体建设水平有了长足的进步。教学效果和教师队伍得分比例偏低,并且各有 4 个专业未达标,表明师资队伍的素质和水平目前仍是制约专业建设水平的瓶颈问题,在注重专业教师投入的基础上,更加关注教学效果产出应是今后专业内涵建设的核心问题之一。

（三）一级指标离散度分析

在概率统计中,标准差能够很客观准确地反映数据的离散程度,应用标准差计算方法对本科专业达标评估一级指标得分情况进行离散程度分析,如图 7.9 所示。

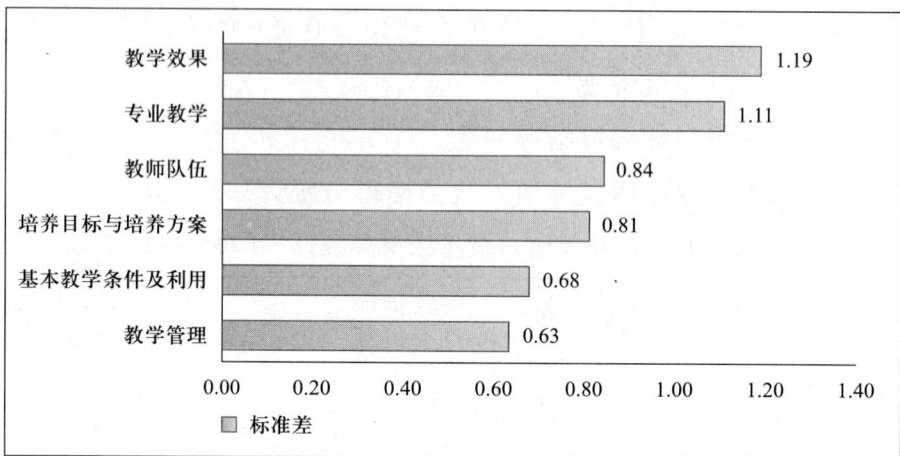

図 7.9　本科专业达标评估一级指标得分离散度

在一级指标项中,教学管理、基本教学条件及利用 2 个指标各专业得分标准差分别为 0.63 与 0.68,数据的集中趋势较强,说明全校 22 个专业在这 2 个指标顶上的得分比较接近;教学效果、专业教学 2 个指标各专业得分标准差分别为 1.19 与 1.11,数据离散趋势较强,说明普通专业和优势专业建设水平还有一定差距。

（四）落实专业达标评估整改

学校高度重视评估专家的意见,建立"诊断—反馈—整改"的评估机制,把专业评估作为本科教学工作合格评估整改的一项重要工作,列入学校每年行政工作计划,并作为考核二级学院重要依据。上海市教育委员会《关于推进本市高校本科专业评估工作的若干意见》(沪教委高〔2015〕18 号)要求,在专业自主评估实施中,参评专家要按专业评估指标体系中的二级指标提出写实性诊断意见,包括专业现状分析、目前存在的问题及发展建议等。在本轮专业评估工作中,学校上下非常关注,校领导、职能部门、二级学院、专业教师等一同参加专家意见反馈会,根据专家诊断意见,学校下发相关专业《教学质量改进意见书》,针对专业评估中的重点问题提出整改要求,专业制定整改计划,并于一年后提交整改情况反馈。学校希望通过专业达标评估,进一步梳理专业的资源配置、检查培养目标的达成程度,更重要的是查找出专业建设中存在的问题,对以后的专业建设起到促进作用,切实达到以评促建、以评促改、评建结合的目的,有利专业的健康可持续发展,有利于后续的专业选优评估和专业认证。

二、巩固评估成效:促进专业建设水平提升

(一)实施系列专业质量监测,建立专业质量档案

学校以专业达标评估为契机,建立了"五年一轮"的制度化、常态化的专业评估制度,并且从专业建设实际情况出发,进一步扩大专业质量监测的范围,从专业设立到专业发展的全过程实施各阶段的质量监测与评估,通过"新专业检查—专业学士学位授予权审核—专业达标评估—专业选优评估/专业认证",多次对专业建设把脉问诊,形成"专业评估—专业建设—专业再评估"的"以评促建,评建结合"的长效机制。学校设立教学评估资料室,整理留存每次专业重要监测评估活动材料,记录专业建设发展轨迹和成长过程,培育专业"自我约束—自我诊断—自我改进—自我完善—自我提升"的良性建设循环,有利于持续保障和提升专业办学水平和人才培养质量(图7.10)。

(二)连续4年发布专业质量报告,实施专业质量年检

专业年度质量报告是专业评估的重要依据,是专业教学质量接受公开监督的重要窗口,是完善专业教学质量保障体系的重要措施。学校以专业达标评估为契机积极推进专业质量报告发布工作,

专业招生第3年	专业招生第4年	专业招生满5年	专业评估每5年
新专业检查，参照上海市教委本科新专业检查相关文件执行	专业学士学位授予权审核，参照上海市学位委员会相关规定执行	专业达标评估，参照上海市教委专业达标评估指标体系执行	五年一轮的专业自主评估，参照专业达标/选优指标执行（专业认证参照相关标准）

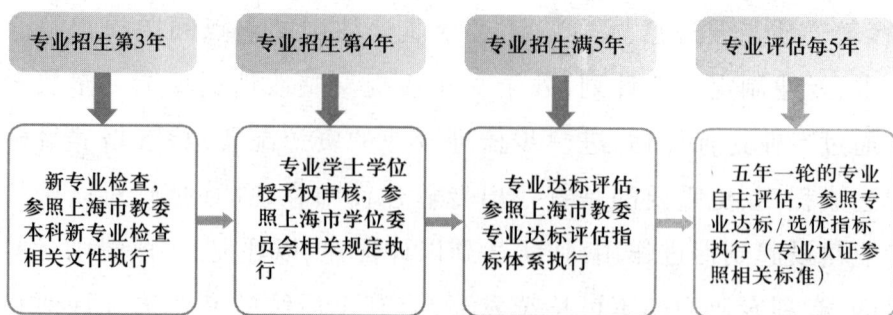

图 7.10　本科专业系列质量监测评估活动路线图

《上海电机学院本科专业达标评估实施方案》中明确规定"定期发布《专业质量报告》"是专业评估中必须完成的重要环节。2013 年，学校 12 个首批参加专业达标评估的专业首次试点撰写《专业年度质量报告(2012—2013 学年)》；2014 年，22 个专业首次正式发布《专业年度质量报告(2013—2014 学年)》；2015 年，26 个专业发布《专业年度质量报告(2014—2015 学年)》；2016 年，28 个专业发布《专业年度质量报告(2015—2016 学年)》。通过专业质量年度自我检查，及时掌握专业教学状况，采集积累专业质量数据，总结专业年度发展得失，督促加强专业的改进与完善，将专业评估的阶段性、结果性评估转变为过程性、发展性评估，确保专业建设水平不断提高。

（三）建设专业教学状态数据库，发布《本科专业教学状态白皮书》

采集专业教学状态数据，是实施专业教学常态监测的重要手段，也是确保专业评估工作顺利开展的必要手段。专业评估结果的有效性，主要是基于其数据收集的可靠性和针对性。2015 年，学校在前 2 年撰写发布《专业年度质量报告》的基础上，以上海高校本科专业达标评估指标体系为基础，结合学校办学定位和办学实际，将其中可量化的指标整理编制成《专业教学状态数据采集表》,包含 6 个一级指标、14 个二级指标,27 个观测点和 57 个数据采集项目(见图 7.11),并首次在《2014—2015 学年各专业质量报告》编写过程中集中采集专业教学状态数据,经过校验、审核后,录入教学质量管理平台,初步建立了专业教学状态数据库,实现专业教学状态数据的在线查询、统计、分析和利用。在完成专业教学采集的基础上,学校研制了《专业教学状态数据建模表》,编制发布《本科专业教学状态白皮书(2014—2015 学年)》。2016 年,学校进一步完善专业状态数据采集指标体系,丰富为 15 个二级指标、33 个观测点和 65 个数据采集项,并发布《本科专业教学状态白皮书(2015—2016 学年)》。同时,学校建立"专业教学质量发布会"制度,每年召开一次,向全校师生公开,提供专业精确诊断、分类指导和办学绩效评价的科学依据,帮助专业更有针对性地开展持续改进。

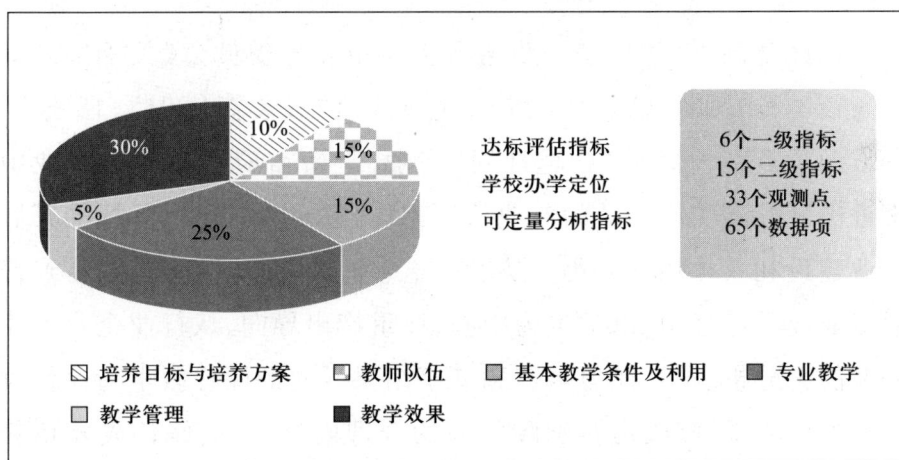

图 7.11 《本科专业教学状态白皮书》建模指标体系

(四)因地制宜对标各类专业评估,专业评估与专业认证互促互进学校把专业达标评估作为专业建设的质量底线和规定动作,充分尊重各个专业自身的发展特点和建设差异,采用自我考量、自我对标和自我申请的方式推进专业评估开展。在2013—2015年学校首轮专业达标评估完成的基础上,学校针对上级要求和各专业自身建设实际,制定了2015—2019年专业自主评估计划(见表7.6)。

表7.6　本科专业自主评估工作计划时间表(2015—2019年)

专业数量(个)	评估类型	备注
3	工程教育专业认证	"卓越计划"专业
5	各类国际认证	应用型试点专业
18	专业达标/选优评估	一般建设专业
1	教育部学位与研究生教育发展中心组织的评估	本科专业中外合作办学项目专业
4	/	至2019年尚未有毕业生

在此基础上,学校进一步落实上海市教育委员会《关于推进本市高校本科专业评估工作的若干意见》(沪教委高〔2015〕18号),一方面重点在教育部"卓越计划"专业、上海市应用型试点专业中推进国际标准实质等效的专业认证工作,进一步参照国际标准开展专业建设和人才培养。另一方面,将专业认证OBE理念借鉴到普通专业建设过程中,以学生为中心,注重产出导向,从行业企业人才职业能力分析、学生能力培养和基于结果导向的课程教学与评价改革等方面入手,吸收借鉴国际经验的合理内核,全面修订人才培养方案,推进专业人才培养模式改革与创新的不断深入。

三、激活持续改进:构建专业发展良性循环

(一)颁布运行校院两级教学质量保障体系,奠定专业持续改

进制度基础

作为一所年轻的本科院校,学校始终把学校评估和专业评估作为有机整体统筹协调、合理规划,把切实加强和推进学校教学质量保障体系建设作为落实合格评估和专业评估整改工作的重要抓手。学校制定《上海电机学院教学质量保障体系实施方案》,以全面提高学校教学管理水平和管理效率、提升教学质量为目标,遵循"加强领导,注重培训,规范运行,持续改进"的原则,逐步建立起系统、科学、规范的教学管理体系和持续改进机制。

2014 年,《上海电机学院教学质量保障体系(第一版)》正式发布运行。该体系包含了 1 个纲要文件、11 个标准文件、23 个程序文件和 87 个作业文件,对学校层面关涉教学质量保障的各项工作提出了规范和要求。2016 年,学校进一步细化、深化、固化二级教学质量管理与保障,制定运行《上海电机学院二级学院教学质量保障体系》,合计作业文件 334 个。体系坚持科学质量观和全面质量管理理念,将各个部门、学院的职能行为与教学工作的各个环节合理组织起来,明确了教学工作的各级各项主体责任人,建立了教学质量问责机制,形成职责明确、相互协调、持续改进的工作体系和运行机制,为专业教学质量的持续提升奠定了制度基础。

(二)专业质量评价与教师激励计划相结合,实施专业质量建设政策激励

学校落实上海市属高校本科教学教师激励计划等有关精神,制定实施《上海电机学院本科教学教师教学团队激励计划》,激励教师以学生为本,以教学为中心,建立有效的团队合作机制。首批建立校级专业教学团队 8 个、二级学院专业教学团队 22 个、各类课程教学团队 16 个。学校制定《上海电机学院本科教学教师教学团队

绩效评价指标体系》凸显专业质量评价权重,其中专业建设、课程建设、专业质量评价、课程质量评价、质量监控与改进等直接关涉专业教学团队评价结果的指标项累计达45分,引导广大专业从"要我评"到"我要评"的转变,激发"以评促建"专业内涵提升内驱力。同时,指标体系将副高以上教师为本科生上课、坐班答疑、校内晚自习辅导等二级指标项目赋予30分的权重,激发教师投身专业建设和教学的内在积极性,着力保障专业教师对学生的培养和指导。另外,学校对专业教学团队给予更大力度的激励,并对绩效评价优秀的团队给予奖励。

(三)关注毕业生与用人单位满意度,构建专业"招生—培养—就业"联动机制

学校除了将专业评估意见作为学校专业布局调整与优化的重要依据之外,更以专业评估为契机,有效获取并利用就业与社会评价信息,构建专业"招生—培养—就业"联动机制,把《专业年度质量报告》《专业教学状态白皮书》等评价数据纳入专业招生计划、人才培养模式改革与创新、就业质量评价等具体工作中,将招生、培养和就业共同构成人才培养相互关联、相互影响、相互推进、不可分割的统一系统,整合学校各职能部门、二级学院协调合作,形成学校上下协同育人的合力,增强专业持续改进与发展的推动力,共同致力于专业办学质量的不断提升。

(上海电机学院董雪静、贾欣歌执笔)

第八节　上海工程技术大学案例

专业评估是以专业为对象,依据专业评估标准,利用可行的

评估手段，通过定性与定量分析，对专业进行的价值判断。专业评估作为高校教育教学质量的重要保障，现已成为评价高校各类专业办学水平和教育质量的重要依据，同时也是高校开展本科教学工作审核评估的重要支撑。

作为一所地方应用型高校，上海工程技术大学在 2015—2016 年组织全校所有本科专业开展了专业自主评估，在实施过程中进行了相关思考和探索。

一、应用型高校开展本科专业评估的意义

应用型高校重在"应用"二字，应以体现时代精神和社会发展要求的人才观、质量观和教育观为先导，构建满足和适应经济与社会发展需要的新的学科方向、专业结构、课程体系，更新教学内容、教学环节、教学方法和教学手段，全面提高教学水平，培养具有较强社会适应能力和竞争能力的高素质应用型人才。

应用型高校的各专业通常紧密结合地方特色，注重学生实践能力，培养应用型人才，从教学体系建设中体现"应用"二字，其核心是实践性，除了常规的实践教学，更多的是教学内容重实践。

应用型高校容易偏向极端的专业教育，导致毕业生很难适应产业结构转型和技术升级对人才的可持续发展的要求。因此，应用型高校实施本科专业评估，可以进一步明确专业建设的方向，根据目标导向理念，对照社会需求和学校办学定位进一步审视专业定位与培养目标，优化课程体系，加强师资队伍与教学基本条件建设，深化课堂教学与实验教学改革，强化对学生实践能力的培养，加强教学管理和质量监控，全面提高教学和人才培养质量，提升学生的软实力与硬技能，更好地满足经济社会发展对应用型人才的需求。

二、应用型高校本科专业评估的实践

（一）评估方式

根据上海市教育委员会的文件要求，学校结合本校实际情况，制定了《上海工程技术大学专业自主评估方案》，全面启动本科专业自主评估工作。

学校根据上海市教育委员会关于专业评估的相关文件精神进行专业评估方案设计，采取自评和第三方评估相结合的方式开展专业评估。经过 1 年左右时间，初步完成学校全部本科专业的评估工作。

学校首先让全体教师统一思想认识，使全体教师充分了解专业评估的意义、内涵和具体工作内容，在此基础上开展专业的自评自建。为了更加客观、公正地实施专业评估，使专业评估对学校专业发展起到积极推进作用，学校委托第三方——上海市教育评估院对学校本科专业进行评估。专业评估工作结束后，学校要求各专业编制《2015—2019 年专业自评自建实施方案》，汇总各专业自评情况和专家评估意见，同时制定专业的详细整改方案。

在专业评估工作启动伊始，学校邀请上海市教育评估院专家指导专业的自评自建工作，确保按照市教委专业评估思路逐步推进评估工作。

（二）实施情况

学校依据《上海工程技术大学专业自主评估方案》，分阶段开展专业评估工作。

1. 第一阶段：专业自评自查

为做好专业评估工作，学校举办了若干场培训，邀请专家进校为教师开设讲座,帮助教师树立现代高等教育理念,如目标导向的先进教育理念,使全校教师对工程教育认证下的专业建设、培养目标和毕业要求的制定、课程建设对本科教学的支撑等有了深刻的认识,充分了解专业评估了对专业建设的重要性。

在此基础上,各专业对照上海市教育委员会有关专业评估的文件,认真组织开展自评自查工作,梳理专业开设情况,总结专业特色和成效,查找存在问题,提出整改方案和措施。在自评自查过程中,为了进一步提高专业自评工作质量,学校还多次邀请校内外专家进行形式审查和预评估工作。各专业在自评自查中,逐一找出专业存在的问题和差距,进行针对性建设。

2. 第二阶段:第三方评估

上海市教育评估院组织了国内相关学科专业领域中以及行业内的高水平专家分三批先后进校对学校本科专业开展了第三方专业评估工作。评估专家在前期审阅专业自评报告的基础上,通过听取专业负责人汇报、现场考察、师生访谈、查阅资料等环节对各专业进行了全面的考察,最终形成了专业评估报告。报告中按评估指标逐条提出写实性诊断意见,包括现状分析、存在的问题和发展建议等。

3. 第三阶段:持续改进

各专业根据评估专家意见,拟定了整改方案。将专家反馈的问题进行分析后,将问题分成即知即改、中期整改和长期整改三类,拟定了整改计划,并逐步实施。如为了明确培养目标的达成情况,各专业对照"培养目标"与"毕业要求",完善课程体系,修订课程大纲,在课程大纲中明确各课程对毕业要求的支撑情况,并落实在课程教学中。

（三）实施效果

专业评估工作结束后,全校各专业根据专家评估意见持续改进,不断提升专业水平。

经过本轮专业评估,各专业梳理了专业基本情况,明确了专业建设与发展方向,促进了专业合理定位,引导专业办出特色,完善了专业自我质量保障机制,实现教学质量常态化监控。

专业评估推进了学校专业结构的调整与优化,使其能更好地服务地方经济社会发展。根据自评自查的情况,结合专业评估专家给出的意见建议,在 2016 年的本科招生中,学校对专业结构进行了调整与优化。

三、应用型高校本科专业评估的思考

专业评估对应用型高校尤为重要。因为应用型高校培养的是具有较强社会适应能力和竞争能力的高素质应用型人才,而专业评估则为专业提供了一个对照社会需求进行自我反省的机会。

（一）从"适应度"审视专业人才培养目标

"适应度"指专业定位及人才培养目标对国家和区域经济社会发展需求的适应情况。

此次专业评估中,评估专家对专业的人才培养目标提出了意见建议,认为部分专业存在专业定位和目标不明晰、特色不明显的问题。另外,作为应用型高校的专业对接市场需求不够,与其他院校类似专业的错位互补不明显。

为此,各专业对照适应度提出了整改方案。首先是明确人才定位,专业是培养应用型人才还是复合型高级专门人才;其次是进一步规范培养方案修订流程,明确在培养目标确定前进行调研,做好研讨、调研记录,并进行归纳和分析,在此基础上结合办学定位确定人才培养目标。

（二）从"符合度"考察专业定位和建设情况

"符合度"指专业定位、建设和培养效果的符合情况。

评估中专家指出:部分专业的课程体系不合理,不能支撑培养目标和毕业要求,个别工科专业的教学实践环节的内容落后于当前技术发展现状;从学生的学习效果看,学生的外语应用能力普遍不尽如人意,对专业知识的理解也多停留在书本上面,还不能够完全真正理解并能融会贯通,实际操作能力和分析问题、解决问题的能力还须加强;同时评估中发现,专业对毕业生去向的调查不够细化,无法客观掌握学生毕业后从事本专业及相关专业的确切比例。

根据专家意见,各专业对照"符合度"进行了整改。首先是梳理了培养目标、毕业要求和课程体系的对应关系,修订了课程教学大纲,明确了课程内容对培养目标、毕业要求的支撑情况。其次是对课程考核和评教方式进行了改革,出卷时严格按照教学大纲拟定的教学效果设计考试题目;评价教师的授课情况时,除了常规的对教师教学方法、教学态度和教学手段的评价外,补充了对教学效果的评价,也就是逐步构建以目标为导向的教学及评价体系。最后,专业更加注意做好毕业生跟踪调查工作。

（三）从"保障度"检查师资和教学资源条件的配置情况

"保障度"指师资队伍和教学资源对人才培养的保障情况。

从专业评估的情况看,部分专业生师比过大,双师型教师数量不足,无法满足应用型高校的定位需求。在一些紧贴行业的实践能力要求很强的专业,教师的专业实践能力不够。青年教师的职业发展规划不够明晰。在基本教学条件方面,存在实验设施陈旧,综合性、设计性实验项目偏少,校外实习基地的利用率及有效性不够,实验室安全管理及相关标识不够规范等问题。

针对上述问题,相关专业对照"保障度"制定了整改方案:通过企业挂职、短期培训、参与科研项目等方式加强对教师双师型素质的培养,同时明确要求各专业对新进青年教师做好教师职业规划。针对教学条件方面存在的问题,学校制定了具体的实验室及实习基地建设和管理方案,如配置当前互联网+背景下相关专业的实验室,通过虚拟仿真技术营造真实的实践环境、规范实验室安全管理及相关标识等。

(四)从"有效度"检验质量保障体系的运行情况

"有效度"指教学和质量保障体系运行的有效程度。

从评估情况看,在教学过程中还存在着一些问题,如课程内容未及时更新,试卷、平时作业及实验报告批改马虎,平时成绩随意性大等问题。教师的科研成果和教学研究与改革的成果未能更好地体现到课程案例教学及教材中。毕业设计(论文)环节,部分专业存在选题不合适、内容偏简单、答辩评语雷同等问题。此外教学管理上存在改进效果的跟踪机制实施不力,专业内部对教学质量的检查、评价、反馈及改进措施相对空泛,针对性不强等问题。

根据专家意见,各专业对照"有效度"进行整改:健全校、院、专业三级教学质量保障体系,在加强二级学院日常教学管理的基础上,逐步建立起专业一级的质量保障体系;完善监控—反馈—跟踪机制,强化对课程教学效果的评价;建立专业年度质量报告制度,注重专业内部的质量评价。

(五)从"满意度"关注所培养的人才与社会需求的符合情况

"满意度"指学生和用人单位的满意情况。

专业评估发现：学生参与专业外学习和课外学科竞赛的比例偏少，学生希望得到更多的辅导和指导；个别专业未进行用人单位的满意度调查；一些专业一志愿录取率低。

根据专家意见，各专业对照"满意度"进行整改，建立并健全导师制相关规章制度，加强课业、学业导师的作用，注重对用人单位满意度的调查。

高等学校的本科专业评估工作是提高专业人才培养质量的有力手段，通过专业评估，可以充分认识学校在办学过程中存在的优势与不足，进一步明确专业建设定位和人才培养目标，逐步形成目标导向的专业自我建设、自我发展和自我改进机制。

专业评估对应用型高校尤为重要，可以借此检验专业人才培养目标的适应度，促进专业内涵建设，更好地为国家、地区及行业相关领域服务。同时专业评估为学校专业结构调整和优化提供了可靠依据。而"五个度"的审视角度能切中专业建设中的弊端，是有效实施专业评估很好的抓手。

（上海工程技术大学匡江红、丁德润、顾嘉、张云执笔）

附录I 欧美高校本科专业认证的组织与实施

一、美国工程与技术认证委员会(ABET)认证体系与运作

1. ABET 的简介

ABET 是一个独立、非政府、非营利的专业认证机构。ABET 前身为 1932 年成立的工程师专业发展理事会,目前已经发展为 40 多个工程或技术专业学会的联合体,领域涉及工程、技术、应用科学和计算机科学等方面,几乎涵盖了工程与技术领域的所有门类。ABET 成立 80 多年来一直从事工程教育的专业认证,其目标是为全世界的工程、技术和应用科学的教育提供质量保证,促进工程教育改革,推动工程专业的国际互相承认,为学校、专门职业团体、公众、学生和雇主服务。至 2016 年 3 月,ABET 已经认证了 29 个国家或地区 714 所院校 3569 个专业项目。

ABET 专业认证不但受到高等教育认证理事会(CHEA)和美国各州专业工程师注册机构的认可,还得到美国工业界的普遍支持和大学的认同。它还是《华盛顿协议》的 6 个发起工程组织之一,在国际上产生了积极的影响。因此,ABET 得到美国高教界和工程界的广泛认可和支持,同时也获得了广泛的国际认可。它的专业认证具有不可忽视的权威性和国际性,成为各类专业技术人员获得专业实践活动准入资格的权威渠道。

2. ABET 的组织结构与认证

ABET 理事会成员包括主席、当选的下任主席、前一任主席、秘书和财务总监等高级职员、会员代表和公众代表。ABET 理事会下设 4 个认证委员会,分别是工程认证委员会、技术认证委员会、计算机科学认证委员会、应用科学认证委员会,专门从事工程、技术、计算机、应用科学四大领域的学术机构工程及技术教育认证,它们分别根据自己制定的专业标准和自评问卷发挥其认证功能和开展认证活动。

四大认证委员会根据理事会批准的认证政策、程序和标准对认证过程实行监督,并决定最终结果。所有有关认证的申诉由理事会负责受理。另外,为了保证各委员会与理事会的有效沟通,理事会或执行委员会中都会有成员兼任某一认证委员会的不投票成员,同时四大认证委员会的主席又是理事会中的不投票成员,以此加强理事会与各认证委员会的联系。

ABET 的认证宗旨是通过组织实施对工程、技术、计算机科学和应用科学的专业认证,提高教育质量,从而服务于公众利益。ABET 认证过程主要包括提出申请、提交自评报告、至少 3 天的现场考察、作出书面报告。具体来说,如果一所学校的有关专业申请认证,首先要向 ABET 提出申请,自查后须提交自评报告,然后接受由 ABET 组成的考察组对学科专业进行的实地考察,考察报告经修订后反馈到学校,学校按照其中所提建议或意见进行整改,并将整改方案提交 ABET,最后由认证委员会开会裁决并通知学校认证结果。

3. 认证新标准:EC 2000 准则

为了提高各类学校工程、技术等专业设置的质量与可信度,ABET 长期以来致力于制定和完善一套严格、详细的认证标准。这套标准较详细地规定了各个工程技术专业的具体要求,对规范美国工程教育起到了很好的作用。20世纪90年代以来,由于信息技术推动工程技术快速发展,工程人才培养发生了很大的变化,传统的认证标准已不能适应时代的要求。在各方的积极参与下,ABET根据工程教育的整体架构与内涵,从1994年开始组织研制新的标准(EC 2000准则)。该准则于1997年正式公布,2001年开始全面推进。每年ABET在原有框架基础上都会作出一些调整,以适应变化的需要。该准则正式成为ABET对全美各校工程教育的认证准则(见附表1)。与之前的认证标准相比,EC 2000准则在一些认证内容上发生了重大转变。

（1）认证标准从之前的注重教育投入转向现在的注重教育产出

过去ABET认证主要考察学校的师资、条件、资金投入、课程设置、教学内容等,重点了解学校到底向学生讲授了什么、水平如何。新的标准更注重产出的效果、重视学生的学习效果如何。新准则改变了旧准则的教条性,使得专业可以放手改革而不受准则的限制。它要求学校和专业按照事先制定的使命和目标不间断地改进质量。

（2）扩大了ABET认证范围

传统的ABET认证主要局限于工程及技术范围,但由于20世纪90年代以来,信息技术、生物技术、纳米技术的高速发展,使工程、技术、科学之间的界限愈来愈模糊,ABET适时地扩大了其认证范围,使之涵盖计算机科学和应用科学领域。

附表1　美国工程与技术认证委员会专业认证通用标准

认证标准	内涵
准则1:学生	必须对学生进行评价、指导和监控

认证标准	内涵
准则2:专业教育目标	公开、细致,并且与办学宗旨相一致,有经常性评价与调整,课程可以保证目标的实现
准则3:专业产出	学生从本专业毕业时应掌握相应的知识和具备相应的能力
准则4:持续提高	能经常性评价专业目标的达成情况,并有数据记录
准则5:课程	明确适合工程需要的学科领域,并不规定具体的课程设置
准则6:师资	师资数量可以承担教学计划规定的全部教学任务,可保持适当水平的师生接触,学术资格等足以完成专业的不断改进并实现其教育目标和产出
准则7:设施	设施设备合适、足够,并形成一种有利于学习的氛围
准则8:支持	有适当的学校支持、经费和建设性的领导,以保证工程教育的专业教学质量和教学连续性
准则9:专业准则	阐明基本水准应用于该专业的特殊性

（3）重视学生核心能力的评价

认证标准中具体阐述了工程教育专业毕业生必须具备的11种能力:能够掌握应用数学、科学与工程知识;能进行设计、实验分析与数据处理;能根据需要去设计部件、系统或过程;能在多学科团队中发挥影响力;能识别、指导及解决工程问题;具备职业道德及社会责任的认知;能有效表达与沟通;有深厚的通识教育基础,知晓工程对社会、经济、环境和全球发展的影响;能终生学习;拥有当今时代相关问题的知识;能实际解决处理实际工程技术问题。从上述标准中可以看出,ABET 不但重视学生所受到的专业教育,同时也强调学生的人文修养、社会知识以及多学科背景。

2002 年 ABET 委托美国宾夕法尼亚州州立大学高等教育研究中心对 EC 2000 的结果进行了为期 3 年半的研究,2006 年发布该项研究报告。该研究报告对 1994 年和 2004 年工程教育的三个方面——工程教学计划、学生经验和产出进行了对比研究。评估报告显示,EC 2000 准则的认证新标准对工程教育培养计划、教师的教学水平和学生的学习能力产生了积极的影响,与之前的认证标准相比,EC 2000 准则非常有利于学生的实践技能、协作精神、职业道德水平等方面能力的提升。

4. ABET 国际活动

ABET 在其 80 多年的发展过程中,为适应时代的发展,不断进行改革、调整。近十几年来,为适应全球化和工程人才国际流动性越来越强的背景,ABET 越来越注重国际交流,扩大国际合作,推动国际多边互认。

（1）签订多边互认协议

工程国际化的快速发展、工程师的国际流动对工程专业提出了多边互认要求。1989 年,在磋商的基础上,美国同加拿大、澳大利亚、爱尔兰、英国等国家的工程认证组织签署了六国协议,进而发展为《华盛顿协议》。截至 2016 年 6 月,已经有 18 个国家和地区加入该协议,包括中国。这有力地扩大了工程认证的国际交流,推动工程师的跨国流动。《华盛顿协议》主要针对国际上工程本科学历(一般为四年)进行资格互认,确认由签约成员认证的工程教育学历基本相同,并建议毕业于任一签约成员认证的课程体系的人员均应被其他签约国（地区）视为已获得从事初级工程工作的专业资格。

（2）签订理解备忘录,提高 ABET 的国际影响力

理解备忘录是指 ABET 与有关国家、地区或国际组织签订的有关工程领域的认证信息交流、技术援助、经验分享、人员培训、观摩考察等内容的协议,其目的是为合作组织提供结构性指导,从而实现 ABET 担任世界领导者的愿景。截至 2016 年 4 月,已经有 18 个国家、地区或国际组织与 ABET 签订了理解备忘录,包括中国科学技术协会、日本工程教育认证理事会、以色列高等教育理事会等。

（3）对非本国项目的认证

ABET 在 1994 年组织探讨了 ABET 如何在美国本土外的工程教育方案评价中发挥作用这一议题,并将"实质对等"这一理念正式确定为 ABET 统领国际认证的政策与程序。"实质对等"指的是教学方案及其结果与教育经历的可比性,但该方案在提供教学的形式与方法上可能并不完全一致。"实质对等"意味着毕业生具备了工程实践准入水平所要求的能力。"实质对等"认证一般为 3 至 6 年,若想再获取"实质对等"认证,须在认可期结束前重新认证。2005 年秋, ABET 理事会一致同意开发在美国以外开展认证的方案,并且在继续保留"相互认可协定"和"理解备忘录"基础上,逐步淘汰"实质对等认证"。随后 ABET 开发了在美国本土以外进行认证的方案,并在 2007 年实施了第一次本土以外的认证。本土以外认证采取与美国国内相同的标准、政策和程序。2014 年 8 月,华东理工大学化学工程与工艺专业正式通过 ABET 认证,并获得此项认证所能给予的最长有效期,其有效期可追溯到 2011 年 10 月 1 日,截止到 2020 年 9 月 30 日,共计 9 年时间,意即这段时期内这一专

业的学生的所有专业学分,都将被 ABET 认证序列中的高校所认可。

总之,近十几年来,ABET 努力适应全球化的趋势,开展了一系列认证的国际多边合作,与其他国家认证机构相互学习和借鉴,共同研究和解决一些新问题,共同推进工程教育的改革与发展,同时也巩固了 ABET 的全球影响力和竞争力。

二、德国工程学科、信息科学和自然科学专业认证机构(ASIIN)认证体系及其运作

1. ASIIN 概况

ASIIN 是德国工程学科、信息科学和自然科学专业认证机构。ASIIN 是在德国工程师协会倡导下,由各综合性大学、应用技术大学、权威的科技协会、专业教育和进修联合会以及重要的工商业组织共同参与建立的非营利机构。ASIIN 成立于 1999 年,2000 年制定了认证准则和程序,并获得德国认证委员会的资格认定。2004年它推行欧洲认证工程项目(European Accredited Engineering Project,英文简称 EUR-ACE)。EUR-ACE 是实现欧洲高等教育区的重要措施之一,目的是建立欧洲体系的工程教育认证。这意味着通过 ASIIN 专业认证的毕业生可以获得欧盟的“欧洲工程师”头衔。

ASIIN 认证体系的目标是:第一,认证体系使得相关专业得以建立,有效保障已有专业的教学质量,并使相应专业在国际范围内具有可比性;第二,认证体系旨在确保专业内容的起点标准,建立各类高校毕业证书在国内以及国际上的职业对应关系;第三,认证体系旨在促使工程学科、信息科学与计算机科学、自然科学和数学学科的教育不断得到发展和完善,为提高学科教学质量作出贡献。

304

ASIIN认证强调学习成果与既定目标的达成度,即专业质量应当基于高等教育机构的目标和期望,并应将项目的政治、法律和社会经济背景纳入考虑。

2. ASIIN认证标准

ASIIN认证标准遵循欧洲标准与方针(ESG)的框架,但同时在一些方面又高于其要求,因此,ASIIN认证结果能够在欧盟范围内得到认可。ASIIN认证的标准包括开设课程的理由、课程内容、教学组织和要求、师资和物质保障、质量保障措施、与教学相关的合作项目等、德国各界人士对于工程教育的期望与要求、劳动力市场如何认可等。这些对"产品"的要求是制订认证标准的基础。ASIIN认证标准具体如下:

① 专业总体介绍。包括专业名称、最终学历、标准学习时间和所需学分、拟招生人数、专业在学年内开始的日期和项目首次开始时间、学费的数目和类型等。

② 专业内容。包括专业设置目的、培养目标、所有课程的教学大纲、该专业在职场的前景和实践相关性、录取要求、培养计划及其方案。

③ 专业结构和实施。包括办学实体的组织结构、管理人员和教师来源、学生的学习负担和学分、教师的教学方法和手段、来自校方的支持、相关企业咨询力度和提供实习就业岗位的情况等。

④ 考试体系和组织。包括考试的类型和方法及其在4年中的分布与组织,保证考核质量的规章制度、毕业论文和课题的实施,教师对于学生的辅导手段等。

⑤ 办学资源描述。包括所有课程的师资清单和简历、教师教学和科研能力、办学机构环境、经济和物力方面资源,如教室、实验

室、图书馆(包括各房间面积、功能、设备清单)等。

⑥ 质量管理。包括专业的发展规划、管理方法,须提供原始数据,如双学位率、平均学习时间、学生流动性、毕业生流向和就业率等。

⑦ 质量保障方法。包括相关规章制度,如考试成绩控制、考试的淘汰制度、录取新生的筛选方法、学费的定价、毕业文凭和成绩单控制、双学位的审核步骤等。

3. 认证过程

ASIIN 认证过程一般包括了三个阶段(见附图1)。

① 明确目标:学位项目的重点在于学生在学习过程中取得的成果。这意味着项目总体目标应当与单独模块的目标严格吻合。

② 实施过程:此处重心为高等教育机构为达成学位项目的既定目标所投入的支持与组织所运用的措施、工具和资源。

③ 评价与改进:在此阶段,高教机构的内部质保程序被纳入考虑,其反馈机制应引导项目的持续改进。

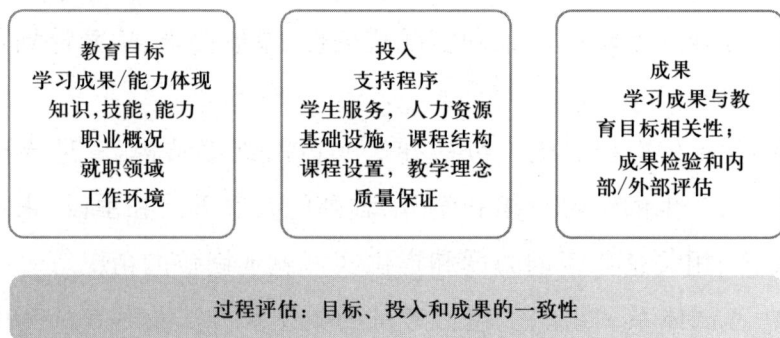

| 教育目标
学习成果/能力体现
知识,技能,能力
职业概况
就职领域
工作环境 | 投入
支持程序
学生服务,人力资源
基础设施,课程结构
课程设置,教学理念
质量保证 | 成果
学习成果与教育目标相关性;
成果检验和内部/外部评估 |

过程评估:目标、投入和成果的一致性

附图 1　ASIIN 的认证过程

ASIIN 认证过程一般按照如下步骤进行。

第一步:按照 ASIIN 要求格式进行自评报告的撰写,大约花费一年时间。

第二步：提交自评报告初稿，由 ASIIN 来完成报告形式上的初步审核。

第三步：鉴定人和认证专家进行问卷调查（德文问卷），主要由合作办学的德方人员完成。

第四步：对申请认证的专业进行实地考察核实，确认自评报告所叙述的内容是否客观、真实。

第五步：接受申请认证的高校对自评报告进行的补充表述，有些在合作办学中出现的复杂情况不一定能在报告中完全描述清楚。

第六步：ASIIN 认证评估专家组形成实地考察结果报告。

第七步：专家组意见报告递交 ASIIN 认证机构的专业委员会进行再审核。

第八步：ASIIN 认证机构委员会综合所有材料和信息，形成最终决议。

第四步实地考察阶段是整个认证工作的重点。ASIIN 认证机构实地考察专家组一般构成包括：2~3 名专职教授、1 名行业代表和 1 名学生。这些专家应当能够理解正被审查的课程的学科内容，能够了解有关的特定课程利益相关人的需求，并将他们纳入自己的评价。如果审议中的学位项目是高等教育机构所提供的特殊形式（例如合作办学大学或私人经营的大学），则须纳入拥有这类机构工作经验的成员。学生代表应当熟悉所认证的专业，能够反思学习的经验，熟悉学士和硕士水平的课程。以下人员需要排除在专家组成员之外：正在申请审议中的机构人员；正在与审议对象机构教学人员合作出版或合作课程的人员；在审议对象机构工作和/或与其存在依赖关系的人员。

来校之前,专家组需要认真阅读被认证专业的自评报告。给出3天的认证日程安排,便于被审单位准备和组织。来校以后,专家要求学院提供报告中涉及的所有原始材料,并组织相关的座谈会,查看教室、图书馆、实验室,并观察学生做实验,查看教材、试卷、实验报告和论文,召开各类座谈会,进行非常具体的提问调查。例如在教师座谈会上,ASIIN 专家主要询问授课教师们是否了解培养目标和计划、教学大纲内容,如何使用各种教学手段和方法,如何为学生咨询提供顾问和支持,对教师资质标准有什么要求,中德班和普通班学生有何区别及特点等。在学生(包括毕业生和未毕业的在校学生)座谈会上,专家主要询问学生是否了解培养目标、学习计划、教学内容、教学组织、考试方法,学院能够对学生给予的咨询和支持情况、学习的条件、国外留学的可能性、学习内容是否对就业有帮助等问题。并且,此类座谈会要求教师和办学人员必须回避。

4. 认证结果

ASIIN 认证结果可能有 3 种情况:第一种是无条件通过,可颁发德国工程学位证书,有效期 5~8 年;第二种是有条件通过,限期提交补充材料和改善计划,再进行审核给出结论;第三种是终止办学,取消颁发德国工程学位证书的资格。从向 ASIIN 机构提出认证申请开始,整个认证过程最长限期 18 个月左右,在此期间没有获得通过结论或未能及时提交补充材料,作放弃认证评估处理。

三、国际精英商学院协会及其认证标准

1. 关于 AACSB International 及其认证标准

AACSB International 是国际精英商学院协会(The Association to Advance Collegiate School of Business International)的英文简称,成

立于1916年,是国际三大商学院认证组织中历史最悠久、声誉最卓著的认证机构。截至2016年11月,AACSB International 拥有千余家会员单位,52个国家和地区的777家商学院通过了其认证,185个机构获得了其会计项目认证。从申请成为会员到最终通过认证,一般需要3~7年的时间。AACSB International 是隶属于美国高等教育委员会的专业认证协会 ASPA 下的专业认证机构之一,其总部位于美国佛罗里达州的坦帕市,亚洲总部在新加坡。

100多年以来,AACSB International 认证标准历经了两次大的修改。1919年,AACSB International 第一次制订标准并被采纳;2010年,AACSB International 对1919年标准进行了修订,确立了影响深远的21条标准体系;2013年,面对急速变化的管理学教育环境,AACSB International 对原有21条标准进行了修改,确立了现在的4大部分15条标准体系。

第一部分战略管理与创新,包括3条标准:标准1,使命、影响力与创新;标准2,知识贡献、影响力与使命的吻合度;标准3,财务战略与资源配置。

第二部分参与者——学生、教师与职员,包括4条标准:标准4,生源、培养与职业发展;标准5,教师规模与配置;标准6,教师管理与支持;标准7,职员规模与配置。

第三部分教与学,包括5条标准:标准8,课程管理与学习保证;标准9,课程内容;标准10,师生互动;标准11,学位项目水平、结构与吻合度;标准12,教学效能。

第四部分学术与职业参与,包括3条标准:标准13,学生学术和职业参与;标准14,高级教育项目;标准15,教师资格与参与。相比2010年标准,2013年的标准确立了认证标准与工作理念,即参与、创新与影响力,标准的整合与分类更加清晰与合理。

2. 财经高校参与 AACSB International 认证的现状及意义

（1）现状

商科教育在欧美的发达与成熟,离不开商科认证的重要作用。在欧美商科教育的发展中,商科教育质量保证标准与体系应运而生,并逐步走向全球,发展成为全球性的商科教育规则与标准,这从 AACSB International 在全球拥有千余家会员单位以及每年通过认证的高校以几十所的数量递增的现实可见一斑(见附表2)。

附表 2　部分国家通过认证的院校数量

国别	通过认证院校数量（截至 2016 年 11 月）
美国	520 所
加拿大	22 所
澳大利亚	15 所
英国	29 所
法国	22 所
西班牙	4 所
德国	9 所
中国	33 所(含中国台湾)
新加坡	3 所
日本	3 所
韩国	15 所
印度	5 所
印度尼西亚	1 所
菲律宾	1 所

2010 年以来,全球参与 AACSB International 认证的最大特征是基本没有了未通过认证的国家,如西班牙从无到 4 所,印度从无到 5 所等,一方面可以看出这一国际认证组织的市场意识,另一方面也反映出全世界各国对其认证标准的认同以及参与国际竞争的强烈意识。

(2) 意义

财经教育或商科教育的主体学科为经济学和管理学,直接服务于经济、贸易、金融、统计、工商管理、电子商务等事关国计民生的经济行业和领域,世界经济的融合与互动使得财经教育的学科专业国际化程度要高于其他学科专业。加入世界贸易组织又加速了中国经济全方位地参与全球经济体系,同时对财经教育的国际化也提出了更高的要求。

从我国财经教育现状看,与国外特别是欧美商科教育相比,我国还有很多地方需要向西方发达国家高等院校学习借鉴。最明显的直接证据就是西方发达国家所主导的各类商科类考试已经直接影响到我国财经教育的教学内容、教学方法乃至大学生的就业取向。其次就是国内学生出现远赴欧美读商科潮流的客观现实①。我们认为,对于参加 AACSB International 认证的高校而言,其价值主要表现为:

一是认证结果的价值。如果高校通过其认证,学校负责领导可进入认证组织授证委员会的备选名单,成为认证组织的评审专家候

---

① 据澳大利亚驻华使馆商务处、教育处和移民处联合举办的"2011 年赴澳留学中介研讨会"通报:截至 2010 年年底,在澳大利亚院校就读的中国留学生人数为 16.7 万,中国学生就读最多的专业仍然是商科,占中国学生注册总数的 42%。而在美国读商科的留学生比例,更是高于这一数字。据留学中介机构统计,在出国留学专业的选择上,将近一半的学生选择商科,如金融与会计、市场营销、商业管理等,选择读工科的学生能占两三成,位居第二。再次才是人文社会学科。

选人,从而享有一定的话语权。同时,学校也能够作为承办方组织认证组织的区域性活动。最重要的是学校所开设的课程/学分以及授予的学位,便于在世界范围内获得认可,对于未来与国外名校进行交流、合作,吸引留学生,本校学生赴国外留学或者进入跨国企业工作均有直接帮助。

二是认证过程的价值。从宏观层面讲,该认证标准,包括了从学校使命、教育质量、科研质量、人才培养质量到财务战略等方方面面的内容,可以成为高校提升品牌价值和教育教学质量、促进学校国际化水平提升等宏观层面改革发展的权威参照标准。从中观层面讲,该认证标准,用商科教育的国际准则做参照,可以让高校系统深入地了解存在的差距,制定出切实可行的改进目标,进而提供规范与具体地的程序与方法,提高学校的管理效率与质量。从微观层面讲,国际认证机构提供的教学改革与规范的标准框架和范式,可以让我们更好地借鉴和遵循国际学术准则,更好地提升自己。

上海财经大学原校长谈敏是这样评价商科教育国际认证的:中国的现代大学本来就是舶来品,商学教育更是舶来之物,是借鉴和引进国际上先进国家教育的产物,然后在中国的环境下加以培养和发展。所以,今后的继续发展,一定不能把门关上,一定要在开放的环境中去办学。只有在国际化的环境中、在国际化的平台上,才能显示出生长在中国本土基础上的特色。AACSB International 对商学院学术水准进行的认证,其认证对象,早已经溢出欧美边界。把自己的教育拿到国际认证市场上去评价,就像企业把自己的基本操作规程和产品拿到 ISO 9000 去认证一样。通过认证,并不意味着达到一个高水平,但至少是达到基本的国际水准。现在我们与欧洲国家的经管类院校在交流的过程中,谈到联合培养时候,对方往往要问我校拿到了哪种认证资格。在信息不对称的情况下,这种国际认证已经成为一种进行国际学术水准判断的基本信息依据①。

3. 认证流程及工作任务

AACSB International 认证流程及各阶段的主要任务包括以下四个方面。

(1)会员资格申请阶段

会员资格申请阶段主要工作有:国内外通过该认证的同类高校调研,该认证标准研究,撰写调研报告,提请学校相关机构和领导决策;与 AACSB International 亚太总部取得联系,填写相关申请表;参与总部要求的相关调研工作,报告学校的基本状态数据或基本材料;跟踪 AACSB International 相关活动与政策。

(2)预认证阶段

预认证阶段一般包括以下 9 个方面的工作内容:

① 申请学校向预认证委员会提交认证资格申请材料(递交申请表时支付 1000 美元申请费);

② 预认证委员会审查材料,就认证标准向申请机构提问题;

③ 预认证委员会为申请学校指派 1 名专业顾问(一般是通过 AACSB International 认证的商科院校负责人,负责督促学校认证工作的进展),并指派 AACSB International 工作人员做认证联系人(负责解答认证相关问题);

④ 专业顾问实地访问申请机构;

⑤ 预认证委员会就资格标准、申请材料等提出建议,并转交给认证协调委员会;

---

① 引自谈敏 2010 年 12 月在贵阳首届中国高等财经教育论坛上的报告。

⑥ 认证协调会员会再次审核申请材料,并就预认证委员会所提问题和建议,与预认证委员会沟通,以达到意见一致;

⑦ 申请学校与专业顾问参照 AACSB International 认证标准,讨论预认证委员会所提问题与建议,并依据战略规划设计标准接轨计划和认证方案提交给预认证委员会;

⑧ 预认证委员会审查标准接轨计划和认证方案,作出申请机构能否进入初始认证的决定,并将决定和认证方案等材料提交给初始认证委员会;

⑨ 资质审查通过后,在收到 AACSB International 官方信函后一个月内支付 4500 美元预认证费用。

(3) 初始认证阶段

初始认证阶段一般包括以下 14 方面的工作内容:

① 初始认证委员会审查认证方案;

② 申请学校开始实施认证方案;

③ 申请学校向初始认证委员会递交年度报告,供初始认证委员会审查,顾问递交年度建议;

④ 初始认证委员会审查申请学校和顾问提交的材料及建议,进而确定是继续实施认证方案还是开始申请初始认证;

⑤ 若是允许申请初始认证,则申请学校向 AACSB International 递交相关申请;

⑥ 到此,预认证过程还剩两年时间,此时初始认证委员会会指定一名同行评审专家组组长;

⑦ 申请学校与同行评审专家组组长一起准备自评估报告,并改进战略计划;

⑧ 申请学校、同行评审专家组组长和初始认证委员会选定同

行评估专家组成员,同行评估专家组与初始认证委员会审查申请机构的自评估报告和年度报告;

⑨ 经初始认证委员会许可,同行评审专家组在实地考察前至少 45 天给申请者发访前信函;

⑩ 同行评审专家组实地访问考察开始;

⑪ 同行评审专家组向初始认证委员会和申请学校提交建议报告;

⑫ 申请学校应对同行评审专家的建议报告作出回应(依据需要而定);

⑬ 初始认证委员会审查同行评估专家组的报告和建议,并表示同意或不同意;不同意的话,则将报告退还给同行评审专家;若表示同意,初始认证委员会提出授予认证的建议,并提交给 AACSB International 董事会以求批准;

⑭ 董事会要么批准初始认证委员会建议,要么不认同而退回;若董事会同意,则申请学校通过认证,并加入 AACSB 认证委员会。

(4) 认证维持阶段

认证维持阶段的主要工作内容有以下 6 个方面:

① 通过初始认证的学校每年要做以下工作:改进战略计划;准备认证维持年度报告;参与 AACSB International 认证数据收集工作;在初始认证通过的第三年(从上次实地考察算起),递交维持认证申请及相关材料。

② 认证维持委员会审查申请机构递交的维持认证资格的材料,提出建议,并将所提建议及各类材料副本递交给认证协调委员会;认证协调委员会审查会员资格,并确定审查范围。

③ 在维持认证评估的两年内,获得认证的学校和认证维持委

员会一起选定同行评审专家,安排实地考察日期;在考察访问之前的 60 天内,获得认证的学校需向同行评审专家提供第五年度维持认证报告、以往年度维持认证报告、采取的政策以及执行情况;获得认证的认证学校与同行评审专家协商,决定在考察前还需要准备什么其他信息或还要阐明什么问题;同行评审专家实地考察访问——向认证维持委员会和获得认证的学校提交考察报告及建议。

④ 获得认证的学校对同行评估专家的报告作出回应。

⑤ 维持认证委员会审查同行评估专家的报告及建议,要么表示同意,要么表示不同意(将报告退还给同行评审专家)。若表示同意,认证维持委员会会提出延长认证的提议,并提交给 AACSB International 董事会以求批准。

⑥ 董事会决定批准或不批准认证维持委员会提议。若董事会批准,则认证有效期延长 6 年,并在第五年有下一次维持认证资格的实地访问考察。

附录 II 专业评估工作相关政策文本

- 关于普通高等学校本科教学评估工作的意见
  （教高〔2011〕9 号）
- 关于开展高校本科专业评估工作的通知
  （沪教委高〔2012〕72 号）
- 关于做好上海高校本科专业达标评估的通知
  （沪教委高〔2013〕31 号）
- 关于推进本市高校本科专业评估工作的若干意见
  （沪教委高〔2015〕18 号）
- 关于组织开展普通高等学校本科专业评估试点工作的通知
  （国教督办函〔2016〕6 号）

关于普通高等学校本科教学评估工作的意见

教高〔2011〕9 号

各省、自治区、直辖市教育厅(教委),新疆生产建设兵团教育局,有关部门(单位)教育司(局),部属各高等学校:

为落实《国家中长期教育改革和发展规划纲要(2010—2020 年)》,切实推进高等教育质量保障体系建设,全面提高本科教学水平和人才培养质量,现就普通高等学校本科教学评估工作提出如下意见:

一、本科教学评估的意义目的

1. 人才培养是高等学校的根本任务。提高人才培养质量的重点是提高教学质量。教学评估是评价、监督、保障和提高教学质量的重要举措,是我国高等教育质量保障体系的重要组成部分。

2. 开展教学评估的目的是促进高等学校全面贯彻党的教育方针,推进教学改革,提高人才培养质量,增强本科教学主动服务经济社会发展需要和人的全面发展需求的能力;促进政府对高等学校实施宏观管理和分类指导,引导高等学校合理定位、办出水平、办出特色;促进社会参与高等学校人才培养和评价、监督高等学校本科教学质量。

二、本科教学评估的制度体系

3. 建立健全以学校自我评估为基础,以院校评估、专业认证及评估、国际评估和教学基本状态数据常态监测为主要内容,政府、学校、专门机构和社会多元评价相结合,与中国特色现代高等教育体

318

系相适应的教学评估制度。

4. 强化高等学校质量保障的主体意识,完善校内自我评估制度,建立健全校内质量保障体系;国家对高等学校实行分类的院校评估,促进高等学校办出特色;鼓励开展行业用人部门深度参与的专业认证及评估,增强人才培养与社会需求的适应性;充分利用信息技术,建设高等学校教学基本状态数据库,实现本科教学质量常态化监控;借鉴国际评估的先进理念和经验,加强国际合作与交流,鼓励在相关领域开展国际评估,提高本科人才培养质量和评估工作水平;按照中央和省级政府两级分工负责以及"管办评分离"的原则,形成科学合理、运行有效的评估工作组织体系。

三、本科教学评估的主要内容与基本形式

5. 教学基本状态数据常态监测。高等学校要充分利用信息技术,采集反映教学状态的基本数据,建立高等学校本科教学基本状态数据库。高等学校对数据库数据要及时更新,及时分析本科教学状况,建立本科教学工作及其质量常态监控机制,对社会关注的核心教学数据须在一定范围内向社会发布。国家建立全国高等学校本科教学基本状态数据库,充分发挥状态数据在政府监控高等教育质量、社会监督高等学校人才培养和本科教学评估工作中的重要作用。

6. 学校自我评估。高等学校应建立本科教学自我评估制度,根据学校确定的人才培养目标,围绕教学条件、教学过程、教学效果进行评估,包括院系评估、学科专业评估、课程评估等多项内容。应特别注重教师和学生对教学工作的评价,注重学生学习效果和教学资源使用效率的评价,注重用人单位对人才培养质量的评价。要建立有效的校内教学质量监测和调控机制,建立健全学校本科教学质

量保障体系。学校在自我评估基础上形成本科教学年度质量报告，在适当范围发布并报相关教育行政（主管）部门。学校年度质量报告作为国家和有关专门机构开展院校评估和专业评估的重要参考。

7. 实现分类的院校评估。院校评估包括合格评估和审核评估。合格评估的对象是 2000 年以来未参加过院校评估的新建本科学校；审核评估的对象是参加过院校评估并获得通过的普通本科学校。

合格评估的重点是考察学校基本办学条件、基本教学管理和基本教学质量，学校服务地方经济社会发展的能力和应用型人才培养的能力，学校教学改革和内部质量保障体系建设和运行的情况。评估结论分为"通过""暂缓通过"和"不通过"三种。"通过"的学校 5 年后进入审核评估。

审核评估重点考察学校办学条件、本科教学质量与办学定位、人才培养目标的符合程度，学校内部质量保障体系建设及运行状况，学校深化本科教学改革的措施及成效。审核评估形成写实性报告，不分等级，周期为 5 年。

8. 开展专业认证及评估。在工程、医学等领域积极推进与国际标准实质等效的专业认证。要与行业共同制定认证标准，共同实施认证过程，体现行业需求，强化实践教学环节，并取得业界认可。鼓励专门机构和社会中介机构对高等学校进行专业评估。

9. 探索国际评估。鼓励有条件的高等学校聘请相应学科专业领域的国际高水平专家学者开展本校学科专业的国际评估。探索与国际高水平教育评估机构合作，积极进行评估工作的国际交流，提高评估工作水平。

四、本科教学评估的组织管理

10. 完善中央和省级政府两级分工明确、各负其责的本科教学评估工作制度。教育部制定评估工作方针政策、教学质量基本标准，统筹、指导和监督评估工作。省级教育行政部门依据国家有关规定和要求，结合本地区高等教育发展需要，制定本地区所属高等学校教学评估规划，组织实施本地区所属高等学校的审核评估工作，推动学校落实评估整改工作。

建立与"管办评分离"相适应的评估工作组织体系，充分发挥第三方评估的作用，由具备条件的教育评估机构实施相关评估工作。教育评估机构要加强自身专业化和规范化建设，加强评估专家队伍建设，严格评估过程组织，制定科学的评估方式方法。

11. 教育部设立普通高等学校本科教学工作评估专家委员会，开展评估研究、政策咨询、指导检查、监督和仲裁等。

12. 加强评估工作管理，切实推进"阳光评估"。评估机构、参评学校人员和评估专家要增强责任感、使命感，自觉遵守评估工作规则规程，规范评估行为。建立评估信息公告制度，评估政策、评估文件、评估方案、评估标准、评估程序以及学校自评报告、专家现场考察报告、评估结论等均在适当范围公开，广泛接受教师、学生和社会各界的监督。

中华人民共和国教育部

2011 年 10 月 13 日

关于开展高校本科专业评估工作的通知

沪教委高〔2012〕72 号

各本科高等学校：

为贯彻落实《国家中长期教育改革和发展规划纲要（2010—2020 年）》精神，根据教育部《关于普通高等学校本科教学评估工作的意见》（教高〔2011〕9 号）的要求，我委经研究，决定开展上海高校本科专业评估工作，现就实施工作通知如下：

一、指导思想与目的

专业是高校办学的基本单位，专业评估是高等教育教学评估的重要环节，是高校人才培养质量的基本保证。开展专业评估将有利于深化教学改革，完善内涵建设绩效考核制度，提高专业建设水平，促进高校在本科专业上办出特色。

1. 指导思想：强化专业内涵建设，突出学校主体，注重长效机制，提高本科教学水平和人才培养质量。

2. 目的：促进专业合理定位、引导专业办出特色；推进专业结构调整与优化；建立本科专业教学状态数据库，实现教学质量常态化监控；提升高校主动服务经济社会发展需要的能力。

二、实施办法

1. 本科专业评估分为"达标评估"和"选优评估"两类。

达标评估：重点考核被评专业的人才培养目标定位、质量标准的建立和专业建设的成效等方面，尤其注重师资队伍建设及教师对教学工作的投入等方面的指标。通过达标评估的专业列为"达标专业"。

选优评估：重点考核被评专业的质量及其质量保障、专业特色、教学效果和国际化程度等方面。通过选优评估的专业授予"优秀专业"称号。

2. 达标评估原则上以各高校开展自主评估的方式进行，每五年开展一次。即由各校作为评估工作主体，在评估方案、评估指标、评估流程、评估组织等方面均由学校自主决定和实施。评估方案、指标和结论须报市教委备案。新专业、教育教学中问题较大的专业等由市教委统一组织达标评估。

选优评估是由市教委组织开展的专业评估，其结论将由市教委择期公布，有效期5年。市教委将逐步建立评价高校专业质量的量化指标，即以某所高校的"优秀专业"数占该校全部专业数的比例作为该校内涵建设绩效和专业结构调整成效的重要指标。

3. 达标评估的范围包括所有本科专业。完成并通过达标评估的专业可按要求（见下一条）申请参加选优评估。其中，被列入上海高校内涵建设工程（"085工程"）的重点建设专业、省部级以上教学质量工程项目的本科特色专业、综合改革试点专业等无须参加达标评估，可直接申请参加选优评估。

4. 申请参加选优评估的专业须同时满足如下条件：

（1）至少有五届本科毕业生，毕业生就业率持续高于全市平均就业率；

（2）具有稳定和优质的生源，专业调剂录取比例低；

（3）定期向社会公布本专业年度质量报告。

三、实施步骤

1. 试点阶段。从 2012 年下半年起,组织对部分列入上海高校内涵建设工程("085 工程")的重点建设专业开展选优评估的试点工作。

2. 推广阶段。从 2013 年起,在学校自主申报的基础上,适时推进高校开展达标评估和选优评估工作。

四、组织管理

1. 本科专业评估由市教委统一领导、部署。2012 年试点阶段的选优评估委托上海市教育评估院负责组织实施,具体实施细则由市教育评估院另行通知。

2. 成立上海高校本科专业评估专家委员会,主要负责对评估工作的指导、监督和对评估结论的认定等工作,并就评估中有争议的问题进行审核和仲裁。

上海市教育委员会

2012 年 9 月 11 日

关于做好上海高校本科专业达标评估的通知

沪教委高〔2013〕31 号

各本科高等学校：

　　根据上海市教育委员会《关于开展高校本科专业评估工作的通知》（沪教委高〔2012〕72 号，以下简称 72 号文）的要求，现将组织做好本科专业达标评估的有关事宜通知如下：

一、评估范围

　　经教育部正式备案或批准的上海市普通高等学校现设本科专业（含普通高等学校现设第二学士学位专业）。具体专业详见《关于印发〈普通高等学校本科专业整理审核汇总表〉的通知》（教高〔2013〕3 号）。

二、评估内容

　　达标评估主要考核专业的基本条件，包括专业的培养目标、培养要求、主干学科、核心课程、实践实验教学环节等诸方面，具体可参照教育部《普通高等学校本科专业介绍》中对各专业的要求。重点考核被评专业的人才培养目标定位、质量标准的建立和专业建设的成效等方面，尤其注重师资队伍建设及教师对教学工作的投入等方面的指标。

三、组织方式

　　1. 各校应根据 72 号文的要求，结合本校实际情况，制定五年一轮的评估工作规划。

2. 各校可在参考上海教育评估院制定的上海高校本科专业达标评估指标体系(附件1)的基础上,制定本校的专业达标评估实施方案(包括评估流程、评估指标、评估专家、组织实施等方面)。

3. 学校自主实施达标评估工作,也可委托如上海教育评估院等第三方中介评估机构负责实施。每年12月前将本校的评估工作规划、评估方案和评估结论等材料报我委备案。

4. 市教委委托上海教育评估院对本科预警专业和有首届毕业生的新专业统一组织实施达标评估。具体事宜由市教育评估院另行通知。

四、评估结论

1. 专业达标评估结论分为"达标"和"不达标"两种。

2. 结论为"达标"的专业有效期为五年,有效期内可按72号文的要求申请参加专业选优评估。

3. 对于暂未达标的专业设一年整改期。在整改期内,须根据评估报告中提出的意见和建议进行整改,并于一年后申请重新评估,通过重新评估的专业为"达标专业",未通过的专业则列为"不达标专业"。

联系人:孔莹莹

地址:大沽路100号市教委高教处,邮编:200003

电话:23116735

E-mail:kongyy@shec.edu.cn

上海市教育委员会

2013年6月3日

关于推进本市高校本科
专业评估工作的若干意见

沪教委高〔2015〕18 号

各本科高等学校：

为推进高等学校质量保障体系建设，全面提高本科教学水平和人才培养质量，根据教育部《关于普通高等学校本科教学评估工作的意见》（教高〔2011〕9 号）精神，积极落实上海教育综合改革要求，我委在总结本市组织开展高校本科专业评估试点工作的基础上，就进一步做好本市普通高校本科专业评估工作提出如下意见：

一、开展专业评估将促进专业合理定位，推进教学改革，引导专业办出特色，提高人才培养质量。建立常态化的专业评估制度，不仅是高校本科教学质量保障体系的重要组成部分，也是促进专业建设向更高水平发展的需要。各高校要充分重视和发挥专业评估在保障和提升教学质量中的重要作用，积极建立起 5 年一轮的本科专业评估制度，即从 2015 年起到 2019 年，5 年内要对本校所有本科专业分期分批进行一轮评估。

二、各高校是本科专业评估组织规划的主体，评估方案设计包括评估对象和时间、指标体系、方式方法、过程组织、专家遴选等内容，由学校自主决定，开展学校专业自主评估，具体可参照专业达标评估的方式方法，指标体系可参考上海市教育评估院研制的上海高校本科专业达标评估指标体系（见附件），结合学校实际情况调整选用。

三、各高校要建立评估的"诊断—反馈—整改"机制。在专业自主评估实施中,评估专家按评估指标逐条提出写实性诊断意见(包括现状分析、存在的问题和发展建议等)。学校要高度重视评估专家的意见,建立起有效的反馈机制,并提出相应的整改措施。

四、在专业自主评估的组织实施中,市教委鼓励学校自主委托具备条件的教育评估机构实施第三方评估,鼓励有条件的学校聘请相应学科专业领域中国际高水平的学者专家开展评估,鼓励学校在工程、医学等专业领域申请参加国际标准实质等效的专业认证。

五、建立评估信息公告制度,促进评估工作水平的提升。市教委每年选取若干个量大面广的专业,统一将被评专业材料向社会公开,接受教师、学生和社会各界的广泛监督。公开的信息包括被评专业的自评报告、基本教学状态数据、评估专家签名的诊断意见。2015年将公开机械(类)专业,2016年公开计算机科学与技术专业和金融学专业,2017年公开电子信息工程和会计专业,2018年公开法学专业和信息与计算科学专业,2019年公开新闻学专业、社会工作专业和国际经济与贸易专业。

六、市教委将在各校开展专业自主评估的基础上继续试点开展专业选优评估。通过自主评估的专业方可申请参加选优评估。选优评估将按照专业或专业类由市教委统一组织实施。

七、各高校要高度重视本科专业评估,认真研究制定本校专业自主评估方案,编制本校专业评估计划的具体时间表,并于2015年5月15日前将"本科专业自主评估工作计划时间表(2015—2019年)"以公文形式报我委备案(电子版和纸质版一式一份)。

联系人:孔莹莹,电话:23116735

E-mail:kongyy@shec.edu.cn

地址:大沽路 100 号 3306 室,邮编:200003

附件:上海高校本科专业达标评估指标体系

上海市教育委员会

2015 年 4 月 24 日

附件：

上海高校本科专业达标评估指标体系

一级指标	二级指标	内涵（观察点）	达标标准
1. 培养目标与培养方案（16分）	1.1 专业定位与人才培养目标（6分）	1. 专业定位和服务面向 2. 人才培养目标 3. 专业建设目标及成效	1. 专业定位和服务面向较清晰，符合社会的实际需求和学校办学定位。 2. 人才培养目标的知识、能力、素质有可衡量的明确要求或衡量质量标准。 3. 专业建设思路清晰，目标明确，有建设措施，并初见成效
	1.2 培养方案（5分）	1. 修订专业培养方案的主要依据 2. 专业培养方案	1. 专业培养方案的修订有切实的社会需求调查作为依据，在基本执行教育部或教指委建议的专业基本要求基础上，体现本校特点。 2. 专业培养方案符合人才培养目标的要求，体现学生德、智、体、美全面发展，有利于人文素质和科学素养的提高，有利于创新精神和实践能力的培养
	1.3 课程体系（5分）	1. 课程体系结构和学分学时分配 2. 课程开设情况	1. 课程体系（包括理论教学体系和实践教学体系）结构比较合理，学分学时分配比较科学，人文类专业实践教学占总学分（学时）不低于20%，理工农医类专业实践教学占总学分（学时）不低于25%（说明3）。 2. 按照专业培养方案开设课程，其中的专业选修课开出率不小于90%

一级指标	二级指标	内涵（观察点）	达标标准
2. 教师队伍（18分）	2.1 数量与结构（6分）	1. 专任教师总体情况 2. 兼职教师情况 3. 专业课和专业基础课主讲教师情况	1. 由教授担任专业负责人；有该专业背景的专任教师数量不少于7人（说明1），且能与学生规模相匹配，其中至少有1人具有行业经历，高级职称教师不少于3人，且至少有1人具有教授职称（说明2）；具有硕士及以上学位的专任教师比例不小于50%（说明3）；年龄结构基本合理。 2. 聘用具有实践经验的专业技术人员担任兼职教师，开设讲座，指导实习，指导毕业论文等；专兼职教师的比例符合要求（说明3）。 3. 专业课和专业基础课的主讲教师90%以上具有讲师职称或硕士学位（说明3），副高及以上职称的专任教师均担任专业基础课或专业课的教学任务
	2.2 教学工作（5分）	1. 师德修养和敬业精神 2. 主要教学环节的执行情况	1. 教师能履行岗位职责，遵守学术道德，教书育人，为人师表，热心与学生交流，指导学生学业成长；提供3个任教师的例证。 2. 教师能按照教学要求，在教学准备，课堂教学，实验教学，课外辅导，作业批改和学业评价等教学环节中，认真完成教学任务，能基本保证教学质量，其教学水平达到任职的要求
	2.3 科研情况（3分）	1. 教师参与科研 2. 成果支持教学	1. 专业学科方向基本清晰；近3年，至少有60%的教师参与专业相关的科学研究并正式发表科研论文；有专业教师主持校级以上科研课题或横向科研课题；提供3个科研课题的例证 2. 科研成果支持教学的例证

一级指标	二级指标	内涵（观察点）	达标标准
2. 教师队伍（18分）	2.4 培养培训（4分）	1. 专业师资建设 2. 教师职业发展	1. 专业师资建设有目标，有措施，有实效；重视并开展教师教学激励计划和青年教师培养计划。 2. 有参加海外研修或参加实践锻炼的专业教师，有提高教师教学水平和能力的措施
3. 基本教学条件及利用（12分）	3.1 实验室与实习基地（5分）	1. 实验室建设及实验管理人员配置 2. 实习基地建设及利用	1. 专业实验室建设有规划，有投入，场地和设备能基本满足专业培养计划的需求；有专门的实验管理人员，保证实验教学达到教学要求。 2. 有不少于2个较为稳定的校外实习基地，保持每学期至少有1批学生在基地实习，为每届学生的实习提供主要实习岗位；举例说明实习基地在人才培养中所起的作用
	3.2 图书资料（4分）	1. 专业图书资料的配置 2. 图书馆、阅览室提供的服务	1. 专业图书和期刊（包括电子资料）数量能满足专业教学要求（统计5门专业主要课程参考书的复本数及借阅人次数），电子资料使用方便。 2. 图书馆和阅览室的服务能满足师生需求，图书馆、阅览室能保证周末和晚上开放
	3.3 教学经费（3分）	专业日常教学经费及专项建设经费	有专业生均日常教学经费；能基本满足教学需求；能提供近3年专业建设专项经费明细表，说明其在专业建设和发展中发挥的作用

一级指标	二级指标	内涵（观察点）	达标标准
4. 专业教学（24分）	4.1 课程教学（6分）	1. 教学大纲等基本教学文件 2. 专业教材的选用情况 3. 考试考核	1. 课程教学大纲、教案等基本教学文件及课程考试试卷等教学文档资料齐全、基本规范。 2. 教材选用合理，使用效果良好；有支持特色教材建设的措施和效果。 3. 考试考核管理严格、规范，评分公平、公正
	4.2 实践教学（6分）	1. 实验开设与实验内容 2. 实验教学大纲等基本教学文件 3. 实习开展情况	1. 独立设置的实验课程与理论课程中的实验，开出率均不小于大纲要求的90%（说明3）；开设的实验中包含有一定数量的设计性、综合性实验，实验教学质量有保证。 2. 实验教学大纲、实验指导书等基本教学文件及学生实验报告等教学文档资料齐全、基本规范。 3. 实习有明确的目标和内容，配备实习指导教师，学生有实习报告，指导教师有实习总结
	4.3 教学改革（6分）	1. 开展教学研究情况 2. 教改与质量工程建设	1. 定期组织教研活动（每月不少于一次），积极参加政府部门学会（协会）主办的教学研讨；近3年至少有80%的教师正式发表教研论文。 2. 重视教改、努力提高教学效果，有教师主持校级以上教改或质量工程建设项目，获得校级及以上奖励。

一级指标	二级指标	内涵（观察点）	达标标准
4. 专业教学（24分）	4.3 教学改革（6分）	3. 其他教学资源及利用	3. 努力丰富专业教学资源，如构建信息化平台、建设网络课程、聘请外教、使用原版教材，开设双语课程等
	4.4 毕业设计（论文）（6分）	1. 毕业设计（论文）选题	1. 毕业设计（论文）选题结合生产实际和社会实际，教师科研，体现人才培养目标的综合训练要求，难度、工作量适当。
		2. 毕业设计（论文）指导	2. 一位教师指导学生人数一般不超过8人，有指导记录，有检查落实。
		3. 毕业设计（论文）质量	3. 有50%以上的毕业设计（论文）在实验、实习、工程实践和社会实践中完成（说明3），毕业答辩规范，坚持标准，毕业设计（论文）质量基本合格
5. 教学管理（12分）	5.1 组织机构及规章制度（4分）	1. 院系教学管理人员的职责及履职情况	1. 院系教学管理人员落实，职责明确，本专业教学运行规范有序。
		2. 教学管理规章制度及专业教学文件的知晓程度与执行状况	2. 院系教学管理制度、专业教学文件基本规范，实施前预先告知，大多数师生知晓并晓并执行认真，实施过程的记录文档基本齐全
	5.2 学生服务（4分）	对学生的专业学习指导、职业生涯指导、就业指导、创业教育指导	能针对学生在专业学习、职业规划、就业及创业等各个环节中遇到的问题和困难，及时提供指导和服务

一级指标	二级指标	内涵（观察点）	达标标准
5. 教学管理 （12分）	5.3 质量监控 （4分）	1. 教学质量的检查、评价，反馈，改进机制 2. 专业质量报告制度	1. 对专业教学实施经常性检查、评价和反馈，对反馈结果有及时分析和改进措施，初步建立了教学质量监控体系；主要教学环节教学质量保证的责任主体明确，工作到位。 2. 开始定期发布专业质量报告
6. 教学效果 （18分）	6.1 学风 （6分）	1. 学生遵守校纪校规，出勤与迟到情况 2. 早（晚）自学风气 3. 专业学习之外的其他学习情况	1. 多数学生遵守校纪校规，认真学习，主要教学活动的出勤率>90%，迟到率<10%，都控制在正常状态。 2. 多数学生坚持早（晚）自学。 3. 参加专业学习之外的其他学习项目（如辅修第二专业、考证等）的学生人数占总数的20%以上
	6.2 人才培养目标实现情况 （6分）	1. 学生思想道德素养 2. 学生的基本理论与基本技能 3. 学生的创新精神与实践能力	1. 学生思想道德素质较好，每年参加献血等公益活动和参加各种志愿者行动的学生人数不少于25%。 2. 学生各类课程考试成绩分布正常（统计5门主要课程的补考率和重修率）。 3. 组织学生参加学科竞赛（如英语、计算机、数学建模、电子设计等）；学生参加创新创业活动、课外兴趣小组及教师科研的人数不少于30%，有一定的创新精神与实践能力

一级指标	二级指标	内涵（观察点）	达标示准
6. 教学效果（18分）	6.3 就业与社会评价（6分）	1. 当年毕业生就业率 2. 学生评价 3. 社会评价	1. 统计毕业班学生的毕业率、学位授予率（说明4），近3年毕业生就业率均>90%。 2. 各年级学生评教良率均>80%。 3. 近3年本专业新生一志愿录取率>25%，报到率>90%，有对主要用人单位关于毕业生满意度的跟踪调查制度，调查结果基本满意

说明：

1. 按照最小招生规模每年 60 人，4 届 240 学生，生师比 1：18 计算，教师数为 13.3 人。教学计划中的公共教学课程学分数约占 1/3，专业教师分数约占最低数量为 8.9 人，其中外聘教师最多占 1/4，故该专业教师数最少为 7 人。

2. 见教育部《关于印发〈普通学校本科专业设置暂行规定〉的通知》（教发〔2006〕18 号）。

3. 见教育部《普通高等学校本科教学工作合格评估指标和基本要求（试行）》。

4. 毕业班学生的毕业率=毕业班学生中取得毕业证书的人数/毕业班学生人数，学位授予率=毕业班学生中取得学位证书的人数/毕业班学生人数。

5. 不符合达标标准，相应观察点不得分。

6. 分值为 4 分的观察点 1 个，3 分的观察点 6 个，2 分的观察点 39 个，总分为 100 分，得分不少于 75 分为通过达标。

关于组织开展普通高等学校本科
专业评估试点工作的通知

国教督办函〔2016〕6 号

各省、自治区、直辖市教育厅（教委），新疆生产建设兵团教育局：

自教育部《关于普通高等学校本科教学评估的意见》（教高〔2011〕9 号）印发以来，辽宁等地按照文件要求，在普通高等学校本科专业评估等方面进行了有益探索，在促进高校本科专业结构调整、提高人才培养质量方面取得了明显成效，为全国开展本科专业评估工作提供了借鉴。根据国务院教育督导委员会 2016 年重点工作安排，经研究，决定组织各地开展普通高等学校本科专业评估试点工作。现将有关事宜通知如下：

一、目的意义

本科专业评估工作是健全高等教育质量保障体系，提高高等教育人才培养质量的重要举措。各地开展本科专业评估工作，旨在客观了解高等学校专业建设情况和发展水平，为宏观调控高等学校本科专业布局提供客观依据，引导和促进高等学校加强专业建设，优化专业结构，办出特色和水平。同时，为在全国开展普通高等学校本科专业评估工作积累经验，奠定基础。

二、组织实施

本科专业评估试点工作由国务院教育督导委员会办公室组织实施。各省按照国务院教育督导委员会办公室的统一要求和工作安排,结合本地实际,自主确定试点范围和工作方案,组织开展本省试点工作。

各地要建立省级教育行政部门领导,委托第三方专家祖师实施的工作机制。省级教育行政部门负责统筹规划,确定本省专业评估试点工作实施方案;成立本省相关专业类评估组织,委托其具体实施专业评估工作;监管评估过程,公布评估结果。

三、技术支持

本科专业评估试点采取专家不进校的方式进行。各地要充分利用信息化手段,通过网络平台完成试点专业评估工作。辽宁省在制定专业评价评估指标体系和建设信息平台等方面的做法,各地可参考。各地亦可结合实际,制定各自的试点专业实施方案和评估指标体系。如有需要,辽宁省将提供有关技术支持(辽宁省普通高等学校本科专业信息平台网址:http://zy.upln.cn/,辽宁省本科教学管理平台网址:http:www.upln.cn/)。

四、工作安排

第一阶段:部署试点工作(2-3月)。国务院教育督导委员会办公室召开部署本科专业评估试点工作,组织交流培训。各地确定专业评估试点工作的具体负责人和具体机构。

第二阶段:各地组织实施(4-9月)。各地制定本省专业评估试点实施方案,组织完成专业试点评估。专业评估试点实施方案4月30日前报我办备案。

第三阶段:进行工作总结(10-11月)。省级教育行政部门全面总结试点工作情况,形成本地本科专业评估试点工作总结报告,

11 月 30 日前将评估结果和总结报告报送我办。

五、有关要求

各省级教育行政部门要充分认识专业评估试点工作重要意义，科学规划本科专业评估工作，切实保证评估试点工作扎实推进，稳步开展；加强专业评估组织管理，根据本地高等教育实际，充分发挥各自的积极性和创造性，知道专家组织科学制定本科专业评估实施方案及参评专业评估指标体系；加强专业评估信息化建设，做好参评专业评估数据核查与材料公开公示，确保评估数据准确真实，评估结果公正可靠；认真总结试点工作，好的经验和做法及时上报，以便组织推广。

我办将根据各地工作进展情况，适时组织抽查和重点督查。请各地确定 1 名专业评估试点工作联系人，于 2 月 26 日前将联系人信息（电子版）报送我办。各地在开展专业评估试点工作过程中如遇问题可及时与我办联系沟通。

评估监测处联系人：马杰

联系电话：010-66097825，E-mail：mj@moe.edu.cn

通信地址：北京西单大木仓胡同 37 号教育局教育督导局

邮政编码：100816

技术支持：大连东软信息学院王嘉

联系电话：0411-84835156

国务院教育督导委员会办公室

2016 年 2 月

附录Ⅲ 专业评估各类参考用表

- 专业评估申请表
- 本科专业自主评估工作计划时间表
- 上海高校本科专业达标评估简况表
- 《专业自评报告》审阅专家意见表
- 《专业自评报告》专家个人意见分析汇总表
- 专家现场考察分工安排表
- 专家现场考察个人工作安排表
- 专家现场考察记录表
- 专家调阅材料清单
- 本科专业达标评估专家评价表
- 本科专业达标评估报告

专业评估申请表

专业代码		专业名称	
专业设置 时间		首届毕业 生时间	
专业 负责人		专业 带头人	
申请专业 评估类型 （达标/优 秀/认证）		申请评估时间	
专业概况	简要介绍专业的现状（教师队伍、在校生情况等、主要成效等）		
专业评估 计划	简要列出本专业评估工作计划 1. 例如自评报告（　　年　　月　　日—　　年　　月　　日） 2. 支撑材料（　　年　　月　　日—　　年　　月　　日） 3. 专业自查（　　年　　月　　日—　　年　　月　　日） 4. 二级学院自查时间（　　年　　月　　日—　　年　　月　　日） 5. ……		

二级学院 意见	
	二级学院负责人(公章): 年 月 日
学校教学 评估部门 意见	
	教学评估负责人(公章): 年 月 日

申请人: 时间: 年 月 日

本科专业自主评估工作计划时间表

序号	专业名称	申请评估时间	申请专业评估类型	所在学院
1				
2				
3				
4				
5				
6				
7				
8				
9				
10				
……	……	……	……	……
学校意见		学校负责人(公章)： 年 月 日		

说明：申请专业评估类型包括专业达标评估、专业选优评估，还包括及国际标准实质等效的专业认证。

上海高校本科专业达标评估简况表

申请单位:_____（公章）_____

专业类:_____

专业代码:

专业名称:

填表日期:　　年　　月　　日

上海市教育评估院

2013 年 6 月

填 表 说 明

一、关于统计时间

除特别说明外,本表填写中涉及积累信息的数据(如科研奖励、科研项目、专项经费等),统计时间段均为评估当前年的前三年;涉及状态信息的数据(如专任教师数、在校生数等),统计时间段为评估当年的前一年。

二、关于人员界定

除特别说明外,本表中填写的专职人员信息,应确保其人事关系在统计时间段为本单位本专业的专任教师或研究人员。人员信息不能多专业重复填写,对于跨专业人员,应填写其主要从事的专业。

三、关于成果界定

1. 本表填写的所有成果应确保“产权归属本单位、内涵归属本专业领域”。

2. 本表所涉及的“论文”“专利”“专著”“教材”等,除特别说明外,不能在多个专业领域重复计算。

四、其他说明

本表需保持原格式不变,请用 A4 规格纸双面打印,中缝装订。本表封面之上不另加其他封面,封面须加盖单位公章。

一、专业概况

专业名称			所在院系	
专业负责人	姓名		联系电话	
	邮箱			
专 业 简 介	（不超过 1500 字）			

说明：不易定量评价的指标可通过"专业简介"定性描述，所填内容不与"专业基本状态数据表"重复。

二、专业基本状态数据表

1. 师资队伍

教师总数（人）		其中:属本专业专职：　（人） 其他：（人）					
本专业教师结构分布		属本专业专职（人）					其他（人）	

		人数	35岁 及以下	36至 50岁	51至 60岁	61岁 及以上	本校	外校
岗位结构	教学人员							
	科研人员							
	管理人员							
	实验室技术人员							
职称结构	教授（或相当专业技术职务者）							
	副教授（或相当专业技术职务者）							
	讲师（或相当专业技术职务者）							
	助教及其他（或相当专业技术职务者）							
学历结构	具有博士学位人员							
	具有硕士学位人员							
	具有学士学位或其他学位人员							

347

有企业（行业） 背景教师人数		有海外背景教师 人数（人）	
		其中：外教（人）	

2. 在校生情况

年度 类别			
招生数（人）			
在校生数（人）			
毕业生数（人）			
授予学位数（人）			

说明："在校生数"是指统计时间段学籍在本校的本专业全日制本科生。

3. 本专业带头人基本情况

姓名		性别		专业技术职务		是否属本 专业专职	
		出生年月		定职时间			
最高学位或最后学 历（包括毕业时间、 学校、系科）							
工作单位（至系、所）							
主要研究方向							
近三年本人的教学、科研成果							
在国内外重要学术刊物上发表论文共　　篇；出版专著（译著等）　　部							

获教学科研成果奖共　项;其中:国家级　项,省部级　项
目前承担教学科研项目共　项;其中:国家级项目　项,省部级项目　项
近三年拥有教学科研经费共　万元,年均　万元
近三年给本科生授课(理论教学)共　学时;指导本科毕业设计共　人次

	序	成果名称	获得地点、时间	本人署名位次
最具代表性的教学、科研成果(近三年,各限填3项)	教1			
	教2			
	教3			
	科1			
	科2			
	科3			

	序	项目名称	项目来源	起讫时间	经费(万元)	本人承担工作
目前承担的教学、科研项目(各限填3项)	教1					
	教2					
	教3					
	科1					
	科2					
	科3					

说明:获得地点指所获成果的出处,如发表刊物、出版单位、鉴定单位等。

4. 教学和科学研究

4.1 近三年本专业教师的教学研究论文（限填 6 篇）

序号	论文名称	何时何刊物发表或出版社出版	书刊登记号	本人承担部分、排序

4.2 近三年本专业教师的科研论文

发表学术论文数（不重复计算）			以第一作者/通讯作者发表论文被收录数（不重复计算）				
第一作者/通讯作者		第二作者	SCI	EI	SSCI	A&HCI	ISTP
以第一作者/通讯作者发表的最具有代表性论文的影响因子（索引或数据库名称）			（　　）		已获发明或实用新型专利数		

4.3 近三年本专业教师的教学、科研获奖情况（论文、专利、专著、鉴定、获奖等，限填 10 项）

序号	成果名称	作者（＊）	获得时间	获得地点

说明：① 限填本专业教师获得的科研成果，作者姓名后（＊）括号内填写署名次序；② 获得地点指获得成果的出处，如发表刊物、出版单位、鉴定单位等。

5. 主要建设成效

5.1 近三年本专业获国家级、市级和校级精品课程、重点课程建设情况

序号	课程名称	责任人	级别、性质	起讫时间	经费

说明："性质"指课程属精品课程还是重点课程；"经费"指学校的投入经费。

5.2 近二届三年本专业获省部级及以上优秀教学成果、近三年教材奖及"质量工程"项目情况

序号	项目名称	获奖人（＊）	获奖名称、等级、时间

说明：选择获奖级别和影响面大的填写。获奖人后括号内填写署名次序。

5.3 近三年本专业出版本科教学用教材及参考书情况

序号	教材（教学用书）名称	作者（＊）	出版日期	出版单位	其他单位采用情况

说明：作者后括号内填写署名次序。

5.4 近三年本专业学生国际交流情况

序号	姓名	出国（境）时间	回国（境）时间	地点（国家及高校）	国际交流项目名称或主要交流目的

说明：① 限填在校生赴境外交流学习或联合培养（时间超过三个月）的情况，出国（境）期间学籍需在本单位。②"出国（境）时间"和"回国（境）时间"应填写到"日"。

5.5 近三年本专业学生一志愿录取率

年度			
报到率（％）			

5.6 近三年本专业毕业生就业率			
年度			
就业率(%)			

6. 基本办学条件

6.1 本专业开设的主要实践环节(包括独立开设的实验课及实习)			
实践环节名称	主要实践内容	实践地点	学时或周数

说明:按为最近一届毕业生开设的实践环节情况据实填写。

6.2 本专业开设的主要实验			
实验名称	主要内容	对象	学时或周数

说明:按为最近一届毕业生开设的专业实验情况据实填写。

6.3 校外实习实践基地(限填 5 项,有固定合作关系)			接受学生人数(近三年)		
序号	单位名称	承担的教学任务			

序号	单位名称	承担的教学任务	接受学生人数（近三年）		

6.4 图书资源概况

	学校藏书	院（系）藏书
纸质图书数（本）		
纸质期刊数（册）		
电子期刊数（册）		
专业数据库（个）		

6.5 近三年专业办学经费

类别 \ 年度					
教学经费	来源	校方拨款（万元）			
		其他来源（万元）			
	支出	生均日常教学经费（元）			
		其中：生均实习实践经费（元）			
		生均毕业设计（论文）经费（元）			
		生均实验教学维持费（元）			
		教学设备仪器维护费用（万元）			
		图书资料购买费用（万元）			

类别	年度			
科研经费	来源	纵向课题经费（万元）			
		横向课题经费（万元）			
		其他收入（万元）			
上述数据中的问题和说明					

三、其他实证材料

1. 专业培养方案（另附）

2. 最新一届在校生主干专业课程教学大纲（另附）

3. 最新一届毕业设计（论文）情况表

序号	学号	姓名	专业	题目	选题来源	指导教师	教师职称	教师学历	答辩时间	答辩地点
					□科研课题 □生产社会实际 □自选					

355

序号	学号	姓名	专业	题目	选题来源	指导教师	教师职称	教师学历	答辩时间	答辩地点
					□科研课题 □生产社会实际 □自选					
					□科研课题 □生产社会实际 □自选					
					□科研课题 □生产社会实际 □自选					
					□科研课题 □生产社会实际 □自选					
					□科研课题 □生产社会实际 □自选					
					□科研课题 □生产社会实际 □自选					
					□科研课题 □生产社会实际 □自选					

序号	学号	姓名	专业	题目	选题来源	指导教师	教师职称	教师学历	答辩时间	答辩地点
					□科研课题 □生产社会实际 □自选					
					□科研课题 □生产社会实际 □自选					
					□科研课题 □生产社会实际 □自选					

四、教学管理和质量保障体系（300～500字）

五、单位审核意见

院系审核意见：   　　　　　　　　　　　　负责人(签字)：　　　　　日期：
校教学主管部门审核意见：   　　　　　　　　　　　　负责人(签字)：　　　　　日期：
校审核意见： 　　本单位承诺,以上各项所填内容、数据均准确无误,真实可靠,并附相关材料的复印件。如有需要,本单位将提供材料的原件以供核实。若有虚报或隐瞒重要事实,所造成的后果由本单位负责。 　　　　　　　　　　　　校长(签章)：　　　　　日期：

《专业自评报告》审阅专家意见表

学校：   评估专业名称：

指标	需要会议评审和现场考查专家组进校核实的问题
培养目标与培养方案（16分）	1. 2. ……
教师队伍 （18分）	
基本教学条件及利用（12分）	
专业教学 （24分）	
教学管理 （12分）	
教学效果 （18分）	

专家（签字）：   填表时间：   年   月   日

《专业自评报告》专家个人意见分析汇总表

学校：　　　　　　　　　　专业：

一级指标	专家组评价意见
培养目标与培养方案	
教师队伍	
基本教学条件及利用	
专业教学	
教学管理	
教学效果	

专家现场考察分工安排表

学校：　　　　　　　　　　　专业：

一级指标	二级指标	专家
1. 培养目标与培养方案	1.1 专业定位与人才培养目标	
	1.2 培养方案	
	1.3 课程体系	
2. 教师队伍	2.1 数量与结构	
	2.2 教学工作	
	2.3 科研情况	
	2.4 培养培训	
3. 基本教学条件及利用	3.1 实验室与实习基地	
	3.2 图书资料	
	3.3 教学经费	
4. 专业教学	4.1 课程教学	
	4.2 实践教学	
	4.3 教学改革	
	4.4 毕业设计(论文)	
5. 教学管理	5.1 组织机构及规章制度	
	5.2 学生服务	
	5.3 质量监控	
6. 教学效果	6.1 学风	
	6.2 人才培养目标实现情况	
	6.3 就业与社会评价	

专家组组长(签字)：　　　　　　填表时间：　　年　　月　　日

专家现场考察个人工作安排表

学校：　　　　　　　　　　　专业：

序号	时间节点	工作内容	需学校支持事项	备注

专家姓名：　　　　　　　填表日期：　　　年　　月　　日

专家现场考察记录表

学校：　　　　　　　　　　　专业：

考察时间	
考察对象	
考察内容	
情况记录	

专家(签字)：　　　　　　　填表时间：　　年　　月　　日

专家调阅材料清单

学校：　　　　　　　　　　　专业：

序号	调阅材料	具体要求
1	试卷	
2	毕业设计（毕业论文）	
3	课程设计	
4	实验报告	
5	……	
6		
7		
8		

专家（签字）：　　　　　　　填表时间：　　年　　月　　日

本科专业达标评估专家评价表

学校：　　　　　　　　　专业：

一级指标	二级指标	赋分(一级指标)	专家意见
1. 培养目标与培养方案(16分)	1.1 专业定位与人才培养目标(6分)		
	1.2 培养方案(5分)		
	1.3 课程体系(5分)		
2. 教师队伍(18分)	2.1 数量与结构(6分)		
	2.2 教学工作(5分)		
	2.3 科研情况(3分)		
	2.4 培养培训(4分)		
3. 基本教学条件及利用(12分)	3.1 实验室与实习基地(5分)		
	3.2 图书资料(4分)		
	3.3 教学经费(3分)		
4. 专业教学(24分)	4.1 课程教学(6分)		
	4.2 实践教学(6分)		
	4.3 教学改革(6分)		
	4.4 毕业设计(论文)(6分)		
5. 教学管理(12分)	5.1 组织机构及规章制度(4分)		
	5.2 学生服务(4分)		
	5.3 质量监控(4分)		

一级指标	二级指标	赋分(一级指标)	专家意见
6. 教学效果 (18分)	6.1 学风(6分)		
	6.2 人才培养目标实现情况(6分)		
	6.3 就业与社会评价(6分)		
评价意见	分值		
	评估结论	通过 □　　暂缓通过 □　　不通过 □	
	专家评价意见:(成效与亮点、主要问题与不足、意见与建议等)		

专家(签字):　　　　　　　　填表时间:　　年　　月　　日

×××大学
本科专业达标评估报告

专业名称:×××(专业代码)

年　　月　　日

目　　录

附录Ⅳ 上海高等院校本科专业一览表(2013年)

院校名称	学校性质	专业总数（含专业方向）	专业名称（不含专业方向）
复旦大学	部属	88个	76：保密管理、保险、博物馆学、财务管理、财政学、工商管理、管理科学、公共事业管理、法学、国际经济与贸易、国际政治、广播电视新闻学、广播电视学、会计学、金融学、经济学、历史学、旅游管理、社会工作、社会学、市场营销、材料化学、材料物理、理论与应用力学、数学与应用数学、朝鲜语、德语、俄语、法语、英语、翻译、汉语言、汉语言文学、传播学、广告学、日语、思想政治教育、哲学、政治学与行政学、宗教学、文物与博物馆学、心理学、新闻学、统计学、艺术设计、行政管理、电气工程及其自动化、化学、电子科学与技术、电子信息科学与技术、飞行器设计与工程、高分子材料与工程、光电信息科学与工程、光信息科学与技术、核工程与核技术、核技术、计算机科学与技术、软件工程、生物技术、生物科学、生物医学工程、通信工程、微电子科学与工程、微电子学、物理学、法医学、护理学、药学、环境科学、基础医学、临床医学、信息安全、信息管理与信息系统、信息与计算科学、应用化学、预防医学

院校名称	学校性质	专业总数（含专业方向）	专业名称（不含专业方向）
上海交通大学	部属	118 个	72：材料科学与工程、测控技术与仪器、车辆工程、传播学、船舶与海洋工程、德语、电气工程及其自动化、电子科学与技术、电子与计算机工程（密西根学院）、动物科学、动物生物技术、法学、工程力学、工商管理、工业工程、工业设计、公共事业管理、光信息科学与技术、广播电视编导、广播影视编导、国际经济与贸易、汉语言、汉语言文学、航空航天工程、核工程与核技术、护理学、化学工程与工艺、环境科学与工程、会计学、机械工程、机械工程及自动化、机械设计制造及其自动化、计算机科学与技术、建筑环境与设备工程、建筑学、交通运输、金融学、经济学、口腔医学、临床医学、能源与动力工程、热能与动力工程、人力资源管理、日语、软件工程、生物工程、生物技术、生物科学、生物医学工程、食品科学与工程、数学与应用数学、土木工程、微电子科学与工程、微电子学、物理学、新能源科学与工程、信息安全、信息工程、行政管理、药学、艺术设计、应用化学、应用物理学、英语、营养学、预防医学、医学检验、园林、植物科学与技术、植物生物技术、资源环境科学、自动化

院校名称	学校性质	专业总数（含专业方向）	专业名称（不含专业方向）
同济大学	部属	109 个	85：表演、德语、动画、法学、工商管理、广告学、国际经济与贸易、汉语言文学、会计学、金融学、日语、社会学、市场营销、视觉传达设计、文化产业管理、行政管理、艺术设计、音乐表演、英语、哲学、政治学与行政学、材料科学与工程、测绘工程、产品设计、城市规划、地理信息系统、地球物理学、地球信息科学与技术、地质工程、地质学、工程管理、工程力学、工业工程、工业设计、信息管理与信息系统、电气工程及其自动化、电子科学与技术、电子信息工程、飞行器制造工程、风景园林、港口航道与海岸工程、给排水科学与工程、给水排水工程、光电信息科学与工程、光信息科学与技术、广播电视编导、广播电视新闻学、广播电视学、海洋资源开发技术、护理学、化学工程与工艺、环境工程、环境科学、环境设计、机械电子工程、机械设计制造及其自动化、计算机科学与技术、建筑电气与智能化、建筑环境与能源应用工程、建筑环境与设备工程、建筑设施智能技术、建筑学、交通工程、交通运输、景观学、口腔医学、历史建筑保护工程、临床医学、能源与动力工程、汽车服务工程、热能与动力工程、软件工程、生物科学、生物技术、生物信息学、数学与应用数学、通信工程、统计学、土木工程、物理学、物流工程、信息安全、应用化学、应用物理学、自动化

院校名称	学校性质	专业总数（含专业方向）	专业名称（不含专业方向）
华东师范大学	部属	111 个	79：保险、工商管理、房地产经营管理、房地产开发与管理、公共事业管理、公共关系学、会展经济与管理、会计学、金融工程、金融学、经济学、旅游管理、人力资源管理、社会体育指导与管理、行政管理、信息管理与信息系统、资源环境与城乡规划管理、编辑出版学、播音与主持艺术、德语、对外汉语、俄语、法语、翻译、广播电视编导、广告学、法学、汉语国际教育、汉语言、汉语言文学、历史学、美术学、国际经济与贸易、日语、社会工作、社会体育、社会学、视觉传达设计、思想政治教育、特殊教育、体育教育、西班牙语、心理学、新闻学、学前教育、艺术教育、艺术设计、音乐学、应用心理学、英语、运动训练、哲学、产品设计、地理科学、地理信息科学、地理信息系统、电子科学与技术、电子信息科学与技术、化学、环境工程、环境科学、环境设计、环境生态工程、计算机科学与技术、教育技术学、教育康复学、人文地理与城乡规划、软件工程、生态学、生物技术、生物科学、数学与应用数学、通信工程、统计学、微电子科学与工程、微电子学、物理学、信息与计算科学、言语听觉科学、应用化学、政治学与行政学

院校名称	学校性质	专业总数（含专业方向）	专业名称（不含专业方向）
华东理工大学	部属	80个	66：安全工程、材料成型及控制工程、材料化学、材料物理、测控技术与仪器、产品设计、电气工程及其自动化、风景园林、复合材料与工程、高分子材料与工程、工程管理、工业设计、光电信息科学与工程、过程装备与控制工程、化学、化学工程与工艺、环境设计、机械设计制造及其自动化、计算机科学与技术、金属材料工程、景观学、能源与动力工程、轻化工程、热能与动力工程、生物工程、生物技术、生物科学、食品科学与工程、食品质量与安全、数学与应用数学、无机非金属材料工程、新能源材料与器件、信息工程、信息管理与信息系统、信息显示与光电技术、信息与计算科学、药物制剂、药学、应用化学、应用物理学、油气储运工程、制药工程、资源循环科学与工程、自动化、保险、财务管理、工商管理、公共事业管理、国际经济与贸易、德语、法学、广告学、会计学、金融学、劳动与社会保障、旅游管理、人力资源管理、日语、社会工作、社会学、市场营销、视觉传达设计、物流管理、行政管理、艺术设计、英语

院校名称	学校性质	专业总数（含专业方向）	专业名称（不含专业方向）
上海外国语大学	部属	40个	38：阿拉伯语、波斯语、朝鲜语、德语、对外汉语、俄语、法学、法语、翻译、工商管理、公共关系学、广播电视新闻学、广播电视学、广告学、国际经济与贸易、国际政治、汉语国际教育、荷兰语、会计学、教育技术学、金融学、葡萄牙语、日语、瑞典语、商务英语、泰语、土耳其语、乌克兰语、西班牙语、希伯来语、希腊语、新闻学、信息管理与信息系统、意大利语、印地语（副修英语）、印尼语、英语、越南语
东华大学	部属	74个	60：表演、财务管理、产品设计、传播学、电气工程及其自动化、电子商务、电子信息工程、动画、法学、纺织工程、非织造材料与工程、服装设计与工程、服装与服饰设计、复合材料与工程、高分子材料与工程、工商管理、工业设计、公共关系学、功能材料、光电信息科学与工程、光电子技术科学、国际经济与贸易、环境工程、环境科学、环境设计、会计学、会展经济与管理、会展艺术与技术、机械工程、计算机科学与技术、建筑环境与能源应用工程、建筑环境与设备工程、教育技术学、金融学、旅游管理、能源与环境系统工程、轻化工程、轻化工程、汉语言、日语、英语、软件工程、生物工程、市场营销、视觉传达设计、数学与应用数学、数字媒体艺术、通信工程、统计学、网络工程、无机非金属材料工程、物流管理、信息安全、信息管理与信息系统、行政管理、艺术设计、艺术与科技、应用化学、应用物理学、自动化

院校名称	学校性质	专业总数（含专业方向）	专业名称（不含专业方向）
上海财经大学	部属	57 个	42：保险、财务管理、财政学、电子商务、对外汉语、法学、房地产经营管理、房地产开发与管理、工程管理、工商管理、公共事业管理、国际经济与贸易、国际商务、汉语国际教育、会计学、计算机科学与技术、金融工程、金融学、经济统计学、经济学、劳动与社会保障、旅游管理、人力资源管理、日语、商务英语、社会学、市场营销、数学与应用数学、税收学、税务、统计学、投资学、土地资源管理、物流管理、项目管理、新闻学、信息管理与信息系统、信息与计算科学、信用管理、行政管理、应用统计学、英语
上海海事大学	市属	52 个	48：安全工程、材料科学与工程、财务管理、测控技术与仪器、船舶电子电气工程、船舶与海洋工程、电气工程及其自动化、电气工程与智能控制、电子商务、电子信息工程、法学、港口航道与海岸工程、工商管理、工业工程、工业设计、管理科学、国际经济与贸易、航海技术、航运管理、环境工程、会计学、机械电子工程、机械设计制造及其自动化、计算机科学与技术、交通工程、交通管理、交通运输、金融学、经济学、旅游管理、轮机工程、能源工程及自动化、能源与动力工程、热能与动力工程、日语、商务英语、视觉传达设计、数学与应用数学、通信工程、网络工程、物流工程、物流管理、信息管理与信息系统、信息与计算科学、行政管理、艺术设计、英语、自动化

院校名称	学校性质	专业总数（含专业方向）	专业名称（不含专业方向）
上海音乐学院	市属	8个	8：公共事业管理、录音艺术、数字媒体艺术、艺术与科技、音乐表演、音乐科技与艺术、音乐学、作曲与作曲技术理论
上海戏剧学院	市属	31个	15：表演、播音与主持艺术、导演、公共事业管理、广播电视编导、媒体创意、数字媒体艺术、舞蹈编导、戏剧影视导演、戏剧影视美术设计、戏剧影视文学、艺术教育、艺术设计、影视摄影与制作、作曲与作曲技术理论
上海体育学院	市属	18个	18：表演、公共事业管理、民族传统体育、社会体育、社会体育指导与管理、市场营销、体育教育、武术与民族传统体育、舞蹈编导、新闻学、信息管理与信息系统、休闲体育、应用心理学、英语、运动康复、运动康复与健康、运动人体科学、运动训练
华东政法大学	市属	41个	24：边防管理、德语、法学、翻译、工商管理、公共事业管理、国际经济与贸易、汉语言文学、会计学、计算机科学与技术、金融学、经济学、劳动与社会保障、日语、社会工作、社会学、文化产业管理、新闻学、行政管理、英语、侦查学、政治学与行政学、知识产权、治安学

院校名称	学校性质	专业总数（含专业方向）	专业名称（不含专业方向）
上海海洋大学	市属	62 个	41：包装工程、朝鲜语、电气工程及其自动化、动物科学、工商管理、工业工程、国际经济与贸易、海洋管理、海洋技术、海洋科学、海洋渔业科学与技术、环境工程、环境科学、会计学、机械设计制造及其自动化、计算机科学与技术、建筑环境与能源应用工程、建筑环境与设备工程、金融学、空间信息与数字技术、能源与动力工程、农林经济管理、热能与动力工程、日语、社会工作、生物技术、生物科学、食品经济管理、食品科学与工程、食品质量与安全、市场营销、水产养殖学、水生动物医学、水族科学与技术、物流工程、物流管理、信息管理与信息系统、信息与计算科学、行政管理、英语、园林
上海电力学院	市属	31 个	31：材料化学、材料科学与工程、测控技术与仪器、电力工程与管理、电气工程及其自动化、电子科学与技术、电子信息工程、工程管理、工商管理、公共事业管理、光电信息工程、光电信息科学与工程、国际经济与贸易、化学工程与工艺、环境工程、机械设计制造及其自动化、计算机科学与技术、经济学、能源与动力工程、热能与动力工程、日语、软件工程、通信工程、物流管理、信息安全、信息管理与信息系统、信息与计算科学、应用化学、应用物理学、英语、自动化

院校名称	学校性质	专业总数（含专业方向）	专业名称（不含专业方向）
上海大学	市属	88个	78:包装工程、材料科学与工程、材料物理、测控技术与仪器、城市规划、电气工程及其自动化、电子科学与技术、电子信息工程、电子信息科学与技术、高分子材料与工程、工程管理、工业工程、工业设计、化学工程与工艺、环境工程、环境设计、机械工程、机械工程及自动化、计算机科学与技术、建筑学、金属材料工程、理论与应用力学、生物工程、生物医学工程、食品科学与工程、数学与应用数学、数字媒体技术、数字媒体艺术、通信工程、土木工程、微电子科学与工程、微电子学、无机非金属材料工程、信息工程、信息管理与信息系统、信息与计算科学、冶金工程、应用化学、应用物理学、自动化、财务管理、档案学、雕塑、动画、对外汉语、法学、工商管理、会计学、物流管理、新闻学、行政管理、社会工作、社会学、视觉传达设计、艺术设计、国际经济与贸易、管理科学、广播电视编导、广播电视新闻学、广播电视学、广告学、汉语国际教育、汉语言、汉语言文学、会展艺术与技术、绘画、金融学、经济学、历史学、旅游管理、美术学、人力资源管理、日语、艺术与科技、音乐学、英语、影视艺术技术、哲学
上海中医药大学	市属	27个	10:公共事业管理、护理学、康复治疗学、食品卫生与营养学、药学、营养学、针灸推拿学、中西医临床医学、中药学、中医学

院校名称	学校性质	专业总数（含专业方向）	专业名称（不含专业方向）
上海师范大学	市属	110个	90：保险学、编辑出版学、表演、播音与主持艺术、财务管理、产品设计、档案学、地理科学、地理信息科学、地理信息系统、电气工程及其自动化、电子商务、电子信息工程、雕塑、动画、对外汉语、法学、法语、工程管理、公共关系学、公共事业管理、古典文献学、广播电视编导、广播电视新闻学、广播电视学、广告学、汉语国际教育、汉语言、汉语言文学、化学、化学工程与工艺、环境工程、环境设计、会展经济与管理、绘画、机械设计制造及其自动化、计算机科学与技术、教育技术学、教育学、金融工程、金融学、经济学、酒店管理、科学教育、劳动与社会保障、园艺、哲学、中国语言文化、资产评估、历史学、录音艺术、旅游管理、美术学、汽车服务工程、人力资源管理、人文地理与城乡规划、日语、社会工作、社会体育、社会体育指导与管理、摄影、生物技术、生物科学、食品科学与工程、视觉传达设计、数学与应用数学、数字媒体艺术、思想政治教育、体育教育、通信工程、投资学、统计学、土木工程、文化产业管理、舞蹈学、物理学、物业管理、戏剧影视文学、小学教育、信息与计算科学、英语、信用管理、行政管理、学前教育、艺术设计、音乐表演、音乐学、应用物理学、应用化学、资源环境与城乡规划管理

院校名称	学校性质	专业总数（含专业方向）	专业名称（不含专业方向）
上海对外经贸大学	市属	35 个	30：经济学、国际经济与贸易、国际商务、保险学、财务管理、电子商务、工商管理、会展经济与管理、旅游管理、信息管理与信息系统、人力资源管理、物流管理、金融工程、金融学、会计学、审计学、市场营销、统计学、资产评估、法学、行政管理、国际政治、新闻学、对外汉语、汉语国际教育、法语、英语、日语、商务英语、应用统计学
上海工程技术大学	市属	81 个	52：材料成型及控制工程、材料科学与工程、产品设计、车辆工程、电气工程及其自动化、电子封装技术、电子信息工程、纺织工程、飞行技术、服装设计与工程、服装与服饰设计、高分子材料与工程、工程管理、工业工程、工业设计、广播电视工程、轨道交通信号与控制、焊接技术与工程、化学工程与工艺、环境工程、环境设计、机械工程、机械工程及自动化、机械设计制造及其自动化、计算机科学与技术、交通运输、交通工程、能源与环境系统工程、汽车服务工程、药物化学、制药工程、自动化、管理科学、工商管理、财务管理、公共事业管理、国际经济与贸易、广告学、会展艺术与技术、金融学、劳动与社会保障、旅游管理、人力资源管理、摄影、市场营销、视觉传达设计、数字媒体艺术、物流管理、信息管理与信息系统、艺术设计、艺术与科技

院校名称	学校性质	专业总数（含专业方向）	专业名称（不含专业方向）
上海理工大学	市属	86个	64：包装工程、编辑出版学、材料成型及控制工程、材料科学与工程、测控技术与仪器、产品设计、车辆工程、传播学、德语、电气工程及其自动化、电子科学与技术、电子商务、电子信息工程、电子信息科学与技术、动画、工商管理、工业工程、工业设计、公共事业管理、广告学、管理科学、光电信息工程、光电信息科学与工程、国际经济与贸易、过程装备与控制工程、环境工程、环境设计、会计学、会展经济与管理、机械设计制造及其自动化、计算机科学与技术、假肢矫形工程、建筑环境与能源应用工程、建筑环境与设备工程、金融学、能源与动力工程、热能与动力工程、日语、生物医学工程、食品科学与工程、食品质量与安全、市场营销、视觉传达设计、数学与应用数学、数字印刷、通信工程、土木工程、网络工程、系统科学与工程、新能源科学与工程、信息管理与信息系统、药物制剂、医疗器械工程、医学信息工程、医学影像工程、医学影像技术、艺术设计、印刷工程、应用化学、应用物理学、英语、制药工程、智能科学与技术、自动化
上海应用技术学院	市属	56个	52：安全工程、材料成型及控制工程、材料科学与工程、材料物理、产品设计、德语、电气工程及其自动化、电子信息工程、风景园林、复合材料与工程、给排水科学与工程、给水排水工程、工程管理、光电信息科学与工程、国际经济与贸易、过程装备

院校名称	学校性质	专业总数（含专业方向）	专业名称（不含专业方向）
上海应用技术学院	市属	56 个	与控制工程、化学工程与工艺、环境工程、环境设计会计学、会展经济与管理、绘画、机械设计制造及其自动化、计算机科学与技术、建筑环境与能源应用工程、建筑环境与设备工程、建筑学、交通工程、劳动与社会保障、能源与动力工程、轻化工程、热能与动力工程、软件工程、社会工作、生物工程、食品科学与工程、市场营销、视觉传达设计、数学与应用数学、通信工程、土木工程、网络工程、文化产业管理、信息管理与信息系统、信息显示与光电技术、艺术设计、应用化学、英语、园林、园艺、制药工程、自动化
上海第二工业大学	市属	41 个	40:材料成型及控制工程、材料化学、材料科学与工程、测控技术与仪器、产品设计、电子信息工程、工业工程、工业设计、光电信息科学与工程、环境工程、环境设计、机械电子工程、机械工程、机械工程及自动化、计算机科学与技术、交通运输、软件工程、视觉传达设计、数字媒体技术、数字媒体艺术、通信工程、统计学、网络工程、信息显示与光电技术、信息与计算科学、应用统计学、智能科学与技术、自动化、财务管理、艺术设计、电子商务、公共关系学、国际商务、会展经济与管理、酒店管理、日语、物流管理、信息管理与信息系统、信用管理、英语

院校名称	学校性质	专业总数（含专业方向）	专业名称（不含专业方向）
上海金融学院	市属	32个	28：保险学、财务管理、财政学、电子商务、法学、工商管理、国际经济与贸易、国际商务、会计学、计算机科学与技术、金融工程、金融数学、金融学、经济统计学、经济学、劳动与社会保障、人力资源管理、审计学、市场营销、数学与应用数学、税收学、税务、统计学、物流管理、信息管理与信息系统、信用管理、行政管理、英语
上海立信会计学院	市属	31个	25：财务管理、财政学、法学、房地产经营管理、工商管理、国际经济与贸易、汉语言文学、会计学、计算机科学与技术、金融学、经济学、日语、商务英语、社会工作、审计学、市场营销、数学与应用数学、税收学、税务、统计学、信息管理与信息系统、信用管理、应用统计学、英语、资产评估
上海电机学院	市属	39个	24：材料成型及控制工程、财务管理、测控技术与仪器、产品质量工程、车辆工程、德语、电机电器智能化、电气工程及其自动化、电子信息工程、工业工程、工业设计、国际经济与贸易、机械电子工程、机械设计制造及其自动化、计算机科学与技术、汽车服务工程、软件工程、市场营销、通信工程、网络工程、物联网工程、物流管理、英语、自动化

院校名称	学校性质	专业总数（含专业方向）	专业名称（不含专业方向）
上海商学院	市属	28 个	28：财务管理、朝鲜语、电子商务、电子信息工程、法学、服装与服饰设计、工商管理、广告学、国际经济与贸易、环境设计、会计学、英语、计算机科学与技术、金融学、酒店管理、连锁经营管理、旅游管理、日语、社会工作、食品质量与安全、市场营销、视觉传达设计、税收学、税务、物流管理、信息管理与信息系统、艺术设计、园林
上海政法学院	市属	31 个	19：财务管理、法学、工商管理、国际经济与贸易、国际政治、汉语言文学、监狱学、经济学、劳动与生活保障、社会工作、社会学、审计学、思想政治教育、新闻学、行政管理、应用心理学、英语、政治学与行政学、知识产权
上海杉达学院	市属	34 个	25：财务管理、产品设计、电子商务、法学、服装与服饰设计、工程管理、国际经济与贸易、护理学、环境设计、会计学、计算机科学与技术、金融学、酒店管理、康复治疗学、劳动与社会保障、旅游管理、日语、市场营销、视觉传达设计、西班牙语、新闻学、信息管理与信息系统、行政管理、艺术设计、英语
上海视觉艺术学院	市属	56 个	21：表演、播音与主持艺术、产品设计、雕塑、动画、服装与服饰设计、工业设计、工艺美术、公共艺术、文化产业管理、广播电视编导、广告学、环境设计、会展艺术与技术、绘画、摄影、视觉传达设计、数字媒体艺术、文化产业管理、艺术设计、艺术与科技

院校名称	学校性质	专业总数（含专业方向）	专业名称（不含专业方向）
上海外国语大学贤达经济人文学院	市属	21个	21：阿拉伯语、朝鲜语、德语、法学、法语、工商管理、广告学、国际经济与贸易、会计学、会展经济与管理、金融学、旅游管理、日语、数字媒体艺术、文化产业管理、西班牙语、新闻学、信息管理与信息系统、学前教育、音乐学、英语
上海师范大学天华学院	市属	27个	27：财务管理、德语、电子信息工程、对外汉语、国际商务、汉语国际教育、汉语言文学、环境设计、机械电子工程、机械设计制造及其自动化、计算机科学与技术、交通运输、康复治疗学、旅游管理、汽车服务工程、日语、视觉传达设计、数字媒体艺术、通信工程、网络工程、物流管理、小学教育、学前教育、艺术教育、艺术设计、应用心理学、英语
上海建桥学院	市属	35个	28：宝石及材料工艺学、产品设计、传播学、电子科学与技术、电子商务、工程管理、工商管理、广告学、国际经济与贸易、环境设计、会计学、机械设计制造及其自动化、计算机科学与技术、金融工程、秘书学、旅游管理、汽车服务工程、日语、软件工程、视觉传达设计、数字媒体技术、网络工程、微电子科学与工程、微电子学、物流管理、新闻学、艺术设计、英语

院校名称	学校性质	专业总数（含专业方向）	专业名称（不含专业方向）
上海海关学院	海关总署	8个	8：法学、国际商务、海关管理、审计学、税收学、税务、物流管理、英语
第二军医大学	部队院校	12个	8：生物技术、临床医学、麻醉学、中医学、药学、中药学、公共事业管理、医学心理学
上海纽约大学	市属	11个	11：金融学、生物科学、电子信息工程、计算机科学与技术、数字媒体技术、经济学、数学与应用数学、物理学、化学、世界史、神经科学

注：因许多高校自 2014 年起实行大类招生，故本专业一览表统计到 2013 年。

参 考 文 献

[1] 万燕生.我国高校本科专业建设特色.江苏高教[J].2001(6).

[2] 卢娜.地方高校本科专业内涵建设探索与实践.职教研究[J]，2013(8).

[3] 蒋莉莉,杨颉,孙莱祥.上海高校专业内涵建设自主评估的构建[J].上海教育评估研究,2012(1).

[4] 刘振天.回归教学生活:我国新一轮高校本科教学评估制度设计及其范式变革[J].清华大学教育研究,2013(4).

[5] 张灵,禹奇才,张俊平.专业特色建设的几个基本问题[J].中国大学教育,2012(9).

[6] 张志英,杨淑君.特色专业建设的目标及内容研究[J].高校管理,2011(8).

[7] 毕家驹.高校内部质量保证工作:专业评估.高教发展与评估[J],2008(11).

[8] 李志义,朱乱,刘志军.本科教学审核评估方案设计与实施重点[J].中国大学教学,2013(8).

[9] 张安富.本科教学工作审核评估若干问题的理性认识[J].高教发展与评估,2016(1).

[10] 张伟江.教育评估标准汇编[M].北京:高等教育出版社,2009.

[11] 孙崇文.中国教育评估史稿[M].北京:高等教育出版社,2010.

[12] 张伟江,孙祝岭,郭朝红.教育评估的可靠性研究[M].北京:高等教育出版社,2009.

[13] 宋彩萍,孙莱祥.高校专业内涵建设自主评估框架维度甄别与建构[J].中国大学教学,2011(11).

[14] 杜瑛.协商与共识:提高评价效用的现实选择——基于第四代评价实践的分析[J].教育发展研究,2010(17).

[15] 刘五驹.评价标准:科学性还是人文性——"第四代评估"难题破解[J].教育理论与实践,2014(16).

[16] 张民选.回应、协商与共同建构——"第四代评价理论"评述[J].外国教育资料,1995(3).

[17] 刘康宁."第四代"评估对我国高等教育外部质量保障的启示[J].国家教育行政学院学报,2010(9).

[18] 徐雪燕,章建石.美国的高等工程教育认证体系[J].科学时报,2007.3.20.

[19] 毕家驹.美国 ABET 的工程专业认证新进展[J].《高教发展与评估》,2005(5).

[20] 董雪静,孙莱祥,宋彩萍.协同自主:上海市高校专业评估模式的构建与实践——基于第四代评估理论的应用探索[J].中国大学教学,2017(2).

[21] 王庆辉,杨荣昌,孙莱祥.高校本科专业评估指标体系的信度与效度研究[J].黑龙江高教研究.2017(7).